Verwandlung der Mächte

WALTER WINK

VERWANDLUNG DER MÄCHTE

EINE THEOLOGIE DER GEWALTFREIHEIT

Herausgegeben von
Thomas Nauerth und Georg Steins
und übersetzt unter Mitwirkung von
Anka Schneider und Anja Mehrmann

Verlag Friedrich Pustet
Regensburg

Die englische Originalausgabe erschien unter dem Titel
Walter Wink, THE POWERS THAT BE: Theology For a New Millenium
New York, Doubleday, 1999.
Die Übersetzung wird gemäß einer Vereinbarung mit Doubleday Religion publiziert, einem Imprint der Crown Publishing Group, einer Abteilung von Random House LLC.
Das Werk ist eine Kurzfassung des Materials, das Walter Wink zuerst in den Bänden *Naming the Powers* © 1984 Fortress Press, *Unmasking the Powers* © 1986 Fortress Press, und *Engaging the Powers* © 1992 Augsburg Fortress, veröffentlicht hat.

Bibliografische Information der Deutschen Nationalbibliothek
Die Deutsche Nationalbibliothek verzeichnet diese Publikation in der Deutschen Nationalbibliografie; detaillierte bibliografische Daten sind im Internet über http://dnb.dnb.de abrufbar.

3. Auflage 2023

Gutenbergstraße 8 | 93051 Regensburg
Tel. 0941/920220 | verlag@pustet.de

ISBN 978-3-7917-2591-8
Umschlaggestaltung: Atelier Seidel, Teising
Umschlagbild: © Thinkstock
Druck und Bindung: Friedrich Pustet, Regensburg
Printed in Germany 2023

Unser gesamtes Programm finden Sie unter
www.verlag-pustet.de

“I am not interested in what is just possible,
I want the impossible.”
Walter Wink

Inhalt

„Mein Leitmotiv – Verwandlung"

Zu Person und Werk von Walter Wink

Thomas Nauerth / Georg Steins

„Am Kreuz Jesu wird die Macht der Mächte zerbrochen durch die unzerbrechliche Macht der tragenden Liebe", so hat es der Neutestamentler Heinrich Schlier formuliert.[1] Wenn die Macht der Mächte zerbrochen ist, sind die Mächte verwandelt, so würde es Walter Wink formulieren. Sie sind verwandelt, um ihren Dienst wieder leisten zu können in Gottes guter Schöpfung.

Was mit der Studie von Heinrich Schlier 1958 in Deutschland begonnen hat und als Thema theologischen Nachdenkens hierzulande weithin verloren ging, hat in den USA eine hochinteressante Fortsetzung gefunden, zunächst im Werk von William Stringfellow und dann vor allem in drei Büchern von Walter Wink, seiner mehrfach preisgekrönten Trilogie über „Mächte und Gewalten", mit der er in den USA Maßstäbe gesetzt hat: Naming the Powers (1984); Unmasking the Powers (1986); Engaging the Powers (1992).[2]

Wink denkt theologisch intensiv über die in der Bibel vielfältig begegnende Redeweise von Mächten und Gewalten nach und gewinnt so einen neuen Zugang zur Bibel wie zur christlichen Theologie. Was wird mit der Formel „Mächte und Gewalten" genau bezeichnet? Handelt es sich um eine Floskel, bezeichnet sie ein Gefühl oder gar eine Realität? Wenn damit aber eine Realität bezeichnet wird, wie ist diese zu verstehen? Und welche Konsequenzen hätte die Annahme der Existenz einer solchen Realität im Hinblick auf unser Verstehen der Welt und der christlichen Botschaft?

Warum ein solches Fragen und Nachdenken sinnvoll sein kann, obwohl die Rede von Mächten und Gewalten zunächst fremdartig und überholt anmutet, hat Heinrich Schlier 1958 so formuliert: „Anderseits wird man ohne Zweifel gerade in unseren Tagen das Gefühl nicht los, daß die Rechnung der Welt und unserer Geschichte nicht recht aufgeht, wenn man nur die bekannten biologischen und soziologischen und höchstens noch moralischen Faktoren einsetzt. Noch mehr: das Empfinden wächst, daß mit der zunehmenden Beherrschung des Lebens auf der Erde und der Weltverhältnisse ein drohendes Unbeherrschbares sich erhebt, daß trotz immer feineren Kalküls ein listig Unberechenbares jedenfalls mit dem einzelnen Menschen immer böser umspringt. Was hilft da schon Wissenschaft und modernes Selbstverständnis, das sich gegen jeden ‚Zugriff supranaturaler Mächte' wehrt, wenn da nun eben doch irgend etwas Unverfügbares über mich verfügt und mir zwar meine ganze Modernität läßt, aber das Leben flach, elend und unheimlich macht?"[3]

Das Echo auf die Arbeiten von Walter Wink in der nordamerikanischen Theologie[4] zeigt, dass auch und vielleicht gerade in unseren Tagen der selbstkritischen Moderne die Menschen sehr ähnlich empfinden und nach Antwort suchen. Es geht Wink in seinen Arbeiten insgesamt und gerade auch in dem vorliegenden Buch, das er als Zusammenfassung seiner Trilogie über die „Mächte und Gewalten" versteht, um die Frage, wie „die Rechnung der Welt und unserer Geschichte" theologisch aufgehen kann. Der Untertitel *Theology for a New Millenium* der amerikanischen Originalausgabe meint genau dies, eine neue Gesamtperspektive christlicher Theologie für unsere Tage.

Leben und Werk

Walter Wink (geboren am 21. Mai 1935 in Dallas, Texas; gestorben am 10. Mai 2012 in Berkshire Mountains, Massachusetts) war, wie Heinrich Schlier, Neutestamentler. Nach der Promotion über Johannes den Täufer[5] war er zunächst Assistant Professor, danach von 1970 bis 1976 Associate Professor für Neues Testament am Union Theological Seminary in New York und schließlich seit 1976 Professor für Biblische Exegese (Biblical Interpretation) am Auburn Theological Seminary in New York. Erste begrenzte Aufmerksamkeit fand Wink in Deutschland durch sein Buch *The Bible in Human Transformation. Towards a New Paradigm for Biblical Study*[6], das 1976 unter dem Titel *Bibelauslegung als Interaktion. Über die Grenzen historisch-kritischer Methode* auf Deutsch erschien. Sein zweites bislang in Deutschland erschienenes Buch, *Angesichts des Feindes. Der Dritte Weg Jesu in Südafrika und anderswo*[7], ist hierzulande wenig wahrgenommen worden; das englische Original wurde in sehr kurzer Zeit eines der meistgelesenen Bücher Südafrikas. Wink war bei dessen Abfassung bereits mitten in der Arbeit an seiner Trilogie über „Mächte und Gewalten" und hat für dieses Buch Grundgedanken dieser Arbeit verwendet.

Man wird Walter Wink und seinem Werk nicht gerecht, wenn man nur die akademischen Stationen seines Lebens aufzeichnet. In einem Interview spricht Wink davon, dass er bereits im College politisch engagiert gewesen sei, und nennt die Verbindung von Bibel, Gebet und politischem Engagement „das Herzstück meiner eigenen Entwicklung"[8]. Wink war aktives Mitglied der amerikanischen Bürgerrechtsbewegung, er kämpfte gegen den Vietnamkrieg, er unterstützte die Kampagne zur nuklearen Abrüstung und war Wahlbeobachter im Auftrag der Vereinten Nationen in El Salvador 1994.

Prägend für sein Leben wie für seine Arbeit war seine Zugehörigkeit zum Amerikanischen Versöhnungsbund *(Fellowship of Reconciliation/USA).* Er hat lange Jahre in der Zeitschrift des Versöhnungsbundes eine Kolumne betreut unter dem Titel Nonviolence in the Arena. Auch das Buch *Im Angesicht des Feindes* entstand in Zusammenarbeit mit dem FOR. Wink schrieb es unter dem Eindruck einer Reise nach Südafrika im März und April 1986. Er wollte in Bezug auf die Fragen von Gewalt und Gewaltlosigkeit der Sache auf den Grund gehen und wählte das Südafrika der Apartheid als extremes Beispiel. Wer in Zeiten erdrückender Gewalttätigkeit sich Gerechtigkeit und Frieden verpflichtet weiß, dem kann sich das Gefühl, nicht allein gegen sichtbare Gegner zu kämpfen, sondern gegen Mächte und Gewalten, geradezu aufdrängen. Die Parallelen zu Heinrich Schlier sind an diesem Punkt wieder auffällig, denn Schlier gehörte in den Jahren 1933–1945 zur Bekennenden Kirche, arbeitete von 1936 an in der Theologischen Schule e. V. in Wuppertal-Elberfeld mit, einer Ausbildungsstätte, die illegal und getarnt bis 1940 weitergeführt werden konnte. Schlier wurde mehrfach von der Gestapo verhört und auch verhaftet.[9]

Mächte und Gewalten

Verwandlung der Mächte. Eine Theologie der Gewaltfreiheit – der von uns gewählte Titel will das zentrale Anliegen, das Walter Wink wissenschaftlich und existenziell 30 Jahre lang beschäftigt hat, auf den Punkt bringen. Der Titel des englischen Originals *The Powers That Be* greift dagegen auf den Anfang des 13. Kapitels des Römerbriefes in der klassischen englischen Übersetzung der King-James-Bibel zurück. Wink fasst mit diesem Buch seine Arbeiten über das Thema „Mächte und Gewalten“ abschließend zusammen, wobei er sich vor allem auf den dritten Band der Trilogie über die Mächte stützt.

Wink zufolge hat Heinrich Schlier mit seiner Untersuchung von 1958 die Tür zu einer neuen Gesamtsicht zwar aufgestoßen, aber nicht die Konsequenzen für unsere Zeit gezogen. Diese Lücke füllt für Wink das Werk von William Stringfellow, der ihm die Augen geöffnet habe für die Möglichkeit, eine christliche Sozialethik im Ausgang vom Phänomen der Mächte und Gewalten zu formulieren.[10]

Drei Stichworte ziehen sich durch alle Arbeiten von Walter Wink: Mächte, Verwandlung und Gewaltfreiheit (powers, transformation und nonviolence).

Für Walter Wink sind die „Mächte“ die spirituelle Innenseite einer jeden materiellen Gegebenheit und einer jeden menschlichen Institution. Nicht zwischen an sich bösen und guten Mächten sei zu unterscheiden, sondern zwischen Mächten, die ihrer Berufung in Gottes Schöpfung treu sind, und Mächten, die gefallen sind und so „dämonisch“ werden. In drei Schlagworten fasst Wink sein Verständnis der „Mächte“ zusammen: Sie sind geschaffen, sie sind gefallen, sie können verwandelt, erlöst werden.

Nun existieren in seiner Sicht diese „Mächte“ nicht für sich, und es reicht daher nicht, an ihrer Verwandlung einzeln zu arbeiten. Die Dramatik der „Mächte und Gewalten“ besteht für Wink darin, dass sie seit Jahrtausenden miteinander verknüpft sind zu einem Herrschaftssystem (domination system). Dieses Herrschaftssystem legitimiert sich durch den Mythos erlösender Gewalt (myth of redemptive violence) und durch den Sündenbockmechanismus. Für Wink ist nicht nur in Amerika, sondern in der ganzen westlichen Welt nicht das Christentum, sondern der Glaube an eine erlösende Macht der Gewalt die wirkmächtigste Religion.

An diesem Punkt wird Winks Analyse zugleich theologisch wie politisch brisant. Die Analyse der Mächte weitet sich zu einer ausgreifenden Theologie des Friedens, denn die uns aufgegebene Arbeit der (Er-)Lösung der Mächte und ihre Rückführung zu ihrer wahren Berufung wird in dieser Konstellation zur Arbeit an der Herauslösung der Mächte aus dem Mythos erlösender Gewalt.

Dabei versteht Wink Jesu Leben und seine Botschaft insgesamt als die eine rettende Antwort auf dieses Herrschaftssystem. Weil Jesus in umfassender und radikaler Weise eine Gegenposition zum Herrschaftssystem mit seiner inhärenten Gewaltverfallenheit bezieht, werden auch die Handlungsbeispiele der Bergpredigt neu verständlich. Mit ihnen zeigt Jesus die für eine Verwandlung der Mächte nötige Grundeinstellung auf; Wink bezeichnet sie als „aktive Gewaltfreiheit“: „neither fight nor flight but nonviolent resistance“, so heißt es in einem Nachruf.[11]

Aktive Gewaltfreiheit, nicht „Passivismus“

Im Gegensatz zu passiver Duldung einerseits und Gewalteinsatz andererseits ist aktive Gewaltfreiheit für Wink die einzig mögliche Herausforderung eines Herrschaftssystems, das wesentlich auf Gewalt gegründet ist. Es ist ein zentraler Gedanke von Winks Werk und auch des vorliegenden Buches, dass gewaltverfallene Mächte nie durch Gewalt bekämpft werden können, weil

Gewalt den fatalen Makel hat, dass sie bestärkt, was sie bekämpft, und den Kämpfenden zu dem werden lässt, was er überwinden will. Das einzige Mittel, mit dem der Widerstand geführt und die Verwandlung erreicht werden kann, ist aktive Gewaltfreiheit. Wink spricht vom dritten Weg Jesu, den die Kirchen viel zu selten verstanden hätten und viel zu selten gegangen seien.

Es mag auf den ersten Blick seltsam anmuten, wie viel Platz Wink in diesem Buch den Fragen rund um Gewaltfreiheit bzw. Gewaltlosigkeit einräumt. Dies erklärt sich zum einen durch die zentrale Rolle, die sie in Jesu Handlungskonzept gespielt hat und nach seiner Überzeugung im heutigen christlichen Handeln spielen müsste. Zum anderen erklärt sich die Ausführlichkeit durch den aktuellen Diskussionsstand in Kirche wie Gesellschaft. Aktive Gewaltfreiheit ist weithin eine unbekannte Größe. Überdeutlich wird in diesem Buch, dass Walter Wink sich von den deutschsprachigen theologischen Debatten über Krieg, Gewalt und Frieden am meisten durch seine Kenntnisse und Erfahrungen mit aktiver Gewaltlosigkeit unterscheidet.

Die Schwächen der in den meisten Kirchen noch diskursprägenden Lehre vom gerechten Krieg werden überzeugend herausgearbeitet, aber Wink plädiert weder für eine völlige Verwerfung noch für eine Umbenennung dieser Lehre in eine Lehre vom „gerechten Frieden", wie dies in Europa weithin ökumenischer Konsens ist. Jeder Friede ist ungerecht, solange das Herrschaftssystem Bestand hat; dieses Herrschaftssystem aber kann nur durch aktive Gewaltfreiheit überwunden werden. In den überlieferten Kriterien der Lehre vom gerechten Krieg sieht er jedoch Möglichkeiten, in einem nicht der Gewaltfreiheit verpflichteten politischen Kontext gewaltmindernden Einfluss nehmen zu können. Der Staat als handelnder Akteur kommt nur an dieser Stelle in den Blick. Vielleicht lässt sich der Unterschied zwischen Winks Ansatz und dem hierzulande üblichen theologischen Nachdenken über Frieden und Versöhnung pointiert und überspitzt so formulieren: Walter Wink zerbricht sich nicht den Kopf des Staates, sondern den Kopf der Kirche. Was Wink auf diese Weise entwickelt, ist in den Kategorien der neueren Theologiegeschichte als eine Befreiungstheologie zu bezeichnen, nicht aus der Perspektive der Armen, sondern geschrieben und entwickelt im Zentrum des reichen Nordens.[12] Weil für Wink Gewalt die eigentliche Religion unserer Zeit ist, der Mythos der erlösenden Gewalt unsere gesamte Kultur und Gesellschaft prägt und die biblische Botschaft eine Botschaft erlösender Gewaltfreiheit ist, die Botschaft eines Gottes, der es über Gerechte wie Ungerechte regnen lässt und alle einschließt in sein Erbarmen, darum ist diese Befreiungstheologie inhaltlich vor allem eine neue Theologie des Friedens.

Engagierte Bibellektüre

Der Begriff der Transformation, der Umformung oder Verwandlung ist in gleicher Weise Lebensprogramm und Handlungsmaxime von Walter Wink, wie auch der Leitbegriff seiner Bibellektüre. Rückblickend stellt Wink fest, dass ihm am Anfang seiner bibelwissenschaftlichen Laufbahn ein klarer Standpunkt für das Verständnis der Bibel, also eine hermeneutische Perspektive, fehlte.[13] Die akademisch etablierte historisch-kritische Exegese bot ihm keine Hilfe. Im Gegenteil! Wink erkennt schnell ihren zentralen Schwachpunkt und benennt ihn präzise, klar und so deutlich, dass er dafür seine Karriere riskiert hat: Es ist die künstliche Trennung zwischen dem Gegenstand und dem Ausleger. Wink spricht sogar von einer „faustischen" Trennung, um die Überheblichkeit einer solchen jegliche Bindung zwischen Text und Ausleger leugnenden Position zu treffen. Jede Beschäftigung mit der Bibel muss für ihn „mit dem Leben zu tun haben …, nicht erst am Ende einer Studie, sondern in all ihren Phasen"[14]. Bibelauslegung, die wirklich verstehen, die zur Sache des Textes durchdringen will, ist nicht in „entfremdeter Distanz"[15] möglich. „Der Text offenbart seinen Sinn gar nicht, wenn nicht gleichzeitig unsere Welt erhellt wird. Man begreift den substantiellen Inhalt der Tradition nur, indem man diese Tradition durch eine interpretierende Übersetzung auf sich und seine Situation anwendet."[16] Damit wird nicht einer unkritischen oder gar fundamentalistischen Bibelauslegung das Wort geredet, eher einer reflektiert post-kritischen, die nicht auf der Stufe der Bibelkritik verharrt und ernst nimmt, dass die biblische Botschaft von der größten denkbaren Verwandlung der Welt und des Menschen handelt, die selbst vor dem Tod und seinen Agenten nicht Halt macht. Hier trifft ein Wort aus dem Römerbriefkommentar von Heinrich Schlier zu: „Das mag subjektiv erscheinen. In Wahrheit ist diese ‚Subjektivität' nur die einer jeden Begegnung."[17]

Ein zweiter wichtiger Anstoß zur Formung des exegetischen Ansatzes lässt sich in die gleiche Zeit, also die späten 60er- und frühen 70er-Jahre zurückverfolgen: die Frage nach der Bedeutung der schwierigen, mythisch und daher „überholt" erscheinenden apokalyptischen Texte der Bibel. Gerade diese Texte waren einer unerschrockenen Entmythologisierung zum Opfer gefallen und nahezu stumm geworden. In den politischen Aufbrüchen und Unruhen jener Jahre werden sie positiv neu entdeckt. Zur gleichen Zeit formuliert in Deutschland Jürgen Moltmann seine „Theologie der Hoffnung", und Johann Baptist Metz entdeckt im Kontext der „Neuen Politischen Theologie" neu das apokalyptische Thema der befristeten Zeit.[18] Wink findet einen anderen, eigenen Zugang zur biblischen Kernbotschaft: „Es war mutig, ja sogar prophetisch von Walter, sich neu mit dem klassischen Problem einer Deutung der Mächte und Gewalten im Neuen Testament zu beschäftigen", schreibt einer der Weggefährten aus dieser Zeit. „Wie faszinierend ist dieser Zugang, der Bibelauslegung, Psychologie, Theologie und Politik, Spiritualität und Philosophie verbindet."[19]

An die Stelle einer Entmythologisierung, die die biblische Überlieferung ganz entweltlicht, sie aus den geschichtlichen und politischen Bezügen herausnimmt und auf einen blassen existenziellen oder spirituellen Kern reduziert, tritt bei Wink engagierte Übersetzungsarbeit. Dies wird im ersten Kapitel des vorliegenden Buches besonders deutlich an den Ausführungen über die verschiedenen „Weltbilder": Der lebensbestimmende Anspruch der biblischen Befreiungsbotschaft lässt sich nicht nur unter anderen kulturellen und wissenschaftlichen Voraussetzungen bewahren, sondern mehr noch: Die Tradition kann überhaupt erst die Wahrnehmung für Aspekte der Wirklichkeit schärfen, die in einem mechanistischen oder technizistischen Weltbild verloren zu gehen drohen. Auch diesen Gedanken hat Walter Wink schon am Anfang seiner wissenschaftlichen Arbeit formuliert: „Wir sind nicht länger in der Trennung zwischen der Tradition und uns selbst festgehalten. Stattdessen findet ein Dialog zwischen der distanzierten Tradition und unserer eigenen Zugehörigkeit zur Tradition statt."[20]

In einer Kultur und einem Wissenschaftskontext, der immer noch und gerne das Prinzip „Schuster, bleib bei deinem Leisten" verteidigt, ist dieses schwindelerregende Grenzgängertum eines offenkundig unerschrockenen Autors ungewohnt und wird möglicherweise vollends verdächtig, weil Wink Stilbrüche nicht scheut, verschiedentlich Zusammenhänge stark vereinfacht, in den Argumenten springt und zudem gerne ironisch wird. Dieser individuelle Stil zwischen Wissenschaftsprosa, Essayistik und Predigt mag mit dazu beigetragen haben, dass Walter Wink in Deutschland immer noch nicht angemessen wahrgenommen wird.[21] Nur Thomas Zeilingers wichtige theologische Studie zum Werk von Walter Wink erkundet bislang ausführlich die Möglichkeiten, die sich mit Winks erneutem Zugang zur biblischen Rede von Mächten und Gewalten eröffnet: „Hilfreich scheint mir die Rede von Mächten und Gewalten … nicht zuletzt darin, daß sie in der (Glaubens-)Sprache einen Raum freihält für Erfahrungen, die anderweitig ‚ausdruckslos' bleiben würden."[22] Wink bemühe sich, „Zugänge zur Wahrnehmung der Mächte zu vermitteln, er sucht nach Brücken, Übergängen und Zusammenhängen. Dafür nimmt er ein bestimmtes, insbesondere von C. G. Jung und A. N. Whitehead her geprägtes integratives Weltbild in Anspruch."[23] So formuliere er ein Weltdeutungs- und Handlungsangebot, das nicht an einem überholten supranaturalistischen Weltbild klebt, aber die destruktiven Mächte auch nicht reduktionistisch „wegerklärt" und Gewaltverhältnisse ideologisch vernebelt.

Walter Wink greift aber nicht nur ein wichtiges Thema der Bibel auf. Es gelingt ihm, den roten Faden der Bibel zu erfassen, in dem die Sehnsucht nach Versöhnung und Heil und die Botschaft der alten Texte ineinander verwoben sind: die Vision einer umfassenden Verwandlung, die weder Wunschdenken noch gefährliche Schwärmerei ist, wie sich gerade in unserer Zeit in vielen erfolgreichen gewaltfreien Verwandlungen überzeugend erwiesen hat. Wer Walter Wink liest, spürt bisweilen geradezu körperlich, wie ihr oder ihm die biblischen Texte und ihre Botschaft nahekommen und wie sie Resonanzen auslösen. „Ohne diese Beziehung gibt es keine Musik in unserem Tun."[24]

Am Ende seiner kleinen Streitschrift zur Bibelauslegung, mit der er international das erste Mal auffiel, zitiert Walter Wink das Motto des deutsch-amerikanischen Publizisten und Soziologen Eugen Rosenstock-Huessy, der im Nachkriegsamerika viele geprägt hat: „Respondeo etsi mutabor", was sich wiedergeben ließe mit: „Ich gehe darauf ein, auch wenn ich verändert werde". Wink steigert diese weltoffene und kommunikative Haltung noch, wenn er hinzufügt: „Und in seltenen Augenblicken der Klarheit und des Mutes hören wir vielleicht, um verändert zu werden."[25]

Hoffnungszeichen Gewaltlosigkeit

Wink veröffentlichte seine Theologie der Gewaltlosigkeit 1998. An vielen Beispielen aus der Kultur (Filmtitel, Fernsehserien usw.) merken deutsche Leserinnen und Leser nicht nur die nordamerikanische Perspektive, sondern auch die Entstehungszeit dieses Buches. Wie wenig dieses Buch jedoch veraltet ist, hat sich vor allem seit dem 11. September 2001 in erschreckender Weise gezeigt. Mitnichten war dieser Tag eine „historische Zäsur"[26], wie die Reaktionen der Welt auf diesen Tag gezeigt haben. Winks zentrale These von zu einem Herrschaftssystem zusammengeschlossenen Mächten, die sich durch den Glauben an die erlösende Kraft der Gewalt legitimieren, hat daher auch nach dem 11. September 2001 ihre Erklärungskraft keineswegs eingebüßt. Wieder war es der Rückgriff auf Gewalt, in dem die Lösung gesucht wurde.[27] Der Glaube an die Gewalt hat zum 11. September geführt und der Glaube an die erlösende Macht der Gewalt hat die Reaktionen nach dem 11. September durchgängig geprägt. Die fatalen Folgen dieses Glaubens sind aktuell im Irak, in Afghanistan und Syrien überdeutlich zu erkennen. Auch die neuste Idee, den Krieg durch Drohnen, das heißt gezielten Mord mittels automatisierter

Systeme, zu ersetzen, bestätigt die These, wonach die Gewalt die herrschende Religion unserer heutigen Gesellschaft sei, auf eine fast unheimliche Weise.

Wie aktuell und bedeutsam Walter Winks bibelwissenschaftlich-theologische Entdeckungen einer spezifisch christlichen Haltung zur Gewaltproblematik sein können, zeigt auch die groß angelegte geistes- und kulturgeschichtliche Bilanz „Ein säkulares Zeitalter“ des kanadischen Philosophen Charles Taylor. In Absetzung von einem an der Gewaltproblematik scheiternden Humanismus, der zum bloßen Ausschluss von Gewalt neigt und sich der komplexen Natur des Bösen nicht stellt, und einer die Gewalt festschreibenden „nietzscheanischen“ Haltung verbindet sich mit dem Christentum die Hoffnung auf eine transformierende „Kraft, die bemüht ist, die Dinge zurück zu Gott zu bringen“[28]. Die christliche „Transformationsperspektive“[29] ist nicht leicht darzustellen, wie Taylors mäandernde Gedanken direkt vorführen. In diesem weiten Feld, das postsäkular neu und bedrängend eröffnet ist und in dem sich das christliche Deutungsangebot nicht historisch längst erledigt hat, sollte die Stimme Walter Winks nicht ungehört bleiben.[30]

Es war ein besonderes Jahr, in dem die erste Auflage dieses Buches auf Deutsch erschien; das Jahr 2014 war das Jahr der Erinnerung an den Beginn des Ersten Weltkriegs 1914 – ein Krieg, der nicht nur als Urkatastrophe des 20. Jahrhunderts, sondern vielleicht auch als Beginn der Enthüllung der eigentlichen kulturellen und religiösen Urkatastrophe, nämlich des Glaubens an die erlösende Macht der Gewalt, angesehen werden kann. In der offensichtlich zunehmend als bedrängend empfundenen Herausforderung, Wege aus der Gewalt zu finden, scheint Walter Wink zu einem Orientierungspunkt zu werden. Es kann als weiteres Hoffnungszeichen gelten, dass Papst Franziskus in seiner Botschaft zum 1. Januar 2017, den die katholische Kirche als Weltfriedenstag begeht, aufruft, „aktive Gewaltfreiheit zu unserem Lebensstil zu machen“, zum „Stil einer neuen Politik für den Frieden“[31].

2018, das Jahr dieser zweiten Auflage, ist dem Gedenken an das Ende des Weltkriegs gewidmet, aber ebenso dem 80. Jahrestag der Reichspogromnacht am 9. November 1938. Mögen die Thesen von Walter Wink über die notwendige und mögliche Verwandlung der Mächte durch aktive Gewaltlosigkeit gerade auch in diesem Gedenkjahr und darüber hinaus weiter Gehör finden.[32]

VERWANDLUNG DER MÄCHTE

Eine Theologie der Gewaltfreiheit

Walter Wink

Einführung

Wir alle haben mit den Mächten dieser Welt zu tun. Sie leiten unsere Krankenhäuser und unsere Rathäuser, versammeln sich in den Vorstandsräumen der Konzerne, ziehen unsere Steuern ein und stehen unseren Familien vor. Die Mächte dieser Welt sind mehr als nur die Menschen, die das Sagen haben. Es sind die Systeme selbst, die Institutionen und Strukturen, die die Gesellschaft zu einem komplexen Geflecht von Macht und Beziehung verweben. Diese Mächte umgeben uns von allen Seiten, sie sind notwendig, sie sind nützlich. Ohne sie könnten wir nichts tun. Wer will denn auf die pünktliche Postaustragung oder die Erhaltung von Straßen verzichten? Dennoch sind die Mächte auch eine Quelle des Bösen.

Ein Konzern entsorgt gezielt krebsverursachende Stoffe in einem Fluss, der als Wasserquelle für stromabwärts liegende Städte dient. Eine andere Industrie versucht, Kinder zum Rauchen zu verführen, ungeachtet der Hinweise, dass ein Drittel von ihnen frühzeitig an Krankheiten sterben wird, die auf Tabakkonsum zurückzuführen sind. Ein Diktator führt zur Sicherung seiner Macht Krieg gegen seine eigenen Bürger. Ein Bauunternehmer besticht einen Beamten des Bauamtes, um Bestimmungen zu umgehen und ein möglicherweise unsicheres Gebäude zu errichten. Ein Kraftwerk setzt seine Arbeitnehmer giftiger Strahlung aus; eine Arbeitnehmerin, die versucht, die Sicherheitsverstöße zu dokumentieren, wird durch ein entgegenkommendes Auto von der Straße gedrängt und stirbt; die von ihr zusammengestellte Dokumentation ist verschwunden. – Willkommen in der Welt der Mächte!

Derart brutal sind die Mächte zwar nicht immer. Es gibt Menschen, die Freude an ihrer Arbeit haben. Es gibt Unternehmen, die einen positiven gesellschaftlichen Beitrag leisten. Es gibt Produkte, die das Leben verbessern, es sogar retten können. Die Mächte tun nicht nur Böses, sondern durchaus auch

Gutes, oft auch beides zugleich. Sie bilden ein komplexes Gewebe, wir können es weder ignorieren, noch können wir ihm entfliehen.

Ein Ergebnis des zügellosen Individualismus in unserer Gesellschaft ist die Tendenz, auf den durch Institutionen verursachten Schmerz oder Schaden persönlich zu reagieren. Menschen geben sich selbst die Schuld, wenn sie von Entlassungen betroffen sind. Oder sie beschuldigen die Manager eines Mangels an Mitgefühl, obwohl unternehmerische Entscheidungen von größeren wirtschaftlichen Kräften diktiert werden, von unsichtbaren Kräften, die die Unternehmenspolitik festlegen und die Entscheidungen bestimmen, die zur Entlassung von Arbeitnehmern führen.

Die Mächte dieser Welt sind also nicht nur die machtausübenden Personen und die Institutionen, die sie anführen. Manager sind in der Tat häufig austauschbar. Viele würden in einer Managerposition weitgehend die gleichen Schritte vollziehen. Eine große Zahl ihrer Entscheidungen wird durch die Logik des Marktes, den Druck der Konkurrenz oder die Arbeitskosten bestimmt. Leitende Angestellte können durchaus human sein, aber ein Unternehmer, der beschließt, die Gehälter zu erhöhen, wird bald von der weniger zahlenden Konkurrenz herausgefordert. Größere Kräfte sind hier am Werk, unsichtbare Mächte, die die Gegenwart gestalten und die Zukunft diktieren.

Seit über dreißig Jahren bin ich diesen Mächten auf der Spur. Ich habe mich zwar für ihre systemischen Eigenschaften interessiert, noch mehr hat mich allerdings ihre unsichtbare Dimension fasziniert. Von religiösen Traditionen werden die Mächte oft als engelhafte oder dämonische Wesen betrachtet, die im Himmel wohnen. Hinter der groben Buchstabengläubigkeit einer solchen Denkweise liegt allerdings die klare Wahrnehmung, dass spirituelle Kräfte unser Leben berühren und bestimmen. Hinter den Ereignissen der Welt liegt mehr als das, was Zeitungen oder Nachrichtensprecher berichten. Mir war klar, dass unsere Vorfahren mit ihrem Begriff der „Mächte" durchaus Erfahrungen mit Wirklichkeit artikuliert haben; dass sie vielleicht etwas wussten, das unserer Gesellschaft in ihrer spirituellen Verblendung durch den Materialismus, der nur an das glaubt, was er sehen, hören, schmecken oder berühren kann, verloren gegangen ist.

Ich erlebte einen ersten Durchbruch im Verständnis dieser unsichtbaren Mächte, als ich auf die „Engel der Gemeinden" im neutestamentlichen Buch der Offenbarung des Johannes traf. Ich fragte mich, warum jeder der sieben in den ersten beiden Kapiteln enthaltenen Briefe nicht, wie bei den Briefen des Apostels Paulus, an die Gemeinden, sondern an die *Engel* der Gemeinden adressiert war. Die Gemeinde wurde nicht direkt, sondern indirekt durch den Engel angesprochen. Dieser Engel schien die korporative

Persönlichkeit der Gemeinde zu sein, ihr Ethos, Geist oder Wesen. Als ich auf meine eigene Erfahrung mit Gemeinden zurückblickte, wurde mir klar, dass jede einzelne tatsächlich eine eigene, reale Persönlichkeit besaß. Es handelt sich nicht um das, was wir eine „Personifizierung" nennen würden, wie im Falle von Uncle Sam oder dem Quäker auf der Haferflockendose. Es schien aber auch nicht ein eindeutiges spirituelles Wesen mit eigenständiger Existenz zu sein. Der Engel einer Gemeinde war offenbar die Spiritualität dieser Gemeinde. Man kann tatsächlich diesen „Engel" spüren, wenn man am Gottesdienst einer Gemeinde teilnimmt. Ebenso kann man dem Engel in Ausschusssitzungen, sogar in der Architektur der Kirche begegnen. Menschen suchen sich (zumindest in Amerika) eine Gemeinde aus, weil sie das Gefühl haben, dass deren Engel zu ihren Wertvorstellungen passt. Daher kann der Geist einer Gemeinde über Jahrzehnte, sogar über Jahrhunderte ungefähr derselbe bleiben, obwohl die ursprünglichen Gemeindemitglieder schon längst verstorben sind.

In alten religiösen Schriften habe ich nach weiteren Hinweisen gesucht, die vielleicht Licht auf diese „Kollektivengel" werfen könnten. Das zehnte Kapitel des Buches Daniel in der Hebräischen Bibel hat mein Verständnis um die Engel ganzer Nationen erweitert, Engel, die ihre Nation vor dem himmlischen „Gericht" repräsentieren. Auch Städte hatten offenbar eigene Engel, ebenso Einzelpersonen. In anderen antiken jüdischen und christlichen Quellen bin ich auf Weise gestoßen, die offensichtlich glaubten, jedes Ding in der Schöpfung besäße seinen eigenen Engel. Das bedeutet, wie ich folgerte, dass alles sowohl einen materiellen wie auch einen spirituellen Aspekt besitzt. Die Mächte der Welt sind also nicht nur Menschen und ihre Institutionen, wie ich zuerst gedacht hatte. Sie schließen auch die Spiritualität im Zentrum dieser Institutionen und Strukturen mit ein. Wenn wir die Systeme ändern wollen, müssen wir also nicht nur die äußere Form ins Auge fassen, sondern auch den inneren Geist.

Die Implikationen dieser antiken Sicht erschienen mir umwerfend. Es bedeutet nämlich, dass jedes Unternehmen, jeder Konzern, jede Schule, Konfession, bürokratische Einrichtung, Sportmannschaft, also die gesellschaftliche Wirklichkeit in all ihren Formen, aus einem sichtbaren und einem unsichtbaren, einem äußeren und einem inneren, einem materiellen und einem spirituellen Aspekt besteht. Im Zentrum handfester Institutionen der Gesellschaft entdecken wir etwas Geistiges. IBM und General Motors haben jeweils eine eigene Spiritualität, genauso die Liga für die Ausbreitung des Atheismus. Materialistische Wissenschaftler gehören Universitäten oder Forschungslaboren an, die ebenso eine eigene korporative Persönlichkeit und

Hackordnung haben. Auch die Vordenker der neuen Physik sind, nachdem sie durch den Materialismus hindurchgestoßen sind, in einer Welt der Geist-Materie angekommen. So können auch wir das ganze gesellschaftliche Unternehmen der menschlichen Spezies unter den beiden Aspekten von Geist und Materie sehen. Wir stehen auf der Schwelle der Wiederentdeckung der Seele im Innersten eines jeglichen Geschöpfes. Es gibt nichts, von der DNA bis hin zu den Vereinten Nationen, das nicht Gott in seinem Innersten hat. Alles hat einen spirituellen Aspekt. Alles ist Gott gegenüber verantwortlich.

Wie bereits angedeutet, ist der spirituelle Aspekt, der uns in Institutionen begegnet, nicht immer gutartig. Er kann ebenso gut pathologisch sein. In dieser Hinsicht übertrifft das biblische Verständnis der Mächte die beste gegenwärtige Soziologie an Tiefgang. Denn der Engel einer Institution ist nicht einfach die Summe dessen, woraus diese Institution besteht (und das von der Soziologie kompetent beschrieben werden kann); er ist auch der Träger der göttlichen Berufung dieser Institution (die von der Soziologie nicht erkannt wird). Konzerne und Regierungen sind „Geschöpfe", deren einziger Zweck ihr Dienst am Gemeinwohl ist. Wenn sie sich dem verweigern, erkrankt ihre Spiritualität. Sie werden „dämonisch".

Mir ist es nie gelungen, Dämonen ernst zu nehmen. Die Vorstellung, gefallene Engel könnten von Menschen Besitz ergreifen, erschien mir abergläubisch. Wenn das „Dämonische" aber diesen spirituellen Aspekt bezeichnet, der entsteht, wenn der Engel einer Institution seiner göttlichen Berufung den Rücken kehrt, dann kann ich nicht nur an das Dämonische glauben, ich kann auf seine Gegenwart im täglichen Leben verweisen. Und wenn das Dämonische dann entsteht, wenn ein Engel von seiner Berufung abweicht, dann hängt soziale Veränderung nicht von der Austreibung des Dämons ab, sondern davon, dass der Engel zu seiner göttlichen Aufgabe zurückgerufen wird.

Ich hatte bereits verschiedene Konfrontationen mit pathologischen Institutionen überstanden, als mir der Gedanke kam, dass es lehrreich sein könnte, die Mächte in ihrem dämonischen Extremzustand zu erleben: in einer Militärdiktatur. So fuhr ich zu der Zeit, als diese ganzen Überlegungen in meinem Kopf brodelten, mit meiner Frau June nach Chile, um während eines Sabbatjahrs 1982 die Diktatur von General Pinochet aus nächster Nähe zu erleben. Anschließend reisten wir durch Süd- und Mittelamerika, wohnten in Vorstädten und Favelas und sprachen mit Priestern und Nonnen, die sich für Menschenrechte und politische Freiheit einsetzten. Wir sprachen mit einem Rechtsanwalt, der die Familien von „Verschwundenen" beriet. Wir verbrachten einen schmerzlichen Abend mit einer Frau, die gefoltert worden war. So ging es weiter, Woche für Woche.

Schließlich konnte ich nicht noch mehr ertragen. Anstatt dem Schmerz über so viel Bosheit durch Tränen Ausdruck zu geben, versuchte ich, der emotionalen Lawine Einhalt zu gebieten. Ich wollte einfach nur dem Schmerz entkommen. Wut stieg in mir auf gegen die Unterdrücker, Wut gegen die Unterdrückten, ohne dabei auf die Trauer zu achten, die mein Herz zerriss.

Am Ende der Reise wurde ich körperlich krank. Ich hatte mir vorgenommen, ein Buch über die Mächte zu beginnen, war aber so krank und abgemagert, dass ich kaum arbeiten konnte. Neben meinem körperlichen Leiden wurde ich von Verzweiflung erdrückt. Ich war in der Hoffnung nach Lateinamerika gefahren, unsere Erfahrungen dort würden mir helfen, so zu schreiben, dass ich wirklich etwas bewirken würde. Stattdessen war das Böse, dem wir begegneten, derart monströs und zudem so massiv von unserer eigenen Regierung unterstützt, in manchen Fällen darüber hinaus in einer so langen Geschichte der Tyrannei verankert, dass es mir schien, nichts könne eine Veränderung bewirken. Ich war dorthin gereist, um die Mächte zu beobachten. Ich endete als ihr Gefangener.

In meiner Verzweiflung fragte ich, wie die Verfasser des Neuen Testaments darauf bestehen konnten, Christus sei in irgendeiner Weise, sogar mitten im Bösen, Herr über die Mächte. Mit meiner ganzen Kraft habe ich mit dieser Behauptung gerungen. Was ich schließlich fand, hätte vielleicht sonst niemand beeindruckt, wurde mir aber ein dünner Faden der Hoffnung, an den ich mich verzweifelt geklammert habe.

Von diesem Augenblick an wuchs in mir ein ganz neues Gespür für die Wahrheit und Relevanz des biblischen Verständnisses der Mächte. Meine Intuition über die Bedeutung und die Aktualität dieses in der Bibelwissenschaft allgemein vernachlässigten Aspekts wurde wiederholt bestätigt. Ich weiß nun mit einer Gewissheit, die ich vorher nicht hatte, dass „weder Tod noch Leben, weder Engel noch Mächte, weder Gegenwärtiges noch Zukünftiges, weder Gewalten der Höhe oder Tiefe noch irgendeine andere Kreatur“ uns scheiden können „von der Liebe Gottes, die in Christus Jesus ist, unserem Herrn“ (Röm 8,38–39).

Ich musste aber auch noch einiges über das Wesen der Mächte lernen. Ungerechte Systeme verstetigen sich durch institutionalisierte Gewalt. Die Rassentrennung in den südöstlichen Vereinigten Staaten wurde durch die *Jim Crow-Gesetze*, durch die staatliche und örtliche Polizei, durch die Gerichte und die Strafjustiz und durch außergesetzliche terroristische Handlungen gestützt; all dies passiv oder aktiv getragen durch die überwiegende Mehrheit der weißen Bürger. Schwarze, die „aus der Reihe tanzten“, wurden brutal erledigt. Man war und ist versucht, auf solche monolithischen Mächte mit

Gewalt zu antworten. Doch wurde mir immer wieder deutlich, dass Menschen, die mit Gewalt die Herrschaft bekämpfen, genauso böse werden wie diejenigen, gegen die sie sich stellen. Wie können wir dann aber das Böse überwinden, ohne Böses zu tun und selbst böse zu werden? Widerstrebend wurde ich durch die einfache Logik der Fragestellung zu einer Haltung der konsequenten Gewaltfreiheit gedrängt.

Schon lange hatte ich mich in der Bürgerrechtsbewegung und in anderen Auseinandersetzungen, in denen Gewaltfreiheit eine Rolle spielt, engagiert. Doch hatte ich die Haltung der Gewaltfreiheit immer durch eine Art „Fluchtklausel" relativiert: Wenn Gewaltfreiheit scheitert, versuch es mit Gewalt. Nicht dass *ich* Gewalt anwenden würde, aber andere könnten es dann für mich tun. Mir wurde langsam klar, dass ich immer noch dem Glauben an die rettende Gewalt anhing, solange für mich Gewalt eine letzte Zuflucht darstellt. Und daher setzte ich immer noch auf Herrschaft und Gewalt als Mittel für Gerechtigkeit und Frieden, sosehr ich mich auch gegen jegliche Form von Herrschaft wandte.

So beschloss ich, diesem Problem auf den Grund zu gehen. Im Jahr 1986 stand mir wieder ein Sabbatjahr zu. Diesmal entschied ich mich, es in Südafrika zu verbringen. Hier bestand sicherlich eine extreme Herausforderung für Gewaltfreiheit, zumal der Weg der Gewaltfreiheit durch die Anti-Apartheid-Bewegung weithin als erfolglos abgelehnt wurde. Zu meiner Überraschung habe ich aber eine bemerkenswerte Vielfalt wirksamer, gewaltfreier Aktionen kennengelernt, die von vielen Menschen eingesetzt wurden. Das war vielleicht der größte Aufbruch von unterschiedlichen gewaltfreien Strategien „von unten", den man bis dahin in einem einzelnen Konflikt beobachten konnte. Ich fuhr nach Hause in der Überzeugung, dass Gewaltfreiheit die einzige Art wirksamen Widerstandes in Südafrika sei. Ich schrieb ein kleines Buch, das der Verlag New Society Publishers 1987 unter dem Titel *Violence and Nonviolence in South Afrika* herausbrachte. Die südafrikanische Version erschien in einem unauffälligen braunen Umschlag mit dem unverdächtigen Titel *Jesus' Third Way*. Mit Hilfe einiger amerikanischer Gemeinden verschickten wir den Band einzeln an 3200 schwarze und weiße Pfarrer in Südafrika. Die Katholische Kirche in Südafrika hat 800 weitere Exemplare an ihre Priester und pastoralen Mitarbeiter versandt. Einige wurden beschlagnahmt, die meisten sind aber offenbar an den Zensurbehörden vorbeigerutscht. In diesem Buch habe ich die Kirchen dazu gedrängt, von ihrer endlosen Debatte über den jeweiligen Wert von Gewalt oder Gewaltfreiheit abzulassen; einzusehen, dass es nicht Sache der Kirche ist, auf Gewalt zu setzen, und ihre ganze moralische Autorität auf den gewaltfreien Widerstand zu richten.

Ein Jahr später wurde ich von einer Friedensgruppe in Südafrika eingeladen, Workshops über Gewaltfreiheit durchzuführen. Offenkundig hatte das Buch etwas bewirkt. Als ich ein Visum beantragte, wurde es mir von den herrschenden Mächten verweigert. Der unerschrockene südafrikanische Friedensaktivist Rob Robertson fragte mich, ob ich einverstanden wäre, mich illegal ins Land bringen zu lassen. Ich stimmte zu. Da wir nicht sicher waren, dass es mir gelingen würde, Südafrika zu erreichen, wurde ein Workshop in Lesotho organisiert, ein innerhalb Südafrikas gelegenes unabhängiges Land, das kein Visum verlangte. Teilnehmer kamen aus ganz Südafrika. Während des Workshops begleitete uns eine Hymne, „Thine is the glory, risen, conquering Son". Nach Ende des Workshops machten Rob und ich, durch die Gebete der Teilnehmer gestärkt, uns auf den Weg zu dem Grenzübergang nach Südafrika, an dem wir seiner Meinung nach die beste Chance hätten, hinüber zu kommen, ohne dass ich erwischt würde. Als wir uns der Wachstation näherten, verfinsterte sich der Himmel durch einen für diese Jahreszeit ungewöhnlichen wolkenbruchartigen Regen. Wir sprangen aus dem Auto und rannten unter das Dach des Vorbaus, wo wir den diensthabenden Wächter die Melodie von „Thine is the glory" pfeifen hörten! In dem Augenblick wusste ich, dass wir hineinkommen würden. Da der Strom ausgefallen war, war das Innere des Grenzpostens so dunkel, dass der diensthabende Soldat mich bat, meinen Pass vorzulesen. Nach einem Visum hat er gar nicht geschaut.

Nach einer Woche voller Workshops und Vorträgen in Johannesburg und Pretoria, in der die Polizei meine Fährte noch nicht aufgenommen hatte, habe ich mich mit Rob den Beamten ergeben, die mich des Landes verwiesen. Zu dieser Zeit (es war im Jahr 1988) hatte sich die politische Atmosphäre bereits spürbar verschoben. Die Unterdrückten hatten Gewalt und politisches Chaos erlebt. Sie waren nun einem gewaltfreien Ansatz gegenüber viel offener. Die „Notversammlung der Kirchen", an der ich teilnehmen konnte, hatte sich unmissverständlich für gezielte gewaltfreie Aktionen eingesetzt. Doch konnten nicht einmal diese Veränderungen, so bemerkenswert sie auch waren, uns auf die unglaublichen Geschehnisse vorbereiten, die sich kurz darauf ereignen sollten: die Freilassung Nelson Mandelas aus dem Gefängnis, das Teilen der Macht, die Wahl eines schwarzen Präsidenten und der Entwurf einer vorbildlichen Verfassung. Offensichtlich können die Mächte manchmal verwandelt werden.

Wir leben in einer bemerkenswerten Zeit, in der ganze Nationen durch den gewaltfreien Kampf befreit wurden; eine Zeit, in der man Wunder offen zugibt, wie den Fall der Berliner Mauer, den Zusammenbruch des Kommunismus in der Sowjetunion und im ganzen Ostblock und die Wende in

Südafrika; eine Zeit, in der zum ersten Mal Menschen anfangen, sich der Herrschaft in all ihren Formen zu widersetzen. Und doch sind es auch Zeiten der endemischen Gewalt, des ethnischen Hasses, des Völkermords und einer weltweiten wirtschaftlichen Enteignung; Zeiten, in denen die Superreichen einen wachsenden Anteil an den Reichtümern der Welt anhäufen und die Armen an ihrer Armut zugrunde gehen. Es ist eine Zeit der Hoffnung, es ist eine Zeit der Verzweiflung. Ich habe genug gesehen von Gottes listigem Umgang mit den Mächten, um voll auf die Hoffnung zu setzen. Ich glaube, dass auch diese widerständigen Mächte im Schmelztiegel der Liebe Gottes verwandelt werden können.

In Kapitel 1 werden wir die Mächte genauer identifizieren und einschätzen, was notwendig ist, um sie zu ihrer göttlichen Berufung zurückzuführen. Dann werden wir das eine alles umfassende Geflecht der gefallenen Mächte untersuchen, das „Herrschaftssystem", das sich durch Gewalt und den Mythos, dass Gewalt erlösen kann, aufrecht hält (Kapitel 2). Ich werde darlegen, dass Jesu Evangelium Gottes Antwort auf dieses System der Herrschaft ist. Es bietet eine Alternative, die radikaler und durchgreifender ist als irgendeine andere in der Geschichte der Menschheit (Kapitel 3). Jesus selbst hat in seinem eigenen Leben die endlose Spirale der Gewalt gebrochen, indem er ihre Wucht in seinem eigenen Leib auffing (Kapitel 4); durch seine Lehren über die Gewaltfreiheit hat er uns eine neue Lebensweise gezeigt (Kapitel 5 bis 8). Die Gewaltfreiheit führt allerdings nicht nur zu einer neuen Politik und einer neuen Gesellschaft; sie bezieht auch die ganz persönliche Aufgabe mit ein, unseren Feinden zu vergeben (Kapitel 9). Schließlich verlangt sie eine tiefe, im Gebet wurzelnde Spiritualität; diese kann uns von den durch die Mächte eingeimpften Illusionen befreien, um eine dem Leben gegenüber freundlichere Gesellschaft zu schaffen (Kapitel 10).

In einer Welt, die immer tiefer in Ungerechtigkeit und Gewalt versinkt, bietet Jesus eine Alternative zum Herrschaftssystem, die danach schreit, verwirklicht zu werden.

Kapitel 1

Die Mächte identifizieren

Dieses Buch beschäftigt sich ohne Scham mit spirituellen Dingen. Es geht davon aus, dass es im Herzen aller Dinge eine spirituelle Wirklichkeit gibt – von den Photonen bis zu den Supernovä, von der Fußballmannschaft bis zum Luftfahrtkonzern Boeing. Es rechnet mit Geist, mit der Fähigkeit, Gott im Kern jeder Institution, jeder Stadt, jeder Nation, jedes Konzerns und jedes Gotteshauses wahrzunehmen und ihm zu antworten. Dieses Buch entspringt einer anderen Weltsicht als der gegenwärtig üblichen, die auf der einen Seite Skeptiker und Ungläubige und auf der anderen Seite Leichtgläubige und übertrieben Fromme kennt. Es feiert eine göttliche Wirklichkeit, die jeden Aspekt unserer Existenz durchdringt und in der die für das Universum vorgesehene Harmonie bereits erlebt werden kann. Es lädt Menschen, die an spiritueller Unterernährung leiden, zu einem himmlischen Festmahl ein, dem nichts ähnelt, was unsere Gesellschaft zu bieten hat.

Die Wahl des Weltbildes

Es ist nicht leicht, in unserer gottlosen, seelenlosen Welt von spirituellen Dingen zu reden. Der Materialismus schließt das Göttliche aus, und die organisierte Religion vernachlässigt in ihrem Bemühen um institutionellen Selbsterhalt allzu oft die Seele.

Die Welt ist, zumindest bis zu einem gewissen Grad, so, wie wir sie uns vorstellen. Wenn wir glauben, dass sie gott- und seelenlos ist, wird sie für uns auch so sein. Und wir selbst werden dann zum Bild gott- und seelenloser Wirklichkeiten. Wenn wir uns in wirkliche Ebenbilder Gottes verwandeln lassen wollen, um zu werden, wozu Gott uns erschaffen hat, dann müssen wir unsere Seelen vom Materialismus und von anderen Weltbildern reinigen, die uns davon abhalten, jenes Leben zu verwirklichen, das Gott sich so sehnlichst für uns wünscht.

Das Verstehen der Weltbilder ist der Schlüssel, der uns von einer Kontrolle der Mächte über die Vorstellungen der Menschen befreien kann. Weltbilder werden bemerkenswert wenig diskutiert. Der Schriftsteller Morton Kelsey hat mich in seinen Ausführungen über Spiritualität als erster auf ihre Bedeutung aufmerksam gemacht. Sogar der Ausdruck „Weltbild“ ist ziemlich neu. Im Deutschen gibt es das Wort „Weltanschauung“, das sich aber eher auf die persönliche Lebensphilosophie bezieht. Demgegenüber bestimmt ein Weltbild die Sichtweise auf die Welt, die der Gesellschaft als ganzer zu eigen ist. Ein Weltbild liefert eine Vorstellung von der Natur der Dinge: wo der Himmel ist und wo die Erde, was sichtbar ist, was unsichtbar, was wirklich ist und was unwirklich. So, wie ich das Wort verwende, sind Weltbilder nicht Philosophien oder Theologien, auch nicht Mythen oder Sagen über den Ursprung der Dinge. Sie sind das „Knochengerüst“ unseres Denkens und das Fundament unseres geistigen Hauses, auf dem wir Symbole, Mythen und Denksysteme errichten. Wir deuten unsere Erfahrungen durch die Brille unseres Weltbildes. Auch wenn wir gerade die Gedanken eines anderen widerlegen, teilen wir oft dasselbe Weltbild.

Es hat in der ganzen abendländischen Geschichte nur eine Handvoll Weltbilder gegeben. Normalerweise funktioniert ein Weltbild unbewusst. Die Menschen nehmen seine Existenz überhaupt nicht wahr; die Welt ist einfach so. Erst heute wird es möglich, diese Weltbilder bewusst zu machen. Die folgende einfache Typologie veranschaulicht die verschiedenen Weltbilder, die für das menschliche Selbstverständnis in der abendländischen Geschichte besonders prägend waren:

1. Das antike Weltbild. Dieses Weltbild spiegelt sich in der Bibel wider. Nach diesem Verständnis hat alles Irdische sein himmlisches Gegenstück und alles Himmlische sein irdisches. Demnach ist jedes Ereignis gleichzeitig Teil beider Dimensionen der Wirklichkeit. Wenn ein Krieg auf der Erde ausbricht, muss es zugleich im himmlischen Rat Krieg zwischen den Völkerengeln geben. Ebenso spiegeln sich Ereignisse, die im Himmel ihren Ausgang nehmen, auf der Erde wider. So kann man symbolisch ausdrücken, dass jede materielle Wirklichkeit eine spirituelle Dimension hat und jede spirituelle Wirklichkeit materielle Konsequenzen. Es kann kein Ereignis und kein Wesen geben, das nicht zugleich einen sichtbaren und einen unsichtbaren Aspekt hat.

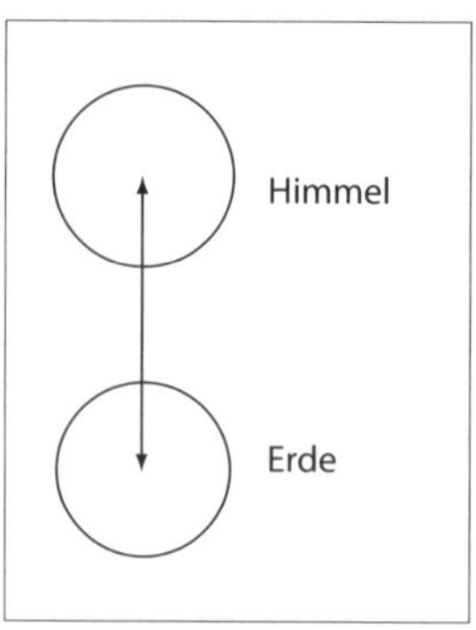

Bei den jüdischen Gelehrten findet sich eine humorvolle Darstellung dieses Weltbildes. So erzählt Rabbi Hoschaja (ca. 250 n. Chr.), dass die Engel, die Gott dienten, Gott fragten, wann das neue Jahr beginne, und Gott ihnen antwortete: „Ihr fragt mich? Ihr und ich, wir fragen die zuständige Behörde unten auf der Erde!“ Im Talmud haben die Dienstengel – aufgrund der Entsprechung zwischen Irdischem und Himmlischem – nach der Zerstörung des Jerusalemer Tempels Gott gebeten, nicht auch die himmlische Wohnstatt zu zerstören.

Nicht nur die biblischen Autoren, auch die Griechen, Römer, Ägypter, Babylonier, Inder und Chinesen – die meisten Menschen der antiken Welt – haben dieses Weltbild geteilt, und es ist noch heute für viele Menschen gültig. Es war also nicht ein exklusiv biblisches, es war einfach das Weltbild, das während der Abfassungszeit der Bibel aktuell war. Folglich ist es durchaus möglich, die Bibel auch im Rahmen anderer Weltbilder zu interpretieren.

2. Das spiritualistische Weltbild. Im zweiten Jahrhundert n. Chr. kam ein neues Weltbild auf, eine Vorstellung, die die jüdisch-christliche Überzeugung, die Schöpfung sei grundsätzlich gut, infrage stellte. Nach diesem Weltbild war die Schöpfung selbst der Sündenfall. Geist ist gut, Materie ist böse. Die Welt ist ein Gefängnis, in das die Geister aus dem guten Himmel gefallen sind. Gefangen in einem Körper, unterliegen diese Geister den missratenen und unwissenden Mächten, die die materielle Welt beherrschen. Als Konsequenz dieses Weltbildes wurde das Sexuelle, der Leib und das irdische Leben insgesamt als böse angesehen. Der Religion fiel die Aufgabe zu, den Geist des einzelnen aus dem Fleischlichen und aus der Hand dieser Mächte zu erretten und in den spirituellen Bereich, aus dem er gefallen war, zurückzuführen.

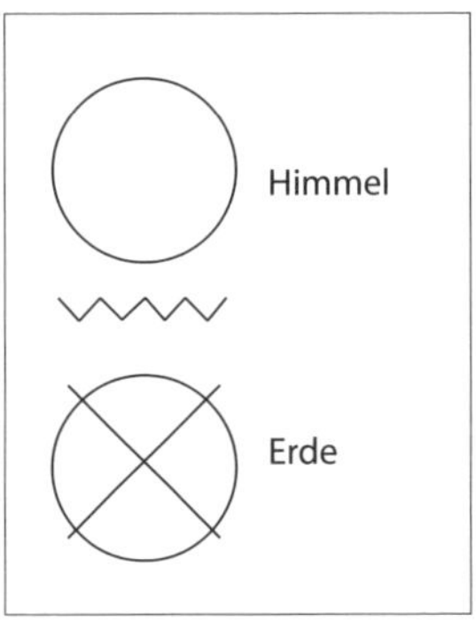

Dieses Weltbild ist historisch mit Religionen wie der Gnosis und dem Manichäismus verbunden, auch mit Philosophien wie dem Neoplatonismus und mit Einstellungen zur Sexualität, die wir, allerdings ungerechtfertigt, mit dem Puritanismus verbinden. Es leistet bis heute einen entscheidenden Beitrag zum Spiritismus, zu sexuellen Problemen, Essstörungen, negativen Selbstbildern und zur Abwertung der Leiblichkeit. Auch das Interesse an UFOs drückt vielleicht eine Sehnsucht aus, sich von unserem Planeten in eine bessere Welt zu flüchten; so war es zumindest bei der *Heaven's Gate*-Sekte. Das spiritualistische Weltbild spiegelt sich auch in den Formen des christlichen Glaubens wider, bei denen es vor allem um den Weg in den Himmel und das Verlassen des irdischen „Tränentals“ geht.

3. Das materialistische Weltbild. Diese Ansicht verbreitete sich während der Aufklärung, entstand aber bereits zur Zeit Demokrits, der um 370 v. Chr. starb. In vielfacher Weise stellt sie eine Antithese zur weltabweisenden Haltung des Spiritualismus dar. Nach materialistischer Auffassung gibt es keinen Himmel, keine spirituelle Welt, keinen Gott und keine Seele; es existiert nur das, was durch die fünf Sinne und den Verstand erfasst werden kann. Die spirituelle Welt ist eine Illusion. Es gibt keine höhere Wirklichkeit, und wir sind nichts als materielle Gebilde, die bei ihrem Tod aufhören zu existieren. Es bleiben nur die chemischen Stoffe und Atome, aus denen wir bestehen. Die Materie wird verabsolutiert. Es gibt einen „harten“ oder philosophischen Materialismus, der das Universum als geistlos betrachtet, und einen „weichen“, der mit Konsum, Genuss und dem Fehlen aller spirituellen Werte einhergeht. Dies ist die heute herrschende Leitvorstellung der meisten Universitäten, der Medien und unserer Kultur insgesamt. Da das Universum keine ihm innewohnende Bedeutung hat, müssen Menschen sich Werte, Ziele und Sinn selbst erschaffen. Es besteht weder Recht noch Unrecht außerhalb gesellschaftlicher Vereinbarungen zur Sicherung des Überlebens oder von Ruhe und Ordnung.

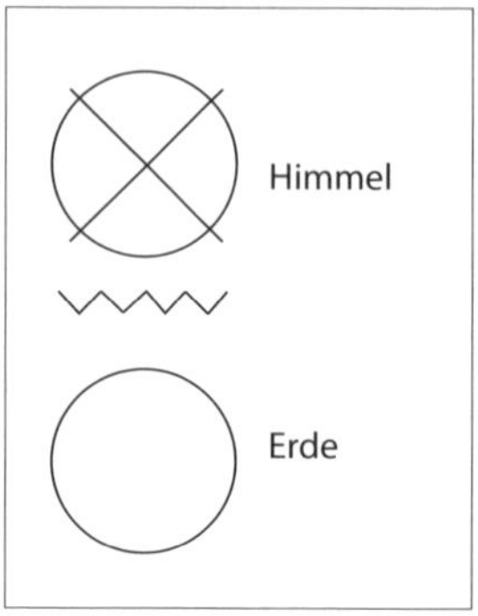

Von dieser materialistischen Weltsicht sind sogar viele religiöse Menschen geprägt. Sie hat dazu geführt, dass sie die spirituelle Dimension von Systemen und die spirituellen Grundlagen ihres Glaubens ignorieren. Ich selbst habe im College eine starke Dosis Materialismus abbekommen (obwohl es sich um eine methodistische Einrichtung handelte) und versuche seitdem, davon loszukommen. Die materialistische Sicht hat sich in der modernen Gesellschaft so ausgebreitet, dass sie praktisch mit der wissenschaftlichen Sicht gleichgesetzt wird, obwohl sich die neue Physik inzwischen über den Materialismus hinaus auf ein wiederverzaubertes Universum zubewegt.

4. Das theologische Weltbild. Als Reaktion auf den Materialismus hat die Theologie einen übernatürlichen Bereich geschaffen bzw. postuliert. Sie räumt ein, dass dieser Bereich nicht sinnlich erfahrbar ist, überlässt so die irdische Wirklichkeit der Naturwissenschaft und behält sich einen privilegierten „spirituellen“ Bereich vor, der immun ist gegen Bestätigung oder Widerlegung. Der Materialismus war nur zu gerne bereit, den Theologen den „himmlischen“ Bereich zu überlassen, da seine Anhänger sowieso nicht an dessen Existenz glaubten. Vielen Geistlichen wurde während ihrer Ausbildung beigebracht:

„Die Wissenschaft sagt uns, *wie* die Welt geschaffen wurde, die Religion sagt uns, *warum.*“ Das bedeutet, die Wirklichkeit in zwei Bereiche aufzuspalten: Die Theologie wird gegen die naturwissenschaftlichen Entdeckungen, die Naturwissenschaft gegen die Weisheit der Theologie hermetisch abgeriegelt.

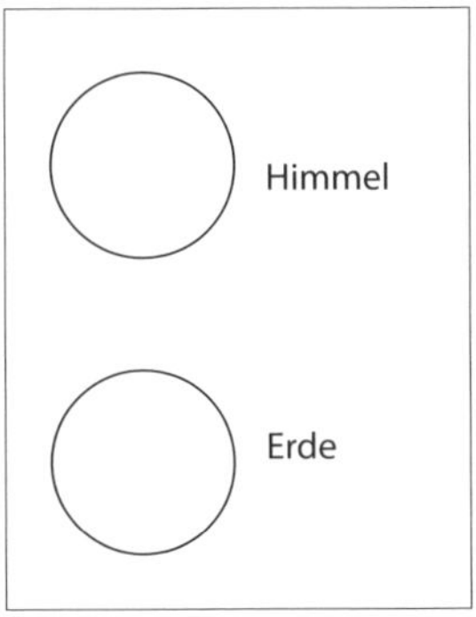

Ein extremes Beispiel für diese Spaltung bietet ein Freund, ein Doktorand der Geologie an der Columbia University. Als religiöser Fundamentalist glaubt er am Sonntag, dass das Universum im Jahr 4004 v. Chr. geschaffen wurde; während der übrigen Woche akzeptiert er aber die Theorie, dass das Universum vor etwa fünfzehn Milliarden Jahren entstand. Dies ist aber nur eine besonders offenkundige Form einer Spaltung, die von praktisch allen großen Theologen des zwanzigsten Jahrhunderts akzeptiert wurde. In einer Welt, die von naturwissenschaftlichen Daten und Entdeckungen geradezu überflutet wird, haben sie sich einfach nicht für Naturwissenschaft interessiert. Der Preis, den sie für ihre gespaltene Sicht auf die Wirklichkeit bezahlten, war der Verlust der Wahrnehmung der Ganzheit, der Einheit der himmlischen und irdischen Aspekte des Seins: Die Erde offenbart die Herrlichkeit Gottes, und die Naturwissenschaftler enthüllen seine Erhabenheit. Naturwissenschaft und Religion können nicht getrennt werden.

5. Ein integratives Weltbild. Dieses neue Weltbild bildet sich allmählich aus einer Vielzahl verschiedener Denkrichtungen heraus: aus der neueren Physik, der Befreiungstheologie, der feministischen Theologie, aus den Ideen des Psychologen Carl Gustav Jung und des Paläontologen Teilhard de Chardin, aus der Prozessphilosophie von Alfred North Whitehead, Charles Hartshorne, John Cobb und David Ray Griffin, aus der Theologie von Morton Kelsey, Thomas Berry, Matthew Fox und anderen, aus dem Buddhismus von Thich Nhat Hanh und Joanna Macy, und aus verschiedenen Religionen der amerikanischen Ureinwohner. Diese integrative Sicht der Realität geht von einem äußeren und einem inneren Aspekt allen Seins aus.

Himmel und Erde werden hier als innerer und äußerer Aspekt einer einzigen Wirklichkeit gesehen. Das integrative Weltbild betrachtet den Geist als Mitte eines jeden Geschöpfes. Die innere, spirituelle Wirklichkeit ist jedoch untrennbar verbunden mit der äußeren Form, der physischen Erscheinung. Das neue Weltbild nimmt alle Aspekte des antiken Weltbildes ernst, verbindet sie aber auf neue Weise. Beide Weltbilder bedienen sich räumlicher Vorstellungen. Die Idee des Himmels als „oben" ist eine natürliche, fast unvermeidliche Art, Transzendenz auszudrücken. Wenn aber die Erde sich dreht, gibt es nirgendwo im Universum tatsächlich ein „Oben", ebenso wenig wie der Norden „oben" und der Süden „unten" liegen. In der von der modernen Naturwissenschaft tief geprägten westlichen Welt können sich nur wenige wirklich vorstellen, dass Gott, die Engel, die Verstorbenen irgendwo in einem Himmel über uns sind, wie es die meisten Menschen der Antike buchstäblich glaubten. (Und wie es manch ungläubiger Mensch heute immer noch tut, Atheisten eingeschlossen. Denken Sie an das Frohlocken der sowjetischen Kosmonauten, als sie der Welt verkündeten, dass ihnen im Weltraum keine übernatürlichen Wesen begegnet seien.) Das integrative Weltbild belebt die räumliche Metapher neu, spricht jedoch nicht von „oben", sondern von „innen".

Nach diesem Weltbild ist das Weltall beseelt. Gott ist nicht nur in mir, sondern in allem. Das Universum ist vom Göttlichen durchflutet. Das ist kein Pantheismus, der besagt, dass alles Gott ist, sondern Pan*en*theismus (*pan*, alles; *en*, in; *theos*, Gott), nach dem alles in Gott und Gott in allem ist. Geist ist im Zentrum aller Dinge und alle Geschöpfe können Gott offenbaren. Dieses integrative Weltbild ist nicht wesentlich „religiöser" als das antike, doch ich bin überzeugt, dass es die biblischen Gegebenheiten für heutige Menschen eher verständlich macht als jedes andere vorliegende Weltbild, das Weltbild der Antike eingeschlossen. Reverend James Forbes, Pastor der Riverside Church in New York, schreibt zur Frage des Weltbildes:

„Die Schwarzen in meiner Gemeinde reden von Gott und manchmal auch mit Gott. Wenn einer von ihnen, der in einer psychiatrischen Einrichtung ist und nun die Möglichkeit hat, entlassen zu werden, sich auf seine Vorstellung beim Ärztestab vorbereitet, bei der er nachweisen muss, dass er von seiner Neurose oder Psychose geheilt ist, wird es immer interessant. Wir müssen ihm dann raten: Wenn du gefragt wirst, ob du Stimmen hörst, sag nicht, ‚Ja, ich habe gehört, wie Gott mir heute Morgen gesagt hat, es wird schon alles gut gehen.' Das ist für diese Menschen so real, dass jemand, der ihr Weltbild nicht versteht, annehmen muss, es handele sich um Halluzinationen. Für uns aber redet und geht Gott wirklich mit uns. So glaube ich, dass wir eine Art integrative Weltbild haben."[33]

Vater Himmel

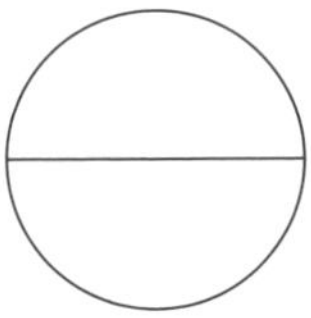

Mutter Erde

Yin und Yang

Möbiusband

Dieses integrative Weltbild lässt sich in der Darstellung der amerikanischen Ureinwohner von Vater Himmel und Mutter Erde erkennen, wie auch im chinesischen Yin/Yang-Schema. Eine moderne Darstellungsform ist das Möbiusband, das durch einen langen Papierstreifen demonstriert werden kann; man dreht das eine Ende des Bandes um 180 Grad und fügt beide Enden zu einer Schlaufe zusammen. Wenn man nun mit dem Finger auf der Schlaufe entlang streicht, wird man mal auf der Innen-, mal auf der Außenseite sein, dann wieder innen und so weiter – so lassen sich die Einheit und der dauernde Wechsel zwischen Innen und Außen illustrieren.

Weltbilder bestimmen, was wir über die Welt glauben dürfen. Die meisten von uns haben Versatzstücke verschiedener Weltbilder im Kopf. Vielleicht sind wir sexuell unterdrückt oder als Kinder missbraucht worden; für uns mag dann das spiritualistische Weltbild noch gültig sein und dazu führen, dass wir die Beziehung zum Körper negieren und unser wahres Wesen in einer transzendenten, nicht körperlichen Welt orten. Oder wir haben das materialistische Leitbild der Universität tief verinnerlicht. Oder der materialistische Konsumismus der Medien und Märkte hat ein Leben lang auf uns eingewirkt. Möglicherweise klammern wir uns auch an ein theologisches Weltbild als ein Mittel, den Materialismus der modernen Naturwissenschaften abzuwehren. Oder aber wir nehmen das integrative Weltbild als Möglichkeit an, Wissenschaft und Religion, Geist und Materie, Innen und Außen zu vereinen. Der springende Punkt dabei ist, *dass wir vielleicht die erste Generation der Weltgeschichte sind, die eine bewusste Wahl zwischen diesen Weltbildern treffen kann.* Wir können uns entscheiden, welches Weltbild die Welt, wie sie uns begegnet, am besten beschreibt und ob wir uns nach wie vor durch die anderen bestimmen lassen wollen.

Sich der spirituellen Wirklichkeit öffnen

Die biblischen Autoren verfügten über Begriffe zur Identifizierung der spirituellen Wirklichkeiten, denen sie begegneten. Sie sprachen von Engeln, Dämonen, Mächten und Gewalten, Satan, Göttern und den Elementen der Welt. Der Materialismus konnte solche Vorstellungen nicht gebrauchen und hat sie verworfen. Das theologische Weltbild konnte kaum einen Platz für Gott im Universum finden, daher waren die spirituellen Mächte eine Extravaganz, die dieses Weltbild sich nicht erlauben konnte: „Moderne" Menschen seien nicht mehr in der Lage, die Vorstellung von Engeln und Dämonen hinzunehmen. Die Welt sei glücklicherweise von solchem „Aberglauben" gereinigt worden, und die Menschen könnten nachts besser schlafen in dem Bewusstsein, vor Geistern sicher zu sein.

In der letzten Zeit sind allerdings zahlreiche Bücher über Engel erschienen, daneben eine Vielzahl von Filmen (z. B. der viel gelobte Film *Wings of Desire*). Außerdem sind zahlreiche Filme und Romane über Satanismus und Exorzismus auf den Markt gekommen (angefangen mit *Rosemary's Baby* und *The Exorzist*). Es ist, als verlange der moderne Mensch, jeglicher spirituellen Tiefe durch eine oberflächliche, materialistische Kultur beraubt, nach Transzendenz. Die Menschen sehnen sich danach, dass die Welt mehr ist als ein Paradies für Konsumenten und sie selber mehr sind als Nahrung für die Würmer.

Das Interesse an Engeln ist großenteils so oberflächlich wie der Materialismus, dem dieses Interesse sich entgegenstellt. So ist es zum Beispiel tröstlich zu glauben, dass jeder Mensch durch einen eigenen Schutzengel behütet wird. Leider scheinen diese Schutzengel am besten in Wohnvierteln der Mittelklasse zu funktionieren, in denen Wohlstand herrscht. Weniger gut gelingt es ihnen, Kinder in Armengettos vor Schießereien aus vorbeifahrenden Autos zu schützen. Wenn wir die Vorstellung von Engeln, Dämonen und Mächten und Gewalten ernst nehmen wollen, werden wir zum biblischen Verständnis der spirituellen Wesen in seiner ganzen Tiefe zurückkehren und es neu auf unsere heutige Situation anwenden müssen.

Die lateinamerikanische Befreiungstheologie hat einen der ersten Versuche unternommen, die „Mächte und Gewalten" neu zu deuten; nicht als körperlose Wesen, die die Luft bevölkern, sondern als Institutionen, Strukturen und Systeme. Aber wie wir gesehen haben, sind die Mächte nicht nur materieller Art. Die Bibel besteht darauf, dass sie *mehr* als das sind (Eph 3,10; 6,12); dieses „mehr" ist der Schlüssel zu ihrer tieferen Bedeutung. Aus biblischer Sicht sind die Mächte zugleich sichtbar *und* unsichtbar, irdisch *und* himmlisch, spirituell *und* institutionell (Kol 1,15–20). Mächte wie ein Sägewerk oder eine Stadtverwaltung besitzen sowohl eine äußere, physische Erscheinung (Gebäude, Personal, Fahrzeuge, Faxgeräte) als auch eine innere Spiritualität, eine Firmenkultur oder eine kollektive Persönlichkeit. Die Mächte sind also zugleich eine äußere, sichtbare Struktur und eine innere, spirituelle Wirklichkeit. Vielleicht sind wir es nicht gewohnt, das Pentagon, den Chrysler Konzern oder die Mafia als Träger einer Spiritualität zu betrachten, dennoch sind sie es. Das Neue Testament verwendet die Sprache der Macht mal in Bezug auf den äußeren Aspekt, mal auf den inneren, und ein andermal auf beide gleichzeitig. Das, was die Menschen in der Welt der Bibel erlebten und als „Mächte und Gewalten" bezeichneten, war in Wirklichkeit der tatsächlich vorhandene spirituelle Kern der politischen, ökonomischen und kulturellen Institutionen ihrer Zeit.

Wenn Menschen von ihrer Erfahrung des Bösen in der Welt erzählen, greifen sie oft auf die Sprache des antiken Weltbildes zurück. Dämonen und Engel werden eher als eigenständige, am Himmel umherfliegende Wesen, denn als spirituelle Aspekte von Institutionen und Systemen dargestellt. Wenn ich dann vorschlage, den gleichen Gedanken vor dem Hintergrund eines integrativen Weltbildes neu zu formulieren, antworten sie oft: „Ja, so habe ich es auch gemeint." Dabei haben sie in Wirklichkeit etwas völlig anderes gesagt. Dieses widersprüchliche Verhalten liegt aber nicht an verworrenem Denken (zumal es sich meist um sehr scharfsichtige Menschen handelt, sonst hätten sie diese spirituellen Wirklichkeiten gar nicht wahrgenommen). Es zeigt eher, wie schnell Menschen bereit sind, vom antiken zu einem mehr integrativen Weltbild zu wechseln. Menschen benutzen lediglich die alte Ausdrucksweise in Ermangelung einer besseren. Wenn ihnen eine adäquatere Sprache angeboten wird, erkennen sie sofort, dass die neuen Worte zu ihren Erfahrungen passen. Sie sagen das, was sie eigentlich sagen wollten, aber nicht in der Lage waren zu formulieren. Menschen suchen nach einer angemesseneren Sprache, als die Tradition ihnen bietet, um spirituelle Realitäten auszudrücken. Gegenwärtig findet eine rasche und tiefgreifende Veränderung des Weltbildes statt. Sie wird kaum bemerkt, doch werden immer mehr Menschen darauf aufmerksam. Ein neu gefasstes Weltbild existiert bereits – wie die Verkabelung in einer Festplatte im Computer – und kann aktiviert werden, indem man es anspricht.

Der weniger bekannte Aspekt der Mächte ist ihre *spirituelle* oder *unsichtbare* Dimension. Im Allgemeinen nehmen wir diese nur indirekt wahr, und zwar durch Projektion. Zur Zeit des Neuen Testaments haben die Menschen die spirituelle Seite einer Institution nicht unmittelbar an ihrer äußeren Erscheinung abgelesen. Stattdessen projizierten sie ihre empfundenen oder intuitiv erfassten Eigenschaften auf den Bildschirm des Universums und nahmen sie als kosmische Kräfte wahr, die vom Himmel aus regieren.

Manche Juden und Christen des ersten Jahrhunderts nahmen am römischen Reich eine dämonische spirituelle Dimension wahr, die sie Satan (der „Drache" aus Offb 12) nannten. Aber dieser Geist begegnete ihnen in den tatsächlichen institutionellen Gegebenheiten des römischen Lebens: in den Legionen, Herrschern, Kreuzigungen, Tributzahlungen, römischen Feldzeichen und Standarten usw. (das „Tier" in Offb 13). Der Geist, den sie wahrnahmen, war im Herzen des Reiches vorhanden, aber ihr Weltbild ermöglichte es ihnen lediglich, diesen Geist intuitiv zu erahnen und dann in visionärer Form nach außen zu projizieren, in ein spirituelles *Wesen,* das im Himmel residiert und Rom im himmlischen Rat vertritt.

Im antiken Weltbild, in dem die irdische und die himmlische Wirklichkeit untrennbar vereint waren, war diese Sicht der Mächte effektiv. Viele moderne Menschen des Westens können dieses Weltbild nicht mehr teilen. Stattdessen betrachten Fundamentalisten, dem theologischen Weltbild entsprechend, die Mächte als wirkliche, dämonische Wesen der Lüfte, weitgehend getrennt von ihren Manifestationen in der materiellen oder politischen Welt, während Säkularisten, dem materialistischen Weltbild entsprechend, die Existenz dieser Dimension völlig leugnen.

Um den Projektionsprozess zu beenden, müssen wir die Projektionen zunächst *zurücknehmen* und erkennen, dass die reale spirituelle Macht, die wir erleben, von Institutionen ausgeht. Unsere Aufgabe ist es, im Rahmen des neu entstehenden, einheitlichen Weltbilds diese Projektionen aus der Höhe zurückzuholen und sie wieder in den Institutionen, denen sie wirklich innewohnen, zu verorten.

Projektionen sind keine Verfälschung der Wirklichkeit. Manchmal ist der innere Geist der Dinge nur durch sie zu erkennen. Die Dämonen, die auf den Bildschirm des Kosmos projiziert werden, sind wirklich dämonisch, sie haben eine verheerende Wirkung auf die Menschheit. Nur sind sie nicht *dort oben*, sondern *dort drüben*, in den sozial-spirituellen Strukturen, aus denen die eine und einzig wirkliche Welt besteht. Diese Dämonen sind mit Sicherheit in Fabriken, Kliniken, Fluggesellschaften und Landwirtschaftskonzernen vorhanden, aber auch in kleineren Systemen wie Familien, Kirchen, Pfadfindergruppen und Seniorenprogrammen. Das Neue Testament besteht darauf, dass Dämonen nur dann auf uns wirken können, wenn sie sich in Menschen (Mk 1,21–28; Mt 12,43–45; Lk 11,24–26), in Schweinen (Mk 5,1–20) oder in politischen Systemen (Offb 12–13) verkörpern.

Nur eine Denkgewohnheit verleitet Menschen dazu, sich die Mächte als personale Wesen vorzustellen. Tatsächlich hat man sich in der antiken Welt viele spirituelle Mächte und Götter überhaupt nicht als Personen vorgestellt. Ich stelle mir die Mächte lieber als unpersönliche Entitäten vor, obwohl ich nicht sicher bin, wie diese Frage ein für alle Mal zu lösen ist. Menschen neigen von Natur aus dazu, alles scheinbar absichtsvoll Handelnde zu personifizieren. Doch zeigen uns Computerviren, dass gewisse systemische Prozesse selbstreproduzierend und „ansteckend" sind und sich fast willentlich verhalten, obwohl sie völlig unpersönlich sind. Jeder, der Computerdaten durch ein Virus verloren hat, weiß, wie persönlich man das erleben kann. Gegenwärtig habe ich die Frage des tatsächlichen Status dieser Mächte beiseitegestellt und versuche stattdessen zu beschreiben, was die Menschen in früheren Zeiten *erlebt haben*, als sie von „Satan", „Dämonen", „Gewalten", „Engel" und dergleichen sprachen.

Wir könnten uns zum Beispiel „Dämonen" als die tatsächliche spirituelle Realität von Systemen und Strukturen vorstellen, die ihre göttliche Berufung verraten haben. Wenn ein gesamtes Geflecht von Mächten auf götzendienerischen Werten gegründet ist, erhalten wir das, was man als *das Herrschaftssystem* bezeichnen kann. (Dieses Thema wird im nächsten Kapitel entwickelt.) Aus dieser Perspektive ist „Satan" der weltumfassende Geist des Herrschaftssystems. Sind solche Entitäten tatsächliche, metaphysische *Wesen*, oder sind sie die „korporative Persönlichkeit" oder das Ethos einer Institution oder Epoche, ohne eine Existenz unabhängig von ihrer Inkarnation in einem System zu führen? Das muss der Leser entscheiden. Mein Haupteinwand gegen eine Personifizierung der Dämonen ist, dass wir ihnen auf diese Weise einen „Körper" oder eine Form verleihen, die getrennt ist von den physischen und historischen Institutionen, durch welche wir sie erleben. Ich ziehe es deswegen vor, sie als unpersönliche, spirituelle Wirklichkeiten im Zentrum institutionellen Lebens zu betrachten.

Denken Sie zum Beispiel an einen Krawall bei einer Fußballmeisterschaft. Während einiger Minuten des Wahnsinns finden sich normalerweise anständige Menschen plötzlich bereit, Gegner, deren einzige Sünde es war, die andere Mannschaft anzufeuern, niederzuknüppeln oder gar zu töten. Hinterher scheinen die Menschen oft verwirrt zu sein und fragen sich, was denn über sie gekommen sei. War es ein „Krawalldämon", der aus dem Himmel über sie kam, oder war es etwas, das der sozialen Situation innewohnte, ein „Geist", der sich plötzlich herauskristallisierte, verursacht durch das Zusammenwirken von Enthemmung, Trunkenheit, einer Atmosphäre von Gewalt, eines auslösenden Vorfalls und der inneren Gewaltbereitschaft der Fans? Und wenn der Tumult sich legt, kehrt der „Krawalldämon“ dann zurück in den Himmel, oder löst sich der gemeinsame Geist der Hooligans einfach auf, wenn sie zerstreut, überwältigt oder festgenommen werden?

Oder nehmen wir eine Jugendfußballmannschaft. Ihr Mannschaftsgeist ist während der Saison hoch und schwächt sich gegen Ende der Saison ab, obwohl er zu einem Teil in Erinnerungen an die vergangene und in der Hoffnung auf die kommende Saison weiterlebt. Ähnlich lebt der Geist einer Nation über ihre tatsächliche Herrschaft hinaus in der bleibenden Wirkung ihrer Politik fort, in ihrem Beitrag zur Kultur und ihrem Anteil am erdrückenden Gewicht menschlichen Leids. Keine dieser „spirituellen“ Wirklichkeiten existiert unabhängig von ihrem materiellen Gegenstück. Keine lebt fort in der Zeit, ohne dass sie sich in einem Volk oder einer Kultur, einem Regime, einem Konzern oder einem Diktator inkarniert. Eine Ideologie beispielsweise ist zwar unsichtbar, doch schwebt sie nicht einfach in der Luft: Sie ist immer auch die Rechtfertigung einer bestimmten Gruppe, sei es der Metallarbeitergewerkschaft, General Motors, Greenpeace oder der Ölindustrie. Als Seelen der Systeme umgeben uns überall Mächte in ihrem spirituellen Aspekt. Ihre Gegenwart ist unausweichlich. Die Frage ist nicht, ob wir an sie „glauben“, sondern ob wir lernen können, sie in unseren tatsächlichen täglichen Begegnungen zu identifizieren. Der Apostel Paulus hat diese Fähigkeit als Gabe der Unterscheidung der Geister bezeichnet. Wenn eine einzelne Macht zum Götzendiener wird, das heißt, wenn sie einer anderen Berufung folgt als der, für die Gott sie erschaffen hat, und ihre eigenen Interessen zum höchsten Gut erklärt, wird diese Macht dämonisch. Die spirituelle Aufgabe besteht darin, den Götzendienst zu demaskieren und die Mächte zu dem Ziel zurückzuführen, zu dem sie in der Welt erschaffen wurden. Das kann aber kaum durch Einzelpersonen geschehen. Dazu ist eine Gruppe nötig; das Neue Testament spricht von einer *ekklesia* (Versammlung), einer Gemeinschaft, die eigens existiert, um die Mächte zu ihrer göttlichen Berufung zurückzuführen. Das war die vorgesehene Aufgabe der Kirche, „so dass durch die Kirche *(ekklesia)* die Weisheit Gottes in ihrer reichen Vielfalt den Regierenden und Herrschaften [‚Mächten und Gewalten‘] in der himmlischen Welt nun bekannt gemacht werde“ (Eph 3,10). Diese Aufgabe muss die Kirche erfüllen, obwohl sie selbst genauso gefallen und götzendienerisch ist wie jede andere gesellschaftliche Institution.

Auch unter säkularen Denkern wird die spirituelle Dimension von Körperschaften zunehmend wahrgenommen. Terence Deal hat zum Beispiel ein Buch für Unternehmen unter dem Titel *Corporate Cultures* veröffentlicht. Andere Berater haben die Bedeutung eines Unternehmensleitbildes und einer

Vorstellung vom Auftrag eines Unternehmens als Mittel zur Effizienzsteigerung erkannt. Der „Corporate Spirit" von IBM oder General Electric ist spürbar real und auffallend verschieden, wie auch der „National Spirit" von Kanada sich von dem der Vereinigten Staaten unterscheidet. Was die Vorstellung eines Engels einer Institution davon unterscheidet, ist die von der Bibel betonte Berufung. Der Engel einer Körperschaft meint nicht nur alles, woraus sie aktuell besteht, sondern trägt auch die Botschaft dessen in sich, was sie sein soll.

In der letzten Zeit ist es Mode geworden, „mission statements" für eine Institution zu formulieren. Ein Auftrag impliziert allerdings einen Beauftragenden, so wie eine Berufung einen Rufer. Nach biblischem Verständnis existiert keine Institution als Selbstzweck, sondern jeweils nur zum Dienst am Gemeinwohl. Die Mächte und Gewalten selbst sind nach Kolosser 1,16 in und durch und für Christus geschaffen. Das bedeutet, dass sie nur für die humanisierenden Ziele Gottes existieren, die durch Jesus offenbart wurden – wie auch durch alle anderen Menschen, die in gleicher Weise mit jener göttlichen Wirklichkeit in Verbindung stehen.

Viele Firmen- und Konzernleitungen ignorieren die auf mehr Menschlichkeit gerichteten Ziele Gottes und sprechen eher vom Profit als der „Saldozeile", auf die es ankommt. Das ist aber eine kapitalistische Häresie. Nach Adam Smith, dem Philosophen des Kapitalismus des 18. Jahrhunderts, existieren Unternehmen zum Dienst am Gemeinwohl. Profit ist ein Mittel, kein Zweck. Es ist die Belohnung, die einem Unternehmen dafür zuteil wird, dass es dem Gemeinwohl dient. Smith bestand darauf, dass ein Unternehmen, das nicht dem allgemeinen Wohl dient, sein Existenzrecht verwirkt. Es gehört zur Aufgabe der Kirche, Konzerne und Unternehmen daran zu erinnern, dass Profit nicht das Endziel ist, sondern dass sie als Geschöpfe Gottes die gottgegebene Berufung haben, menschliches Wohlergehen anzustreben (Eph 3,10). Sie existieren nicht um ihrer selbst willen; sie wurden um einen hohen Preis erkauft (Kol 1,20) und gehören Gott, der ein Auskommen für alle Menschen bestimmt hat.

Die Bedeutung der Mächte für das Verständnis des Bösen müsste nun klar sein. Das Böse ist nicht nur personal, sondern strukturell und spirituell. Es ist nicht nur das Ergebnis menschlichen Handelns, sondern die Konsequenz gewaltiger Systeme, über die kein Individuum die volle Kontrolle besitzt. Nur, indem man die Spiritualität einer Institution und seine materielle Manifestation miteinander konfrontiert, kann die ganze Struktur verwandelt werden. Jeder Versuch, ein gesellschaftliches System zu ändern, ohne sich sowohl seinem Geist als auch seiner äußerlichen Form zuzuwenden, ist zum Scheitern verurteilt. Der Materialismus weiß nichts von der inneren Dimension und ist daher auch blind gegenüber ihren Auswirkungen.

Die Mächte transformieren

Es liegt nahe, daran zu zweifeln, dass solch große Institutionen wirklich verwandelt werden können. Wenn das Böse so fest im System selbst verankert ist, welche Möglichkeit bleibt uns, dieses System an Gottes Ziele zurückzubinden? Die Antwort auf diese Frage hängt davon ab, wie wir uns das institutionalisierte Böse vorstellen. Sind die Mächte ihrem Wesen nach böse? Oder sind manche gut? Oder bewegen sie sich alle im Spektrum von Gut und Böse? Die Antwort scheint darin zu liegen, diese Zuordnungen zurückzuweisen. Die Mächte sind gut und böse zugleich, vielleicht in unterschiedlichem Grad, und sie können gebessert werden.

Stark vereinfacht dargestellt:

– Die Mächte sind gut.
– Die Mächte sind gefallen.
– Die Mächte müssen erlöst werden.

Diese drei Aussagen müssen zusammengehalten werden, denn jede für sich genommen ist nicht nur unwahr, sondern geradezu schädlich. Wir können nicht behaupten, dass Regierungen oder Universitäten oder Unternehmen gut sind, wenn wir nicht zugleich erkennen, dass sie gefallen sind. Wir können uns nicht gegen ihren unterdrückenden Charakter stellen, wenn wir uns nicht darauf besinnen, dass auch sie ein Teil von Gottes guter Schöpfung sind. Und die Besinnung auf ihre Schöpfung und auf ihren Fall wird diese Mächte scheinbar legitimieren und alle Hoffnung auf Veränderung zunichtemachen, wenn wir nicht zugleich darauf beharren, dass diese Mächte erlöst werden können und müssen. Falls wir uns aber auf ihre Erlösung konzentrieren, kann das zu einer utopischen Desillusionierung führen, wenn wir nicht erkennen, dass ihre Transformation innerhalb der Grenzen ihres Gefallenseins stattfindet.

Dieser theologische Zusammenhang ist von größter Bedeutung für das Verständnis des Wesens dieser Mächte. Sie sind gut, insoweit sie geschaffen sind, um den humanisierenden Zielen Gottes zu dienen. Sie sind alle ausnahmslos gefallen, weil sie ihre eigenen Interessen über die Interessen des Ganzen stellen. Und sie können erlöst werden, weil das, was innerhalb der Zeit gefallen ist, auch innerhalb der Zeit erlöst werden kann. Wir müssen diesen Zusammenhang sowohl zeitlich wie simultan betrachten, als nacheinander und gleichzeitig geschehend. Zeitlich gesehen: Die Mächte *wurden* erschaffen, sie *sind* gefallen, sie *werden* erlöst werden. Das ist die Bedeutung des Glaubens an den endgültigen Sieg Gottes über die Mächte des Bösen. Dieser Zusammenhang drückt aber auch eine Gleichzeitigkeit aus: Gott *erhält* ein gegebenes politisches oder wirtschaftliches System *aufrecht*, da ein solches zur Bewahrung des menschlichen Lebens unentbehrlich ist, *verurteilt* dieses System, sofern es die Fülle des menschlichen Lebens zerstört, und *drängt zu seiner Transformation* in eine humanere Ordnung. Konservative betonen den ersten Aspekt, Revolutionäre den zweiten und Reformer den dritten. Von Christen wird erwartet, dass sie alle drei Aspekte zusammen beachten.

Eine Institution kann ihr eigenes Wohl über das Wohl der Allgemeinheit stellen. Ein Konzern kann Kosten senken, indem er zum Beispiel leicht brennbare Säuglingskleidung herstellt und das Leben von Kindern gefährdet. Die Führung einer Gewerkschaft kann sich mehr um die eigene Macht und die Ausdehnung der eigenen Privilegien kümmern, als für bessere Arbeitsbedingungen an der Basis zu kämpfen. Der springende Punkt ist nicht, dass das alles möglich ist, sondern dass, egal wie gierig oder götzendienerisch eine Institution wird, sie nicht der allumfassenden Sorge und dem Gericht des Einen, in und durch und für den sie erschaffen wurde, entgehen kann (Kol 1,16). In diesem Einen „hat alles Bestand" (Kol 1,17 – wörtlich; „hat alles seinen Platz im System", das griechische Wort *synistemi* ist die Wurzel unseres Wortes „System"). Die Mächte sind unlösbar in Gottes System eingebunden, dessen menschliches Gesicht in Jesus offenbart wurde. Sie sind Gott gegenüber verantwortlich. Und das bedeutet, dass jedes Subsystem der Welt prinzipiell der Erlösung fähig ist. Nichts fällt aus der erlösenden Sorge und der verwandelnden Liebe Gottes heraus. Die Mächte sind nicht im Wesen böse, sie sind nur gefallen. Gefallen heißt nicht verworfen, wie manche Calvinisten behaupteten, sondern bezieht sich einfach auf die Tatsache, dass unsere Existenz nicht mit unserem Wesen gleichzusetzen ist. Keine/r von uns ist das, was er oder sie sein sollte. Wir sind Gott, einander, der Natur und uns selbst entfremdet, und können den Weg zurück alleine nicht finden. Aber die Lage ist nicht hoffnungslos, denn was dahin sinkt, kann auch wieder emporgehoben werden.

Wir können unseren Wasservorrat und die Luft, die wir atmen, verschmutzen, ohne uns um die Zukunft zu sorgen. Wir sind aber systemisch nicht vom ganzen Ökosystem zu trennen; es gibt einen Punkt der Unumkehrbarkeit, an dem unser toxischer Müllcocktail wieder zu unserem eigenen Getränk wird, ein Punkt, an dem wir unter das „Urteil" des Ökosystems fallen. Kein Subsystem, das versucht, sich dem System Gottes gleichzustellen, kann von Dauer sein. Die Geschichte von der Rebellion und der Austreibung Satans aus dem

Himmel erzählt symbolisch das Schicksal eines jeden Geschöpfes, dem es nach absoluter Macht und Autorität gelüstet.

Die Einsicht, dass die Mächte gut, böse und zugleich auch zu retten sind, befreit uns von der Versuchung, Menschen, die Böses tun, zu dämonisieren. Wir können unsere Feinde, unser Land, unsere Kirche oder unsere Schule nicht blind, aber doch kritisch lieben, und sie zugleich immer wieder zurückrufen zu ihren eigenen höchsten, selbstverkündeten Idealen und zu ihrem Wesen. Wir können Institutionen dazu herausfordern, die Berufung, die ihnen vom Augenblick ihrer Erschaffung an zu eigen ist, zu erfüllen. Wir können ihren Handlungen entgegentreten, während wir zugleich ihre Notwendigkeit anerkennen.

An dieser Stelle müssen wir aufpassen. Mit Kolosser 1,15–20 zu behaupten, dass Gott die Mächte erschaffen hat, impliziert nicht, dass Gott eine bestimmte Macht zu einer gegebenen Zeit billigt. Gott hat weder den Kapitalismus noch den Sozialismus erschaffen, aber irgendein Wirtschaftssystem ist für menschliches Leben notwendig. Manche Institutionen und Ideologien, wie der Nazismus oder der Sexismus, können nur transformiert werden, indem sie fallengelassen oder zerstört und durch eine Regierungsform oder eine Form der Geschlechterbeziehungen ersetzt werden, die Gottes Intention gemäßer sind. Aber die notwendige gesellschaftliche Funktion, die sie auf götzendienerische Weise pervertiert haben, wird erhalten bleiben. Deutschland benötigt nach wie vor eine Regierung, Männer und Frauen müssen nach wie vor miteinander in Beziehung treten.

Zu behaupten, dass die Mächte in, durch und für die humanisierenden Absichten Gottes erschaffen wurden, impliziert also nicht eine göttliche Billigung von Systemen, die durch das Böse übernommen worden sind (wie z. B. das amerikanische Strafsystem). Nach Gottes Plan sollen Menschen zur Erfüllung ihrer Grundbedürfnisse zusammenarbeiten. Zu diesem Zweck gibt es nach Gottes Willen Subsysteme, deren einziger Sinn darin liegt, menschlichen Bedürfnissen zu dienen (wir brauchen zum Beispiel *irgendeine* Methode, um die Gesellschaft vor soziopathologischen Kriminellen zu schützen).

Die *Identifizierung* der Mächte bestimmt unsere Erfahrungen mit diesen das Leben beherrschenden Kräften. Die *Demaskierung* der Mächte nimmt ihnen ihre Unsichtbarkeit, und somit die Fähigkeit, uns unbewusst ihren Willen aufzuzwingen. Die *Auseinandersetzung* mit den Mächten bedeutet, sich Gottes Bemühung anzuschließen, sie zu ihrem göttlichen Zweck zurückzuführen.[34]

Die gute Nachricht ist, dass Gott nicht nur uns von den Mächten, sondern auch die Mächte von ihrem destruktiven Verhalten befreit. Das Böse liegt nicht in ihrem Wesen, es ist das Ergebnis ihres Götzendienstes. Also können sie erlöst werden. Selbst dann, wenn sie sich aus der Bahn ihrer vorgesehenen Berufung herausbewegen, sind sie unfähig, sich von der göttlichen Ordnung zu trennen. Subsysteme können, wenn sie ihre eigenen Ziele über alle anderen erheben, die Harmonie des Gesamtsystems verletzen. Sie können sich aber nicht von der größeren Ordnung der Gesamtheit trennen, genauso wenig wie ein Krebsgeschwür ohne seinen Wirt leben kann. Wie ein Krebsgeschwür sind die Mächte nur mit Hilfe von Prozessen, die durch ihre gute Schöpfung in sie eingepflanzt wurden, in der Lage, Böses anzurichten. Sogar gewalttätige Jugendbanden weisen ein menschliches Bedürfnis nach Sicherheit, Unterstützung und Liebe auf.

Die Aufgabe der Erlösung beschränkt sich also nicht auf die Veränderung von Individuen, sondern betrifft auch die Veränderung ihrer gefallenen Institutionen. Diese Erlösung wird nicht nur im Heil von Menschen, sondern auch in dem ihrer Nationen kulminieren. So ziehen die Völker in der Vision des neuen Jerusalems im Buch der Offenbarung (Offb 21,24–26) in die heilige Stadt ein und bringen der Menschheit ihre Gaben. Dort erwartet sie der Baum des Lebens, dessen Blätter „zur Heilung der Völker" bestimmt sind (Offb 22,2). Die individuelle Erlösung kann nicht ohne die Erlösung unserer sozialen Strukturen geschehen.

Erlösung im eigentlichen Sinn bedeutet, die Befreiung aus der Unterdrückung der Mächte, die Vergebung sowohl der eigenen Sünden als auch der eigenen Komplizenschaft mit den Mächten und schließlich die Befreiung der Mächte selbst von ihrer Bindung an den Götzendienst. Die gute Nachricht ist nichts Geringeres als eine kosmische Erlösung, die Wiederherstellung aller Dinge (Apg 3,21), der Moment, in dem Gott „alles zusammenführt in Christus, die himmlischen und die irdischen Dinge" (Eph 1,10). Diese universale Wiederherstellung schließt sowohl die Heilung als auch die Einordnung aller aufrührerischen Strukturen, Systeme und Institutionen an ihrem rechten Platz ein, sodass sie dem einen dienen, in dem und durch den und für den sie existieren. Das Evangelium ist nicht eine Botschaft mit dem Ziel der Rettung der Menschen *von* der Welt, sondern die Nachricht von der Verwandlung der Welt insgesamt bis in ihre grundlegenden Strukturen hinein.

Die existierenden Mächte sind gute Schöpfungen Gottes (wie auch wir), sind gefallen (wie auch wir) und können erlöst werden (wie auch wir es können). Sie sind Geschöpfe wie wir – zugleich großartig und entsetzlich, wohltuend und schädlich, unentbehrlich und unerträglich. Wenn sie voneinander isoliert existierten, könnten wir vielleicht ihre Transformation stückweise vornehmen, eine nach der anderen. Leider sind sie in einem Geflecht von verwirrender Komplexität verbunden, das wir als das Herrschaftssystem bezeichnen können. In diesem System erhalten sogar jene Mächte das System, die direkt miteinander um Land oder Märkte konkurrieren, und zwar durch eben die Wechselwirkungen, durch die sie versuchen, sich gegenseitig zu zerstören. Wie in einem weit verzweigten Familienverband kann keine Institution oder Organisation sich „verbessern", ohne dass es zu Rückkopplungen mit anderen stärker pathologischen Mächten kommt. Das Herrschaftssystem erlaubt keine Abweichung von seinen Werten. Wenn wir die Erlösung der Mächte ernst nehmen, müssen wir ihrer Spur in das Labyrinth des Herrschaftssystems hinein folgen.

Kapitel 2

Das Herrschaftssystem und die Gewalt

Was ist das Herrschaftssystem? Vielleicht kann man das am besten mit einer Geschichte erklären. Aber mit was für einer Geschichte? Ich könnte von einer Lehrerin erzählen, die ihre Stelle verloren hatte. Da sie keine neue Anstellung fand, verlor sie auch ihre Wohnung und lebte in ihrem Auto, bis sie die Raten nicht mehr zahlen konnte. Jetzt lebt sie auf der Straße und bettelt, um zu überleben. Jemand anderes würde vielleicht eher von einem Beamten erzählen, der Sozialleistungen verweigert oder sich betrügerisch selbst daran bereichert. Wiederum ein anderer will uns durch die Erzählung von einem Kind anrühren, das im Ghetto aufgewachsen ist, dennoch die Universität von Harvard besucht hat und schließlich ein reicher Manager geworden ist. Diese Geschichte würde also mit der Moral enden: Du kannst es schaffen, wenn du dich wirklich anstrengst.

Es ist also nicht so leicht, die passende Geschichte zu finden. Sie könnte sich in Bogotá abspielen, aber ebenso im Sudan, oder in Liberia oder Bangladesh oder Alabama. Sie würde wahrscheinlich von einer armen Bauernfamilie handeln, die ihr Land verliert, vielleicht in immer tiefere Schulden gerät, bis die Zwangsvollstreckung ansteht. Oder sie kann nicht einmal einen Rechtstitel für das Land bekommen, obwohl die Familie es seit Generationen bearbeitet, und verliert es an einen Großgrundbesitzer, der mit geschickten Anwälten und Auftragskillern gegen sie vorgeht. Vielleicht endet der Bauer als Tagelöhner auf seinem angestammten Land, vielleicht zieht die Familie in die Großstadt. So oder so verarmt sie zunehmend. In der Stadt und ohne Arbeit suchen sie Verwertbares auf Müllhalden. Oder, wieder auf der Farm stellt der Bauer fest, dass sein Verdienst bei weitem nicht ausreicht, um das zu bezahlen, was er dem Laden des Unternehmers schuldet. Schließlich wird er entlassen. Ob in der Stadt oder auf dem Land, die Familie muss allmählich verhungern. Natürlich haben die Kinder keine Chance auf Bildung. Es gibt praktisch keine Möglichkeit, aus so tiefer Armut aufzusteigen. Also sterben sie. Sie gehen verloren im Labyrinth des Herrschaftssystems.

Das Herrschaftssystem

Bisher schien meine Geschichte Fiktion zu sein, tatsächlich aber ist sie wahr: Etwa sechzehn Millionen Menschen sterben jedes Jahr an Hunger und armutsbedingten Krankheiten. Einige davon mögen selbst schuld sein an ihrer Lage. Aber die meisten werden wahrscheinlich völlig bestürzt sein; was ihnen passiert, kommt wie ein blindes Schicksal über sie, wie ein unverdientes Todesurteil, von gesichtslosen Beamten gefällt, die eine riesige, gleichgültige Maschine bedienen. Es war genau dieses Gefühl, im Schlund einer kolossalen, jeglicher menschlichen Kontrolle entzogenen Macht gefangen zu sein, die kurz vor der Zeit des Neuen Testaments zur Entdeckung der „Mächte und Gewalten" geführt hat. Menschen wurden sich bewusst, dass unsichtbare, übermenschliche Kräfte das menschliche Schicksal bestimmen. Diese neuen Mächte waren nicht die alten Götter, deren Wirkung auf das Schicksal von Einzelnen und Völkern ihnen wohlbekannt war. Diese neuen Mächte gingen von den riesigen Institutionen und Bürokratien aus, in denen sich zunehmend Macht über das Alltagsleben normaler Menschen zusammenballte. Vielleicht lässt es sich genauer so ausdrücken: Die Mächte gab es schon lange, aber erst in hellenistischer Zeit wurden sie bewusst identifiziert.

Die Menschen in unserer fiktiven Geschichte hatten vielleicht kein besseres Verständnis von den Kräften, die ihr Leben dem Untergang weihen, als die Menschen zur Zeit Jesu. Aber heutzutage wächst die Einsicht. Die Schwarzen waren sich in ihrem Kampf gegen die Apartheid in Südafrika durchaus bewusst, dass sie nicht nur gegen weiße Menschen, sondern gegen das Apartheidsystem kämpften. Stand die Polizei vor der Tür, so lautete die Warnung: „Das System ist da." Sahen sie die Propaganda im Fernsehen, witzelten sie: „Das System lügt schon wieder." Die wirksamste Methode, einen Schwarzen davon abzubringen, mit Regierungskräften zu paktieren, war der Hinweis: „Du unterstützt das System."

Mit der den Opfern eigenen Klarheit erkannten sie, dass praktisch alle einzelnen Mächte in Südafrika sich verschworen hatten, und sei es nur durch stummes Einverständnis, das ungerechte System aufrechtzuerhalten. Sie spürten, dass es ein totales System war, das bis in die Weltwirtschaft und das globale politische System hineinreichte. Dieses allumfassende Geflecht von Mächten nennen wir das Herrschaftssystem. Es ist gekennzeichnet durch ungerechte Wirtschaftsbeziehungen, unterdrückerische politische Verhältnisse, vorurteilsbehaftete Rassenbeziehungen, patriarchalische Geschlechterbeziehungen, hierarchische Machtverhältnisse und den Einsatz von Gewalt, um das alles aufrechtzuerhalten. Egal, welche Gestalt das Herrschaftssystem jeweils annimmt, angefangen von den Staaten des Alten Orient, über die *pax romana*, das feudalistische Europa, den kommunistischen Staatskapitalismus bis hin zum modernen Marktkapitalismus, die Grundstruktur hält sich nun schon seit mindestens fünftausend Jahren, seit dem Aufkommen der Weltreiche in Mesopotamien um 3000 v. Chr.

Der auf Eroberung aufgebaute Staat hat so grundlegende Veränderungen mit sich gebracht, dass mit ihm eine neue Epoche der Menschheitsgeschichte begann. Vor der Domestizierung des Pferdes war Plünderung unergiebig, da man die Beute auf dem eigenen Rücken nach Hause schleppen musste. Das Pferd und das Rad haben Eroberungen plötzlich unglaublich lukrativ gemacht. Und die Plünderung schloss das Ergreifen begehrenswerter Frauen mit ein, als Sklavinnen, Konkubinen, Ehefrauen und Sexspielzeug (männliche Gefangene waren hingegen unzuverlässig und wurden in der Regel getötet). Das zahlenmäßige Übergewicht der Frauen senkte den Wert aller weiblichen Wesen, daher entwickelte sich das System des Patriarchats, oder zumindest erweiterte es sich stark.[35] Kriegsführung als Hauptanliegen der Staaten machte Besteuerung nötig, um ein stehendes Heer, eine Kriegerkaste und eine Aristokratie zu finanzieren.

Nach dem Jahr 3000 v. Chr. finden wir Hinweise auf Kriegsführung in großem Umfang. Die Gesellschaftssysteme verwandelten sich in starre, autoritäre und patriarchalische Hierarchien. Frauen wurde das Recht genommen, eigene Gedanken auszusprechen und den eigenen Körper zu kontrollieren. Der früheste Beleg für die Etablierung grundlegender Rechte für Staatsangehörige, das Edikt Urukaginas (Mesopotamien, ca. 2300 v. Chr.), erklärt: „Wenn eine Frau einen Mann … respektlos anspricht, wird der Mund jener Frau mit einem gebrannten Ziegelstein zerstört."[36]

Ganz gleich wie hoch eine Frau in der patriarchalischen Sozialordnung aufgestiegen war, immer unterlag sie sexuell und bezüglich der Fortpflanzung männlicher Kontrolle. Jede soziale Schicht hatte zwei Ebenen, eine für die Männer und eine niedrigere in derselben Schicht für die Frauen. Die von Männern an eine herrschende Elite abgegebene Macht musste kompensiert werden durch Macht über Frauen, Kinder, lohnabhängige Arbeiter, Sklaven und das Land. Angesichts der zunehmenden Gewalttätigkeit und Brutalität der neuen Ordnung lag es im Interesse der Frau, einen männlichen Beschützer und wirtschaftlichen Unterstützer zu suchen. Doch der von den Frauen gezahlte Preis war sexuelle Unterwerfung, unterbewertete Hausarbeit und Unterordnung unter ihre Ehemänner in allen Angelegenheiten, sogar in denjenigen, die früher als Domäne der Frau galten. Als Ausgleich war es ihnen gestattet, Männer und Frauen untergeordneter Rassen oder Schichten auszubeuten.

Die Machthaber schufen oder entwickelten neue Mythen, um Frauen, Arme und Gefangene in ihrem nunmehr untergeordneten Status zu sozialisieren. Priesterschaften, unterstützt durch Armeen, Gerichte und Henker, verbreiteten unter den Menschen Ängste vor schrecklichen, fernen und unergründlichen Gottheiten. Das Schlagen von Frauen und Kindern wurde nicht nur als Normalität, sondern als männliches Recht betrachtet. Das Böse wurde Frauen angelastet.

In einer Kultur nach der anderen wurde das menschliche Schicksal in eine Richtung getrieben, die wenige Menschen bewusst gewählt hätten. Die eroberte Beute brachte neue Klassen von Aristokraten und Priestern hervor, die unproduktiv waren; ihr Überleben hing von immer neuen Eroberungen ab. Gesellschaften waren in einem Kampf um die Herrschaft gefangen, dem keiner entfliehen konnte. Die Verteidigung gegen einen mächtigeren Angreifer zwang eine Gesellschaft, sich der sie jeweils bedrohenden Gesellschaft immer mehr anzugleichen. Besaßen die Angreifer Schwerter und die Opfer nur Hacken, wurde es eine Sache höchster Dringlichkeit, sich mit den neueren Waffen auszurüsten. Und wenn die Spirale der Gewalt einmal angefangen hat, so Andrew Schmookler, *„ist keiner frei, den Frieden zu wählen, jeder kann aber allen anderen die Notwendigkeit der Macht aufzwingen“*[37]. Nicht ein einzelner Mensch oder eine Menschengruppe hat uns das Herrschaftssystem auferlegt, es kam völlig ungebeten. Die Menschen stolperten einfach in den Kampf um die Macht hinein, ohne dies vermeiden oder beenden zu können.

Ein Herrschaftssystem braucht allerdings einen Herrschaftsmythos, eine Geschichte, die erklärt, warum es so gekommen ist. Denn oft genug erzählt und durch das tägliche Leben bestätigt, gilt eine Geschichte nicht mehr als Erzählung, sondern als Wirklichkeit. Ist das erst geschehen, akzeptieren die Menschen die Geschichte auch dann noch, wenn sie ihr eigenes Leben zerstört.

Der Mythos der erlösenden Gewalt

Die Geschichten, die die Regenten in herrschaftlich strukturierten Gesellschaften sich und ihren Untergebenen erzählen, bilden das, was wir heute als den Mythos der erlösenden Gewalt bezeichnen können. Er verankert den Glauben, dass Gewalt rettet, dass Krieg Frieden bringt, dass Macht Recht schafft. Dies ist eine der ältesten und ständig wiederholten Geschichten der Welt.

Der Glaube, dass Gewalt „rettet“, ist so erfolgreich, weil er uns keineswegs wie ein Mythos vorkommt. Gewalt erscheint einfach in der Natur der Dinge zu liegen. Sie funktioniert. Sie erscheint unausweichlich, das letzte – oft auch das erste – Mittel bei Konflikten. Wenn eine Gottheit die Instanz ist, an die man sich wendet, wenn alles andere fehlschlägt, dann stellt die Gewalt mit Sicherheit eine Gottheit dar. Allerdings übersehen die Menschen den religiösen Charakter der Gewalt, die von ihren Anhängern absoluten Gehorsam bis in den Tod verlangt.

Der Mythos der erlösenden Gewalt ist der tragende Mythos der modernen Welt. Weder Judentum noch Christentum noch Islam, sondern allein die Gewalt ist die herrschende Religion unserer heutigen Gesellschaft. Mir ist das merkwürdigerweise zum ersten Mal aufgegangen, als ich Zeichentrickfilme für Kinder anschaute. Als meine Kinder klein waren, erlaubten wir ihnen, unvernünftig viel Zeit vor dem Fernseher zu verbringen, und mich faszinierte zunehmend die mythische Struktur der Zeichentrickfilme. Das war in den sechziger Jahren, zu einer Zeit, als die Gott-ist-tot-Theologen in allen Talkshows gefeiert wurden und die Toleranz einer säkularisierten Menschheit für religiöse Mythen und Geheimnisse als erschöpft galt. Ich kann mich deutlich daran erinnern, wie der Tod Gottes in den Frühnachrichten bekannt gegeben wurde und wenige Minuten später ein Zeichentrickfilm zeigte, wie Herkules vom Himmel auf die Erde herabstieg, ein menschgewordener Gott, der dem Wohl der Sterblichen diente. Ich fing an, die Struktur anderer Zeichentrickfilme zu untersuchen und fand das gleiche Muster endlos wiederholt: Ein unüberwindlicher Held steht verbissen einem nicht veränderbaren und ebenso unüberwindlichen Bösewicht gegenüber. Nichts kann den Helden töten, obwohl er (selten sie) während des ersten Teils des Films oder der Fernsehshow fürchterlich leidet und hoffnungslos dem Untergang geweiht scheint. Aber dann kommt der Held wie durch ein Wunder frei, besiegt den Bösewicht und stellt die Ordnung wieder her – bis zur nächsten Folge. Nichts zerstört den Bösewicht endgültig oder verhindert sein Wiedererscheinen, egal, ob er in Grund und Boden gestampft, ins Gefängnis gesperrt, ertränkt oder gar in den Weltraum geschossen wird.

Glücklicherweise zeigen nicht alle Kinderprogramme explizite Gewalt. Aber die große Mehrzahl verewigt das mythische Muster der erlösenden Gewalt in all seiner Brutalität. Als Beispiele könnten angeführt werden: *Teenage Mutant Ninja Turtles, X-Men, Transformers, Fantastic Four, Silver Surfer, Ice Man, Superman Family, Captain America, Lone Ranger, Tonto, Batman, Robin, Roadrunner and Wile E. Coyote* und *Tom and Jerry* (dazu die *Power Rangers,* in der Schauspieler Trickfilmfiguren spielen).

Eine Variation dieses klassischen Themas sind die spaßigen Antihelden, die trotz ihrer stümperhaften Unfähigkeit siegen *(Underdog, Super Chicken).* Bei einer anderen Variante wird ein Schurke oder ein Versager durch einen technischen Zufall in ein Monster verwandelt und tut dann erstaunlicherweise Gutes (z. B. *Spider-Man, The Hulk and She-Hulk, Ghost Rider*). Es scheint fast, als könnten die Menschen nicht länger glauben, dass unsere Gesellschaft Helden von makellosem Charakter hervorbringen kann. So geschieht dort das Gute nur durch eine Laune der Technik (wie etwa bei einer Hinrichtung durch elektrischen Strom oder durch radioaktive Verseuchung). In all diesen Filmen aber wird starr an der mythischen Grundstruktur festgehalten, ganz gleich wie geschickt und originell sie umgesetzt wird.

Wenige Zeichentrickfilme liefen länger oder hatten mehr Einfluss als *Popeye and Bluto*. In einer typischen Folge entführt Bluto eine schreiende Olive Oyl, Popeyes Freundin. Als Popeye sie zu retten versucht, schlägt der massige Bluto seinen winzigen Gegner zu Brei, während Olive Oyl hilflos die Hände ringt. Im letzten Augenblick, während unser Held zu Boden geht und Bluto praktisch versucht, Olive Oyl zu vergewaltigen, springt eine Dose Spinat aus Popeyes Tasche und ergießt sich in seinen Mund. Verwandelt durch diese gnadenhafte Machtzufuhr zerstört er mühelos den Bösewicht und rettet seine Geliebte. Dieses Muster ändert sich nie. Keine der Parteien kommt je zur Einsicht oder lernt aus diesen Begegnungen. Niemals setzen sie sich zusammen und besprechen ihren Konflikt. Die wiederholten Niederlagen lehren Bluto nicht, Olive Oyls Menschlichkeit zu achten, und die wiederholten Schläge lehren Popeye nicht, seinen Spinat *vor* dem Kampf zu essen.

Diese mythische Struktur kam mir bekannt vor. Plötzlich fiel mir ein: Das Muster dieser Zeichentrickfilme spiegelt einen der ältesten, ständig neu aufgeführten Mythen der Welt wider, nämlich die babylonische Schöpfungsgeschichte (das *Enuma Elish*) von etwa 1250 v. Chr.[38] Es lohnt sich, den Plot der Erzählung hier zu wiederholen, um die Attraktivität dieses alten Mythos für unsere modernen Medien deutlich zu machen.

Dem babylonischen Mythos zufolge bringen der Vatergott Apsu und die Muttergöttin Tiamat die Götter hervor. Die jungen Götter aber tollen so laut herum, dass die älteren Götter beschließen, sie zu töten, um in Ruhe schlafen zu können. Die jüngeren Götter entdecken den Plan, bevor die älteren Götter ihn umsetzen, und töten Apsu. Seine Frau Tiamat, der Chaosdrache, schwört Rache.

Aus Furcht vor Tiamat wenden sich die aufrührerischen Götter zu ihrer Rettung an Marduk, den jüngsten unter ihnen. Dieser handelt einen hohen Preis aus: Wenn er Erfolg hat, muss ihm die unumstrittene Führungsrolle in der Götterversammlung eingeräumt werden. Nachdem er dieses Versprechen erzwungen hat, fängt er Tiamat in einem Netz, treibt ihr einen bösen Wind in die Kehle und schießt einen Pfeil ab, der ihren aufgeblähten Bauch platzen lässt und ihr Herz durchbohrt. Dann spaltet er ihren Schädel mit einer Keule und verteilt ihr Blut an entlegenen Stellen. Er legt ihre Leiche ausgestreckt auf den Boden und erschafft daraus den Kosmos. Bei so viel Blut und Gemetzel ist es kein Wunder, dass diese Geschichte als idealer Prototyp gewalttätiger Fernseh- und Hollywoodfilme dienen kann.

In diesem Mythos ist die Schöpfung eine gewalttätige Handlung. Marduk ermordet und zerstückelt Tiamat und erschafft die Welt aus ihrem Kadaver. Wie der französische Philosoph Paul Ricœur bemerkt, wird die Ordnung durch Unordnung hergestellt.[39] Das durch Tiamat symbolisierte Chaos ist älter als die durch Marduk, den hohen Gott Babylons, dargestellte Ordnung. Das Böse geht dem Guten voraus. Die Götter selbst sind gewalttätig.

Der biblische Mythos in Genesis 1 steht dem diametral entgegen. Hier ist anzumerken, dass Gen 1 *in Babylon* während der dortigen Gefangenschaft der Juden als direkte Zurückweisung des babylonischen Mythos entstanden ist. Die Bibel beschreibt einen guten Gott, der eine gute Schöpfung erschafft. Das Chaos widersetzt sich nicht der Ordnung. Das Gute geht dem Bösen voraus. Weder das Böse noch die Gewalt sind Teil der Schöpfung, sondern sie resultieren aus der Sünde des ersten Menschenpaares unter Mitwirkung der Schlange (vgl. Gen 3). Eine von Grund auf gute Wirklichkeit wird auf diese Weise korrumpiert durch die freien Entscheidungen der Geschöpfe. In dieser viel komplexeren und subtileren Erklärung des Ursprungs der Welt wird die Gewalt zum ersten Mal als ein Problem sichtbar, das nach einer Lösung verlangt.

Im babylonischen Mythos ist die Gewalt dagegen kein Problem. Sie ist einfach eine Urgegebenheit. Die Einfachheit dieser Geschichte hat zu ihrer weiten Verbreitung geführt, und ihre Grundstruktur hat sich bis nach Syrien, Phönizien, Ägypten, Griechenland, Rom, nach Germanien und Irland, Indien und China verbreitet. Das typische Muster sieht so aus, dass ein im Himmel wohnender männlicher Kriegsgott, zum Beispiel Wotan, Zeus oder Indra, einen Entscheidungskampf mit einer weiblichen Gottheit führt, die zumeist als Monster oder Drachen dargestellt wird und im Meer oder in der Tiefe wohnt (das weibliche Element). Nachdem er den ursprünglichen Feind durch Krieg und Mord besiegt hat, bildet der Sieger einen Kosmos aus dem Körper des Monsters. Die kosmische Ordnung erfordert die gewalttätige Unterdrückung des Weiblichen und spiegelt sich in der gesellschaftlichen Ordnung wider, und zwar in der Unterordnung der Frauen unter die Männer und des Volks unter den Herrscher.

Nachdem die Welt erschaffen wurde, so geht die Erzählung weiter, klagen die von Marduk wegen ihrer Komplizenschaft mit Tiamat eingesperrten Götter über die schlechte Versorgung. Marduk und sein Vater Ea richten daraufhin einen der gefangenen Götter hin, und aus seinem Blut erschafft Ea die Menschen als Diener der Götter.

Die Implikationen liegen auf der Hand: Die Menschen wurden erschaffen aus dem Blut eines ermordeten Gottes. An unserem Anfang steht Gewalt. Das Töten liegt in unseren Genen. Die Menschheit ist nicht der Ursprung des Bösen, sondern findet das Böse bereits ringsherum vor und setzt es fort. Unser Ursprung ist gewiss göttlich, da wir aus einem Gott entstanden sind, aber eben vom Blut eines getöteten Gottes. Wir sind das Ergebnis eines Gottesmordes.

Menschen sind daher von Natur aus unfähig zum friedlichen Zusammenleben. Die Ordnung muss uns ständig von oben aufgezwungen werden: von Männern den Frauen, von Herren den Sklaven, von Priestern den Laien, von Adligen den Bauern und von Regenten dem Volk. Bedingungsloser Gehorsam ist die höchste Tugend und Ordnung der höchste religiöse Wert. Wir sind nicht erschaffen worden, um die Erde zu unterwerfen und als Regenten Gottes über sie zu herrschen, sondern wir existieren nur, um den Göttern und ihren irdischen Regenten als Sklaven zu dienen. Die Aufgaben der Menschheit bestehen darin, den Erdboden zu bearbeiten, um Nahrung als Opfer für die Götter (vertreten durch den König und die Priesterkaste) hervorzubringen, die heilige Stadt Babylon zu erbauen und in den Kriegen des Königs zu kämpfen und nötigenfalls zu sterben.

Später verschmolz die Erzählung von Marduk mit der von Tammuz, einem Pflanzengott, dessen Tod und Wiederbelebung in der Erniedrigung und Erhöhung Marduks dargestellt wurden. Dieses Schema hat sich bis in heutige Zeichentrickfilme erhalten und erklärt das Muster der anfänglichen Niederlage des „Guten" und seines späteren Sieges über das Böse, sozusagen der Rettung aus den Fängen des Todes. Die einzige Veränderung in der modernen Version besteht darin, dass der Feind heute meist nicht mehr weiblich ist.

Als Stellvertreter Marduks auf Erden hat der König die Aufgabe, alle Feinde zu unterwerfen, die die im Auftrag des Gottes hergestellte Ruhe bedrohen. Der ganze Kosmos ist ein Staat, und Gott herrscht durch den König. Die Politik entspringt der göttlichen Sphäre. Die Erlösung *ist* Politik: Die Massen identifizieren sich mit dem Gott der Ordnung gegen den Gott des Chaos und opfern sich für den heiligen Krieg, durch welchen den umliegenden Völkern Ordnung und Herrschaft auferlegt wird. (Diese politische Dimension wird bei der Untersuchung der Implikationen des Mythos für die Außenpolitik noch von Bedeutung sein). Und da das Chaos immer wieder in Form von Angriffen durch Barbaren und durch innere Unruhen droht, ist eine sich ständig ausdehnende imperialistische Politik die automatische Konsequenz von Marduks Überlegenheit über die Götter.

Kurz gefasst ist der Mythos der erlösenden Gewalt die Geschichte vom Sieg der Ordnung über das Chaos durch Gewalt. Er begründet die Ideologie der Eroberung, die ursprüngliche Religion der bestehenden Verhältnisse. Die Götter bevorzugen Eroberer. Umgekehrt muss jeder Eroberer ein Günstling der Götter sein. Das gemeine Volk existiert, um dem Vorteil Dauer zu verleihen, den die Götter dem König, dem Adel und der Priesterschaft gewährt haben. Die Religion legitimiert Macht und Privilegien. Leben heißt Kampf. Jede Form der Ordnung ist nach diesem Mythos dem Chaos vorzuziehen. Unsere Welt ist weder vollkommen noch zur Vervollkommnung fähig; sie ist die Bühne eines immerwährenden Konflikts, bei dem der Preis an den Starken geht. Frieden durch Krieg, Sicherheit durch Stärke, das sind die zentralen Überzeugungen, die dieser altehrwürdigen Religion entspringen, und sie bilden ein solides Fundament, auf dem in jeder Gesellschaft das Herrschaftssystem gründet.

Der Mythos in unserer Kultur

Der babylonische Mythos ist längst nicht erledigt. Er ist universell gegenwärtig und wird heute genauso inständig geglaubt wie zu jeder Zeit in seiner langen und blutigen Geschichte. Er ist der herrschende Mythos im gegenwärtigen Amerika. Er verankert die rituelle Ausübung der Gewalt mitten im öffentlichen Leben; und selbst diejenigen, die versuchen, sich seiner unterdrückerischen Gewalt zu widersetzen, tun es oft auf gewalttätige Weise.

Wir haben bereits gesehen, welche Rolle der Mythos der erlösenden Gewalt in der Struktur von Zeichentrickfilmen für Kinder spielt, eine Struktur, die gleichermaßen in Comics, in Video- und Computerspielen sowie in Spielfilmen zu finden ist. Er begegnet uns aber auch in den Medien, dem Sport, dem Nationalismus, dem Militarismus, in der Außenpolitik, in den Fernsehpredigten, bei der Religiösen Rechten und in selbsternannten Milizen. Er wird im „Super-Bowl“ gefeiert, in den „Rambo“-Filmen, durch Motorrad- und Straßengangs und im betonten Männlichkeitswahn. Was in Zeichentrickfilmen so harmlos erscheint, ist tatsächlich das mythische Fundament unserer Gesellschaft.

Die Psychodynamik eines Zeichentrickfilms oder eines Comics ist wunderbar einfach: Kinder identifizieren sich mit dem „Guten“, damit sie sich selbst als gut sehen können. Das ermöglicht ihnen, ihre eigene unterdrückte Wut, Gewalttätigkeit, Aufsässigkeit oder Begierde auf den Bösewicht zu projizieren und stellvertretend ihre eigenen bösen Neigungen in seinem anfänglichen Sieg zu genießen. Dieser Teil des Programms, der „Tammuzaspekt", in dem der Held leidet, umfasst tatsächlich die ganze Darbietung außer den Schlussminuten und bietet so reichlich Zeit, der gewalttätigen Seite der Psyche freien Lauf zu lassen. Wenn der „Gute" schließlich siegt, können die Zuschauer die Kontrolle über ihre eigenen inneren Neigungen wieder übernehmen, sie unterdrücken und das Gefühl, gut zu sein, wiederherstellen, ohne irgendeine Einsicht in das Böse in ihnen selbst zu gewinnen. Die Strafe für den Bösewicht verschafft eine seelische Läuterung; man schwört den Machenschaften des Bösewichts ab und überschüttet ihn in einer schuldfreien Orgie der Aggression mit Verachtung. Das Heil liegt in der Identifikation mit dem Helden.

Nur die Namen haben sich geändert. Marduk unterwirft Tiamat durch Gewalt, aber obwohl er sie tötet, behauptet sich das Chaos unaufhörlich. Es kann nur durch ständige Kämpfe und durch die Wiederholung des babylonischen Neujahrsfestes in Schach gehalten werden, bei dem der himmlische Kampf wiederaufgeführt wird. Die Beobachtung des Theologen Willis Elliot unterstreicht die Ernsthaftigkeit dieser Art von Unterhaltung: „Die Geburt der Welt (Kosmogonie) ist zugleich die Geburt des Individuums (Egogonie): Du selbst wirst geboren, indem du siehst, wie ‚alle Dinge' geboren werden." Deswegen gilt: „*Wer die Kosmogonie kontrolliert, kontrolliert die Kinder.*"[40]

Eine andere Gestalt dieses Mythos in der amerikanischen Kultur ist der Western. Hier begleicht der Revolverheld alte Rechnungen immer durch Schießereien, nie durch einen Gerichtsprozess. Das Gesetz ist suspekt, zu schwach, um sich unter den beinahe anarchischen Bedingungen durchzusetzen, die im Wilden Westen angeblich herrschten. Der Revolverheld muss die Angelegenheit in die eigene Hand nehmen, genauso wie ein bedrängter Bürger in der anarchischen Situation der Großstadt sich schließlich selbst gegen Gauner und Straßenräuber erhebt und die Gerechtigkeit mit einer Gewehrkugel herbeiführt (vgl. den Film *Dirty Harry* und im wirklichen Leben Bernhard Goetz).

Der Theologe und Romanautor Robert Jewett weist darauf hin, dass solche Selbstjustiz ein tiefes Misstrauen gegen demokratische Institutionen verrät. Sie umgeht die verfassungsmäßigen Garantien für ein legales Vorgehen bei Festnahmen und missachtet den Grundsatz, dass eine Person als unschuldig zu betrachten ist, bis ihre Schuld erwiesen ist. Wir erleben eine wachsende Ungeduld mit dem System der Strafjustiz. Es scheint besser, sofort für Gerechtigkeit zu sorgen, als die bürokratischen Hindernisse, Verzögerungen und Stümpereien der Gerichte in Kauf zu nehmen. Kurz gesagt, wir brauchen einen Messias, einen bewaffneten Erlöser, jemanden, der die Charakterstärke und Überzeugungskraft besitzt, sich über die gesetzlichen Schranken des demokratischen Systems hinwegzusetzen und uns vor unseren Feinden zu schützen.[41] Solchen Bösewichten ist durch demokratische Mittel nicht beizukommen. Sie sind viel zu mächtig, weil sie mythologisch ausgestattet sind mit den transzendenten Eigenschaften von Tiamat. Eine so große Bedrohung verlangt nach Marduk, nach einem Rächer auf einem weißen Pferd.

Der Mythos wird unbemerkt durch Menschen reinszeniert, die ihn in der Gestalt völlig säkularer Erzählungen wiederholen, so zum Beispiel in dem Film *Jaws*[42]. Im babylonischen Mythos legt Marduk ein Netz über Tiamat, und als sie ihren Rachen aufsperrt, um ihn zu verschlingen, „trieb er einen bösen Wind hinein, so dass sie ihre Lippen nicht schließen konnte … er ließ einen Pfeil los, der ihren Bauch durchbohrte“. Mit der Zerstörung Tiamats wird die Ordnung wiederhergestellt und die Gemeinschaft wird durch eine Tat erlösender Gewalt gerettet.

In dem Film *Jaws* begegnet Polizeichef Brody einem Hai, der um ein Drittel größer ist als jeder bekannte Hai und von dem es in der Vorschau heißt: „Es ist, als hätte die Natur alle Kräfte des Bösen in einem einzigen Wesen zusammengeführt.“ Brody stößt einen Sauerstofftank in den Schlund des angreifenden Hais und schießt eine Kugel ab, die den Tank zum Explodieren bringt. Dadurch wird der Körper des Hais so stark aufgeblasen, dass er schließlich platzt. Brody verwandelt sich in einen Superhelden, das Chaos ist überwunden, und die Insel wird wieder zu einem Touristenparadies.

Oder nehmen wir einen Spionagethriller. Im Dienst seines Landes darf der Spion morden, verführen, lügen, stehlen und einbrechen; er kann ohne Gerichtsbeschluss Telefone abhören und auch sonst alles Notwendige tun, um die Werte einer „christlichen“ Zivilisation zu schützen (z. B. die James-Bond Filme, *Mission Impossible* usw.). Dieses Genre wurde im wirklichen Leben in der Amtsperiode von Präsident Reagan durch Oberstleutnant Oliver North und seine Mitstreiter in der Iran-Contra-Affäre inszeniert. Diese Männer belogen den Kongress und das amerikanische Volk, hielten lebenswichtige Informationen und Entscheidungen vor ihrem eigenen Präsidenten geheim, eigneten sich Gelder zum Privatgebrauch an und billigten stillschweigend den Drogenhandel, um ihre Abenteuer zu finanzieren, alles im Namen eines wildgewordenen Patriotismus, der demokratische Schranken und Verantwortung gegenüber der Öffentlichkeit verachtete.

Das Verhaltensmuster wird in einer Episode von *Get Smart*, der perfekten Parodie eines Spionagethrillers, bündig dargestellt. So wie mir die Szene nach Jahrzehnten noch in Erinnerung geblieben ist, endet dieser Film damit, dass der Bösewicht, durch eine mit Sprengstoff geladene Zigarette überlistet wird und von einer Klippe auf den darunter liegenden Felsen in den Tod stürzt. Agent 99 beobachtet den Sturz entsetzt und bemerkt: „Weißt du, Max, manchmal denke ich, wir mit unserem Morden und Töten und der Zerstörung von Menschen sind kein bisschen besser als die." Worauf Smart erwidert: „Aber 99, du weißt doch, dass wir morden und töten und zerstören müssen, um all das Gute in der Welt zu erhalten."

Und wen bekämpfen 99 und Smart Woche für Woche? Eine internationale Verschwörung des Bösen, genannt KAOS. Für wen arbeiten sie selbst? Für CONTROL. Es handelt sich immer wieder um die Geschichte von Tiamat und Marduk.

Wie kann es sein, dass diese uralte, archetypische Struktur in einer modernen, säkularen, wissenschaftlichen Kultur noch eine solche Macht besitzt? Dank der amerikanischen Neigung, Fernsehprogramme am Interesse der Zuschauer auszurichten, haben die Handlungen von Zeichentrickfilmen, Fernsehprogrammen, Comics und Filmen die Tendenz, sich auf dem niedrigsten gemeinsamen Nenner mythischer Einfalt einzupendeln. Der Programmdirektor einer großen Fernsehgesellschaft wurde gebeten, die hinter der Programmgestaltung stehenden Überlegungen zu erläutern. Er antwortete, dahinter stehe keine besondere Überlegung. Die Filmproduzenten liefern, was die höchsten Einschaltquoten und so den höchsten Profit bringt. Mit einigen rühmlichen Ausnahmen (*Mister Roger's Neighborhood, Captain Kangaroo, Sesame Street* und einige harmlose Zeichentrickfilme) liefert die Unterhaltungsindustrie nichts für Kinder Wertvolles, also Programme, die hohe Werte, ethische Prinzipien, Anständigkeit, Ehrlichkeit, gegenseitige Fürsorge und Rücksichtnahme, Verantwortung und Edelmut vermitteln könnten. Stattdessen wird das produziert, was Kinder selbst bevorzugen.

Der Mythos der erlösenden Gewalt ist die einfachste, bequemste, spannendste, unkomplizierteste, irrationalste und primitivste Darstellung des Bösen, die die Welt je gekannt hat. Darüber hinaus werden in dieser Ausrichtung auf das Böse *praktisch alle heutigen Kinder (vor allem Jungen) im Prozess der Reifung sozialisiert.* Kinder wählen diese mythische Struktur, weil sie bereits durch kulturell verstärkte Hinweise und Rollenmodelle dazu geführt wurden, ihre grob vereinfachende Sicht der Wirklichkeit als wohltuend zu empfinden. Ihre Allgegenwart ist nicht das Resultat einer Verschwörung babylonischer Priester, die im Geheimen die Massenmedien mit irakischen Ölgeldern aufkaufen, sondern ein Ergebnis der Werte, die durch das Herrschaftssystem fortlaufend verstärkt werden. Indem Gewalt vergnüglich, faszinierend und unterhaltsam dargeboten wird, können die herrschenden Mächte Menschen dazu verleiten, gehorsam in ein System einzuwilligen, das sie um ihr Leben betrügt.

Sind die Erwartungen einer auf Herrschaft ausgerichteten Gesellschaft Kindern einmal eingeimpft worden, entwachsen sie möglicherweise nie dem Bedürfnis, das Böse stets nur außerhalb der eigenen Person zu suchen. Noch als Erwachsene neigen sie dazu, andere zu Sündenböcken zu machen für alles, was in der Welt verkehrt ist (die Kommunisten, die Amerikaner, die Schwulen, die Heteros, die Schwarzen, die Weißen, die Liberalen, die Konservativen). Um sich in ihrer Haut wohlzufühlen, bleiben sie abhängig von der Identifikation mit einer Gruppe und der Aufrechterhaltung sozialer Regeln.

In einer Zeit rückläufigen Besuchs von christlichen Sonntagsschulen hat der Mythos der erlösenden Gewalt Kinder freiwillig dazu gebracht, sich stillschweigend einer Form religiöser Indoktrination zu fügen, die umfassender und effektiver ist als irgendeine andere in der Religionsgeschichte: Die Schätzungen gehen weit auseinander, doch soll ein Kind bis zum Alter von 18 Jahren durchschnittlich bereits 36.000 Stunden vor dem Fernseher verbracht und dabei etwa 15.000 Morde gesehen haben. Welche Kirche oder Synagoge kann in Bezug auf die Zahl der Unterrichtsstunden oder in der Qualität der Darbietung auch nur entfernt Schritt halten mit dem Mythos der erlösenden Gewalt? (Wenn man nur an die typische „Kinderpredigt" denkt, wie blass wirkt sie im Vergleich dazu!)

Kein anderes religiöses System konnte jemals auch nur entfernt mit dem Mythos der erlösenden Gewalt in Bezug auf seine Fähigkeit konkurrieren, die Jugend religiös so tief greifend zu unterweisen. Von frühester Kindheit an werden Kinder mit Darstellungen von Gewalt als endgültiger Lösung menschlicher Konflikte überschwemmt. Diese Sättigung durch den Mythos endet nicht einmal mit Abschluss der Adoleszenz. Es gibt keinen Ritus des Übergangs von der Jugend zum Erwachsenenstatus im nationalen Kultus der Gewalt, sondern eine jahrelange Anpassung an Fernsehen und Filme für Erwachsene: John Wayne-Filme, *Lethal Weapon, Alien, Star Wars* und die Kung Fu-Filme. Natürlich basieren nicht alle Programme für Kinder oder für Erwachsene auf Gewalt. Die Wirklichkeit ist viel komplexer als die Vereinfachungen dieses Mythos, und ein reiferer Verstand wird subtilere, differenziertere, komplexere Darstellungen verlangen. Aber die Grundstruktur des Kampfmythos findet sich in dem leicht verdaulichen Brei wieder, dem sich viele Erwachsene zuwenden, um den harten Gegebenheiten ihres täglichen Lebens zu entfliehen: Spionagethriller, Western, Krimis und Kriegsfilme. Es ist, als müssten wir uns eine gewisse Dosis „erlösender" Gewalt verabreichen, um uns selbst zu versichern, dass die Wirklichkeit, der Flut der Tatsachen in unserem Alltagsleben zum Trotz, wirklich so einfach ist.

Mit der richtigen Unterstützung könnten Kinder vielleicht der Einfalt des Mythos der erlösenden Gewalt entwachsen. Die Tragödie der Moderne ist es, dass Jungen gerade dann, wenn sie den Mythos hinter sich lassen sollten, von einem noch raffinierteren Sperrfeuer ungebremster Gewalt getroffen werden, Gewalt, die so explizit und so sexuell sadistisch ist, dass sie nicht einmal im Fernsehen gezeigt werden kann. Ich spreche hier von einer neuen Welle immer brutalerer Comics und Videos. Neulich habe ich eine Stunde damit verbracht, mich in einem Comicladen umzusehen, wobei ich Lesefutter untersuchte wie *The Uncanny X-Men, Swamp Thing, War of the Worlds, The Warlock Five, The Avengers, The Spectre, Shattered Earth, Scout: War Shaman, The Punisher, Gun Fury, The Huntress, Dr. Fate, The Blood Sword* usw. Ein ganzer Laden widmet sich der Verbreitung einer paranoiden Sicht der Wirklichkeit, in der Gewalt den einzigen Schutz gegen diejenigen darstellt, die unseren Untergang aushecken. Und die Leserschaft besteht fast ausschließlich aus Jungen. Jugendliche werden besonders auch durch Videospiele angelockt, die den Spieler mit dem Gedanken vertraut machen, dass er unvermeidlich „getötet" wird und die Abrechnung nur hinausschieben kann, indem er auf seinem Weg möglichst viele seiner Gegner „tötet".

Noch beunruhigender sind allerdings Heimvideos wie *The Texas Chainsaw Massacre, The Evil Dead* oder *Zombie-Flesh-Eaters.* Diese „Ekelvideos" haben ein neues Niveau an Brutalität erreicht. Ein Viertel der britischen Schulkinder im Alter von sieben bis acht Jahren hat bereits Heimvideos „nur für Erwachsene" gesehen; die Hälfte hat sie bis zum Alter von zehn Jahren konsumiert, wenn nicht zuhause, dann bei Freunden. Viele Kinder erhalten ihre erste Einführung in die Sexualität durch solche Filme, in denen sie beobachten, wie eine Frau vergewaltigt, enthauptet, zerstückelt oder kannibalisch verspeist wird. Es überrascht nicht, dass mit erschreckender Häufigkeit diese Art von Fantasie in der Realität durch Verbrechen imitiert wird, Verbrechen, die Videogewalt nachahmen, wie die Serie von Bränden in U-Bahnstationen nach der Freigabe des Films *Money Train.* (Ein Gefängnisinsasse hat mir geschrieben, dass die Idee für den von ihm begangenen Mord von einem Video herrührte).

Viele dieser Videos zeigen nicht die uralte Konfrontation zwischen Gut und Böse, wo die „Bösen" schließlich von den Guten überwunden werden. Hier finden wir stattdessen das sadistische Vergnügen am Bösen schlechthin. Die erlösende Gewalt wird ersetzt durch Gewalt als Selbstzweck. Es handelt sich nicht mehr um eine Religion, die Gewalt im Streben nach Ordnung und

Rettung einsetzt, sondern um eine Welt, in der Gewalt ein Aphrodisiakum ist, ein Kitzel, ein süchtig machender Rausch, ein Ersatz für Beziehungen. Gewalt ist nicht mehr ein Mittel zum Schutz eines höheren Gutes, nämlich Ordnung, sondern Gewalt wird hier zum Selbstzweck.

Der nationale Sicherheitsstaat

Ein noch wichtigerer Aspekt des Mythos der erlösenden Gewalt ist sein Beitrag zu internationalen Konflikten. In diesem Mythos wird das Überleben und Wohlergehen der Nation zum höchsten irdischen und himmlischen Gut. Hier wird eine Macht verabsolutiert. Neben der eigenen Nation kann es keine anderen Götter geben. Dieser Mythos etabliert in der Mitte des Staates eine Religion des Patriotismus und verleiht darüber hinaus dem Imperialismus dieser Nation eine göttliche Bestätigung. Auf diese Weise bietet der Mythos der erlösenden Gewalt eine Spiritualität des Militarismus. Kraft göttlichen Rechts hat der Staat die Macht, das Leben seiner Bürger als Opfer zu fordern, um die Privilegien weniger zu erhalten. Durch göttliches Dekret nutzt er Gewalt, um die Welt von den Feinden des Staates zu reinigen. Reichtum und Wohlstand sind das Vorrecht derjenigen, die in einem solchen Staat herrschen. Und der Name Gottes, jedes Gottes, auch des christlichen, kann angerufen werden als der, der die Vorherrschaft der erwählten Nation und seiner regierenden Kaste besonders gesegnet und begünstigt hat.

Der Kalte Krieg hat unsere gegenwärtige westliche Form der erlösenden Gewalt hervorgebracht. (Die Sowjetunion hatte ihre eigene Version bereits unter Lenin und Stalin gebildet). Nach dem Zweiten Weltkrieg, im Jahr 1947, haben die Vereinigten Staaten neue politische Institutionen geschaffen, die den Charakter und sogar die Zukunftsaussichten der Demokratie drastisch verändern sollten: den Nationalen Sicherheitsrat und die *Central Intelligence Agency* (CIA). Um die nationale Sicherheitsdoktrin zu verbreiten, wurde ein Jahr später das *National War College* in Washington etabliert. Dem folgte die Gründung der *School of the Americas* in Fort Benning, Georgia. Diese Institutionen verkörpern konkret eine neue Form der Macht, die sich in der ganzen Welt verbreitete, die nationalen Sicherheitssysteme. Wie wir in Kapitel 1 gesehen haben, hat jede Macht einen inneren, spirituellen Aspekt und eine äußere, institutionelle Form. Der Mythos der erlösenden Gewalt dient als innerer Geist des nationalen Sicherheitsstaates. Er liefert die göttliche Legitimierung für die weltweite Unterdrückung der Armen und für die Gewinnung von Reichtum aus den ärmeren Ländern.

Während der letzten Jahrzehnte hat das nationale Sicherheitssystem in Ländern wie Chile, Südafrika und El Salvador in der Praxis dazu geführt, dass die Armee nicht gegen andere Länder eingesetzt wurde, sondern *gegen die eigene Bevölkerung*. Die Ideologie der nationalen Sicherheit erhebt den Nationalismus zum höchsten Wert. Menschen sind entbehrlich, der Staat nicht. Obwohl diese Anbeter des Götzen namens Staat nie müde werden, von der Demokratie und dem von ihnen verteidigten Christentum zu reden, glauben sie in Wahrheit an die erlösende Gewalt. Wie es der brasilianische General Golbery do Couto e Silva, einer der einflussreichsten nationalistischen Denker, ausgedrückt hat:

„Nationalist zu sein bedeutet, immer bereit zu sein, jede Doktrin, jede Theorie, jede Ideologie, alle Gefühle, Leidenschaften, Ideale und Werte aufzugeben, sobald sie unvereinbar erscheinen mit der obersten Loyalität, die allein der Nation zukommt … Es gibt keinen Ort, und es soll und kann keinen geben für Nationalismus als bloßes Instrument für einen anderen höheren Zweck.“[43]

Da ein solcher Nationalismus die Existenz einer höheren Macht nicht akzeptieren kann, muss er jede Form des christlichen Glaubens zerstören, sofern dieser mehr bedeutet als ein kulturelles Erbe. Dennoch reichern die Ideologen der nationalen Sicherheit ihre Sprache mit religiösen Gemeinplätzen an; sie tränken ihre Dokumente mit Bibelversen und Zitaten aus päpstlichen Enzykliken; oft sind sie zudem aktive Kirchgänger. Offensichtlich dient das, was sie unter Christentum verstehen, der Aufrechterhaltung von Privilegien einer elitären Minderheit. Es ist die alt-neue erlösende Gewalt, das Herrschaftssystem in Reinkultur.

Hier ein nüchternes und nachdenkliches Bekenntnis zur erneuernden Gewalt von einem Mitglied der gegenwärtigen religiösen Rechten in Amerika:

„Es ist ein Privileg, sich an den Kriegen Gottes zu beteiligen. Dies ist klar zu erkennen in den Psalmen, vielleicht nirgends deutlicher als im Ps 149,5–7, wo die Heiligen vor Freude auf ihren Lagern jauchzen angesichts des Krieges gegen die Feinde Gottes. Oder auch in Ps 58,11, wo es heißt: ‚Der Gerechte wird frohlocken, wenn er die Rache sieht; er wird seine Füße waschen im Blut der Gottlosen.' Wer zu einer solchen Haltung nicht Ja und Amen sagen kann, hat noch nicht gelernt, Gottes Gedanken nachzubuchstabieren … Uns bereitet es kein Problem, uns an seinen Urteilen zu freuen, und die Berufung zu ihrer Vollstreckung als Privileg zu empfinden … Die Gerechten … sind durch Gottes Gesetz dazu berufen, heilige ‚Gewalt‘ gegen gewisse Frevler auszuüben und dadurch Gottes Zorn auszudrücken.“[44]

Der Mythos der erlösenden Gewalt verwendet also die Traditionen, Riten, Gebräuche und Symbole des Christentums, um einerseits die Macht einer auserwählten, reichen Minderheit und andererseits die eng definierten Ziele des

Staates zu fördern. Diese Art Kirche der nationalen Sicherheit ist nichts anderes als der kompromittierte Hofkaplan des nationalen Sicherheitsstaates. Bei einer Kirchenversammlung in Ohio drückte es jemand während einer Diskussion über das Einfrieren der Kernwaffen so aus: „Vergesst nicht: Wir sind Christen, aber zuallererst sind wir Amerikaner." Will man herausfinden, was dies bedeutet, bietet sich folgende Frage an: Was würde wohl größere Entrüstung provozieren, die Entfernung der amerikanischen Flagge aus einer Kirche oder die Entfernung des Kreuzes?[45] Warum unterwerfen sich die Unterdrückten einem solchen Mythos? Warum unterstützen z. B. amerikanische Arbeiter, die unter den häufigsten Opfern der herrschenden Elite sind, nicht nur fortwährend ihre Unterdrücker, sondern sind sogar ihre lautstärksten Bewunderer? (Die Mehrheit hat zum Beispiel Ronald Reagan gewählt, und er hat es ihnen mit abnehmenden Realeinkommen vergolten, während er den reichsten fünf Prozent den größten Steuernachlass in der Geschichte des Landes gewährt hat). Ein Grund, warum sie sich all das gefallen lassen, ist das Heilsversprechen. Der Mythos der erlösenden Gewalt bietet Rettung durch die Identifikation mit dem modernen Marduk und seinen irdischen Regenten.

Die Menschen sind heute nicht mehr durch Werte, Riten und Gebräuche verbunden, die in traditionellen Kulturen ein Gefühl der Zugehörigkeit vermittelten. Ohne solche Verankerung aber werden sie leicht Opfer kurzlebiger Trends bezüglich Mode, Meinungen und Vorurteilen, die von den Massenmedien gepflegt werden. Zugleich vereinzelt und doch ein Teil der Massen leben die Menschen in der Illusion, dass die durch die Medien erworbenen Ansichten und Gefühle ihre eigenen sind. Überwältigt von der unbegreiflichen Größe der Konzerne, der Bürokratien, Universitäten, Medienikonen und des Militärs spüren die einzelnen Menschen, dass ihre einzige Möglichkeit, der absoluten Bedeutungslosigkeit zu entkommen, darin liegt, sich mit diesen Riesen zu identifizieren, die sie als die wahren Träger ihrer eigenen menschlichen Identität sehen.

Heil durch Identifikation: Ob in Zeichentrickfilmen, Western oder der Konfrontation mit ausländischen Mächten, immer ist das eigene Wohlergehen unlösbar verbunden mit dem Schicksal des heldenhaften Führers. Recht und Unrecht spielen kaum eine Rolle. Alles hängt vom Sieg ab, der einem das Hochgefühl vermittelt, Teil einer Nation zu sein, die anderen Staaten ihren Willen auferlegen kann. Die Alternative, das Böse in mir anzunehmen und Gott auch im Feind anzuerkennen, ist für viele Menschen einfach eine zu fremdartige Vorstellung.

Die Sehnsucht nach Identifikation mit dem Sieger war nach dem Golfkrieg offensichtlich. Ganz abgesehen vom Recht oder Unrecht dieses Krieges war die Orgie der Euphorie, die in der Öffentlichkeit der Vereinigten Staaten zu beobachten war, sehr aufschlussreich. Der Theologe Michael Novak hat im *National Public Radio* erklärt, wir sollten Gott dafür danken, dass so wenige im Kampf gefallen seien. Er bezog sich offensichtlich auf die etwa 148 Amerikaner, die bei dieser Unternehmung ums Leben kamen. Zur gleichen Zeit wurden die Gefallenen auf irakischer Seite auf 100.000 geschätzt, auch sie waren Kinder Gottes und von ihrem Schöpfer unendlich geliebt. Viele der Getöteten waren Kurden und Schiiten, Angehörige von Volksgruppen also, die von Saddam Hussein bereits vor dem Krieg massakriert worden waren, u. a. mit Giftgas. Er hat diese Menschen absichtlich an die vorderste Front gestellt, damit wir seine Drecksarbeit für ihn fortführen. Ganz abgesehen von der eigenen Sicht dieses Krieges müsste ein Nachfolger Jesu doch über den Verlust dieser Kinder Gottes trauern. Die ungezähmte Euphorie ist also ein sicheres Zeichen, dass nicht christliche Werte, sondern der Mythos der erlösenden Gewalt die treibende Kraft hinter diesem Krieg war. Aus der Perspektive der nationalen Sicherheit kommt Rettung eben nicht durch Einsicht, Buße und Wahrheit, sondern durch Identifikation mit der amerikanischen Militärmacht: die alte Lösung im Sinne Marduks. Die Zeitung *Star Tribune* aus Minneapolis frohlockte: „Erst im Luftraum über Kuwait und Irak und jetzt auf ihrem Sand finden die Vereinigten Staaten militärisch *Erlösung*."[46] Es ist eine Tragödie, dass die Gewalt sich für die Alliierten als so unglaublich „erfolgreich" erwies: Warum gewaltfreie Lösungen in Betracht ziehen, wenn unsere „intelligenten" Bomben klüger sind als unsere Diplomaten?

Der Mythos der erlösenden Gewalt ist, kurz gesagt, ein verabsolutierter Nationalismus. Dieser Mythos spricht an Gottes Stelle, er hört nicht darauf, dass Gott spricht. Er ruft die Herrschaft Gottes als seine eigene an; die prophetische Möglichkeit einer radikalen Verurteilung durch Gott zieht er nicht in Erwägung. Dieser Mythos eignet sich Sprache, Symbole und Schriften des Christentums an. Er sucht nicht Gott, um sich zu ändern, er ergreift Gott, um Veränderung zu verhindern. Der Gott dieses Mythos ist nicht der unparteiische Herrscher aller Nationen, sondern ein Stammesgott, der als Götze verehrt wird. Seine Metapher ist nicht der Weg, sondern die Festung. Sein Symbol ist nicht das Kreuz, sondern das Fadenkreuz eines Gewehrs. Er bietet nicht Vergebung an, sondern Sieg. Seine gute Nachricht ist nicht die unbedingte Liebe zum Feind, sondern die endgültige Vernichtung des Feindes. Rettung bedeutet bei ihm nicht die Verwandlung des Herzens, sondern eine erfolgreiche Außenpolitik. Der Mythos bemächtigt sich der in Jesus offenbarten Absicht Gottes für die Menschheit. Er ist Götzendienst. Er ist Gotteslästerung. Und er ist unermesslich beliebt.

Ich liebe mein Land leidenschaftlich, und deswegen will ich sehen, dass es das Rechte tut. Es gibt Raum für einen vernünftigen Patriotismus. Aber vom christlichen Standpunkt aus erkennt der wahre Patriot Gottes Herrschaft über alle Länder an. Er hat einen gesunden Respekt vor Gottes Urteil über die Anmaßung einer jeglichen Macht, die danach trachtet, ihren Willen anderen aufzuerlegen. Auch ein Empfinden für ein gemeinsames nationales Schicksal hat seine Berechtigung. Es kann aber nur dann wahrhaftig angestrebt werden, wenn wir uns von der Erblast des Mythos der erlösenden Gewalt lösen und uns darum bemühen, dem Bösen in uns selbst ins Angesicht zu sehen. Die Vereinigten Staaten haben (wie jede andere Nation) eine göttliche Berufung in den Angelegenheiten der Menschen zu erfüllen. Sie können diese Aufgabe aber paradoxerweise nur erfüllen, indem sie auf ihre messianischen Anmaßungen verzichten und bereit sind, eine bescheidenere Rolle im Kreis der Nationen zu spielen.

Das ist der Kontext, in dem das Evangelium heute verkündet wird. Dabei bin ich überzeugt, dass das Evangelium Jesu das mächtigste Gegengift gegen den Mythos der erlösenden Gewalt ist, das die Welt je gekannt hat. Manche Teile der Botschaft Jesu tragen heute zum ersten Mal Früchte. Was also war die Antwort Jesu auf das Herrschaftssystem?

Kapitel 3

Die Antwort Jesu auf das Herrschaftssystem

Die Botschaft Jesu ist mehr als eine Sammlung zeitloser Prinzipien und ewiger Wahrheiten. Sie spricht einen sehr spezifischen Kontext an, der im Wesentlichen seit dem Aufkommen des Herrschaftssystems vor über fünftausend Jahren gleich geblieben ist. Jesus hat das Herrschaftssystem seiner Zeit genau an der Stelle herausgefordert, an der es Männer und Frauen in ihrem Lebensalltag traf: in dem täglichen Zerriebenwerden von den Institutionen der damaligen Zeit. Seine Worte fordern auch die gegenwärtigen Gestalten des Herrschaftssystems heraus.

Israels langer Weg aus dem Herrschaftssystem in die Freiheit begann mit dem Exodus aus Ägypten und wurde später durch die Propheten fortgeführt. Die prophetische Vision einer von den Verheerungen des Krieges befreiten Welt, die Vision der zu Pflugscharen umgeschmiedeten Schwerter, erreichte dann mit Jesus ihre größte Klarheit. In seiner Lehre der Gewaltfreiheit gab er dieser Vision eine grundlegende programmatische Gestalt. In den Seligpreisungen, in seiner außergewöhnlichen Sorge für die Ausgestoßenen und an den Rand Gedrängten, in seiner völlig unkonventionellen Behandlung der Frauen, in seiner Liebe zu Kindern, in seiner Ablehnung der Überzeugung, dass nur Menschen hohen Ranges von Gott geliebt sein können, in seiner subversiven Ansage einer neuen Ordnung, in der die Herrschaft dem Mitgefühl und dem Gemeinsinn weichen wird, hat Jesus die prophetische Sehnsucht nach der „Königsherrschaft Gottes" erfüllt, ein Begriff, den man umschreiben kann als „herrschaftsfreie Ordnung Gottes".[47]

Fast jeder von Jesus gesprochene Satz ist eine Verurteilung des Herrschaftssystems oder dient der Aufdeckung einer Alternative zu diesem System. Im Folgenden, nach Themen zusammengestellt, eine Übersicht über einige seiner bemerkenswerten Aussagen:

Von der Herrschaft

In seinem Evangelium schreibt Lukas:

„Es entstand unter ihnen [den Jüngern] ein Streit darüber, wer von ihnen wohl der Größte sei. Da sagte Jesus: Die Könige herrschen über ihre Völker und die Mächtigen lassen sich Wohltäter nennen. Bei euch aber soll es nicht so sein, sondern der Größte unter euch soll werden wie der Kleinste und der Führende soll werden wie der Dienende. Welcher von beiden ist größer: wer bei Tisch sitzt oder wer bedient? Natürlich der, der bei Tisch sitzt. Ich aber bin unter euch wie der, der bedient" (Lk 22,24–27).

Die Ablehnung von Herrschaft und Hierarchie kann kaum deutlicher ausgedrückt werden als mit den erstaunlichen Worten: „Selig die Knechte, die der Herr wach findet, wenn er kommt! Amen, ich sage euch: Er wird sich gürten, sie am Tisch Platz nehmen lassen [wörtlich „sie sich legen lassen", wie bei einem Symposion] und sie der Reihe nach bedienen" (Lk 12,37).

Ohne eine Miene zu verziehen, schlägt Jesus den Reichen vor: Wenn ihr ein Fest veranstaltet, ladet nicht eure Freunde ein, denn die werden sich nur revanchieren. Ladet stattdessen die Armen, die Behinderten, die Lahmen und die Blinden ein. Wenn jemand euch zu einem Fest einlädt, setzt euch nicht auf den Ehrenplatz, sondern auf den untersten (vgl. Lk 14,7–14). Seid nicht wie die religiösen Führer, die ihren Gebetsschal verzieren und auffällige Kleidung tragen, sich auf dem Marktplatz grüßen lassen, die besten Plätze in den Synagogen und bei Festen begehren und lange, glanzvolle Gebete vortragen (vgl. Mk 12,38–40).

Die Worte und Taten Jesu zeigen, dass er kein kleiner Reformer ist, sondern ein Prophet, der die Gleichheit der Menschen anstrebt und die Grundlagen des Herrschaftssystems zurückweist: das Recht einiger, sich über andere zu erheben, sei es durch Macht, Reichtum, Demütigung oder durch Titel. In seinen Seligpreisungen, Heilungen und der Tischgemeinschaft mit Ausgestoßenen und Sündern verkündet Jesus Gottes besondere Sorge für die Unterdrückten.

Seine Nachfolger sollen keine Titel beanspruchen: „Ihr aber sollt euch nicht Rabbi nennen lassen; denn nur einer ist euer Meister, ihr alle aber seid Brüder. Auch sollt ihr niemand auf Erden euren Vater nennen; denn nur einer ist euer Vater, der im Himmel. Auch sollt ihr euch nicht Lehrer nennen lassen; denn nur einer ist euer Lehrer, Christus" (Mt 23,8–10). Seine Nachfolger sollen in herrschaftsfreien Beziehungen, in einer auch Frauen einschließenden Jüngerschaft von Gleichen leben. Sie sollen hierarchische Beziehungen wie Herr und Sklave, Lehrer und Schüler abschaffen. „Ich nenne euch nicht mehr

Knechte; denn der Knecht weiß nicht, was sein Herr tut. Vielmehr habe ich euch Freunde genannt" (Joh 15,15).

Jesu Taten geben seinen Worten Gestalt. Dem vierten Evangelium zufolge wäscht Jesus seinen Jüngern die Füße, eine Arbeit, die als so erniedrigend angesehen wurde, dass ein Herr sie selbst einem jüdischen Sklaven nicht befehlen durfte (vgl. Joh 13,1–20).

Im Einklang mit allem, was er gesagt und getan hat, zieht Jesus auf einem Esel possenhaft in Jerusalem ein. Der Mensch, der keinen Ort hat, an dem er sein Haupt niederlegen kann (vgl. Lk 9,57f), ist derselbe „König", der nichts besitzt und sich einen Esel (nicht einmal ein Pferd!) ausleihen muss.

Über die Gleichheit der Menschen

Da wirtschaftliche Ungleichheit die Grundlage von Herrschaft ist, zielt das Evangelium Jesu auf Gleichheit ab. Rang, Status und soziale Klasse basieren großenteils auf der durch angehäuften Reichtum erworbenen Macht.

Das Herrschaftssystem zerbrechen bedeutet, die wirtschaftliche Ausbeutung der Vielen durch die Wenigen zu beenden. Da die Mächtigen wohl kaum bereit sein werden, ihrem Reichtum zu entsagen, müssen die Armen Wege finden, die Epoche des Herrschaftssystems von innen heraus zu überwinden. So fordert Jesus Gläubiger auf, nicht nur auf Zinsen zu verzichten, sondern überhaupt keine Rückzahlung zu fordern (vgl. Lk 6,34). Er rät denen, die ihm nachfolgen wollen, ihren Besitz zu verkaufen; den Reichen gibt er warnend zu verstehen, dass sie keinen Zugang zu der kommenden, neuen Gesellschaft haben werden. Den Traum der Religiösen, „spirituell" sein zu wollen und trotzdem in einem ungerechten System Reichtum anzusammeln, lehnt Jesus bedingungslos ab: „Ihr könnt nicht beiden dienen, Gott und dem Mammon" (Mt 6,24). „Eher geht ein Kamel durch ein Nadelöhr, als dass ein Reicher in das Reich Gottes gelangt" (Mk 10,25).

Seine Nachfolger sollen jetzt anfangen, so zu leben, als habe die neue Ordnung schon begonnen. Jesus und seine Jünger teilten sich einen gemeinsamen Geldbeutel. Er sendet sie ohne Nahrung, Geld oder zusätzliche Kleidung aus, die neue Ordnung zu predigen. Sie sollen sich auf die Vorsehung Gottes verlassen, die sich zeigt in der Freigebigkeit ihrer Zuhörer. Sie „hatten alles gemeinsam. Sie verkauften Hab und Gut und gaben davon allen, jedem so viel, wie er nötig hatte" (Apg 2,44f). Den Reichen unter ihnen sollen sie keinen besonderen Status einräumen.

Es sind eher die Armen, die Gott erwählt und segnet, eher die Sanftmütigen, eher die mit gebrochenem Herzen und die Verachteten, die Gottes künftige Herrschaft auf der Erde erben werden. Es sind die Barmherzigen und nicht die Mächtigen, die Friedenschaffenden und nicht die Krieger, die Verfolgten und nicht die Edlen, die in die Freude Gottes eintreten werden (vgl. Mt 5,3–12). Gleichnis für Gleichnis spricht Jesus von der „Königsherrschaft Gottes". Er verwendet dabei Bilder aus der Landwirtschaft und der Arbeit der Frauen, nicht aus dem Krieg und nicht aus königlichen Palästen. Diese Herrschaft wird nicht beschrieben, als würde sie vom Himmel auf die Erde herabkommen; still und unbemerkt steigt sie aus dem Land empor. Sie wird nicht durch Armeen und militärische Macht etabliert, sondern durch einen unaufhaltsamen Wachstumsprozess von unten, aus dem einfachen Volk.

Zusammengefasst bedeutet dies: Jesus sucht weder für sich selbst noch für einen anderen ein Königtum, in dem Gott der Welt seinen göttlichen Willen auferlegt. Vielmehr beginnt er, Gottes herrschaftsfreie Ordnung in Kraft zu setzen.

Von der Gewaltlosigkeit

Eine Gesellschaft mit ungerechter Güterverteilung braucht Gewalt. Nur mit Gewalt können einige wenige anderen das vorenthalten, was ihnen gerechterweise zusteht. Ungleichheit zwischen Reichen und Armen ist nur durch Gewalt aufrechtzuhalten.

Jesus lehnt Gewalt ab. Als seine Jünger ihn um Erlaubnis bitten, Feuer vom Himmel auf ungastliche Samaritaner herabzurufen, fährt er sie an (vgl. Lk 9,51–56). Statt einen Jünger zu loben, der versucht, ihn vor der Festnahme zu retten und dabei einem Sklaven des Hohenpriesters das Ohr abschlägt, reagiert Jesus mit einem schroffen „Hört auf damit!" (Lk 22,51), ein Befehl, den die Kirche während der darauffolgenden drei Jahrhunderte noch wörtlich genommen hat. Matthäus zufolge sagt Jesus: „Steck dein Schwert in die Scheide, denn alle, die zum Schwert greifen, werden durch das Schwert umkommen" (Mt 26,52).

Der zweite Korintherbrief fasst die offenbar allgemeine Überzeugung der frühen Gemeinde so zusammen: „Die Waffen, die wir gebrauchen in unserem Kampf, sind nicht die Waffen einer von anderen beherrschten Existenz *(sarx)*, sondern Gottes mächtige Waffen, die wir einsetzen, um Festungen niederzureißen" (2 Kor 10,4 Übers. Wink).[48] Auf ihren Missionsreisen sollen die Jünger keinen Stock zur Verteidigung mitnehmen. Wenn sie abgewiesen werden, sollen die Jesus Nachfolgenden segnen; wenn sie verflucht werden, sollen sie beten für die Menschen, die sie verfluchen. Gottes Beispiel folgend, sollen sie sogar ihre Feinde lieben und denen, die sie hassen, Gutes tun (vgl. Mt 5,43f).

Um zu behaupten, dass Gewalt manchmal gerechtfertigt sei, wird oft auf die Geschichte von Jesu Reinigung des Tempels verwiesen: Mit einer Peitsche aus Stricken treibt er die Geldwechsler aus dem Tempel (vgl. Joh 2,13–16). Diese Peitsche wird allerdings nur im vierten Evangelium erwähnt, und dort verwendet Jesus sie, um die Schafe und Ochsen aus dem Tempel zu treiben[49], eine Handlung, die diesen Opfertieren das Leben rettet. Wenn unter Gewalt eine verletzende oder tödliche Schädigung verstanden wird, kann man Jesus wohl kaum vorwerfen, zum Schaden der Tiere gehandelt zu haben.

Das letzte Abendmahl feiert Jesu gewaltfreies Durchbrechen der Gewaltspirale, indem er ihre ganze Wucht mit dem eigenen Leib auffängt. Zudem weigert er sich, bei seiner Kreuzigung auf Gewalt als *ultima ratio* zu setzen, sondern legt stattdessen den Ausgang in Gottes Hand.

Jesus wies militärische Gewalt als Mittel zur Überwindung der elenden jüdischen Lage eindeutig zurück und weigerte sich, Soldaten in einem Krieg gegen Rom anzuführen oder seine Sache durch Gewalt zu verteidigen. Er war eher bereit, das Kreuz zu erleiden als seinem eigenen, gewaltfreien Weg untreu zu werden.

In der Geschichte des gewaltsamen und gewaltlosen Überlebenskampfes seines Volkes findet Jesus einen Weg, sich dem Bösen entgegenzustellen, ohne dabei selbst böse zu werden. Hier endlich zeigt sich eine tragfähige Alternative zur Politik der „erlösenden" Gewalt.

Ein neuer Umgang mit Frauen

Bis zum Aufkommen der feministischen Exegese ist nur wenigen Wissenschaftlern aufgefallen, wie außergewöhnlich Jesu Verhalten Frauen gegenüber war. Durch die feministische Bibelinterpretation lässt sich nun allerdings erkennen, dass Jesus bei jeder Begegnung mit Frauen in den vier Evangelien die Sitten seiner Zeit missachtet hat. In der Tat gab es in den „zivilisierten" Gesellschaften seit dem Aufkommen des Patriarchats, mehr als dreitausend Jahre vor seiner Geburt, wohl keine Parallele zu seiner Art des Umgangs mit Frauen.

Anständige jüdische Männer durften Frauen in der Öffentlichkeit nicht ansprechen; Jesus hat frei mit ihnen geredet. Eine Frau durfte keinen Mann außer ihren Ehemann berühren; Jesus ließ sich von Frauen berühren und hat sie berührt. Einmal brach eine Prostituierte in ein reines Männer-Festmahl ein, kniete vor Jesu ausgestreckten Füßen nieder und fing an, sie unter Tränen der Reue und der Erleichterung zu küssen, mit ihren Haaren zu trocknen und mit Öl zu salben. Ungeachtet der Missbilligung durch die schockierten Männer hat Jesus ihre Gabe und das Zeichen akzeptiert und die Frau in Schutz genommen, obwohl sie ihn rituell verunreinigte und die Gäste vor den Kopf stieß (Lk 7,36–50).

Ein andermal ruft Jesus eine Frau, die durch Krankheit seit achtzehn Jahren gekrümmt war, in die Mitte der Synagoge (vgl. Lk 13,10–17). Er legt ihr die Hände auf und heilt sie von ihrem „Geist der Schwäche". In dem darauf folgenden Streitgespräch (Jesus hatte sie am Sabbat geheilt) nennt Jesus sie eine „Tochter Abrahams", ein Ausdruck, den ich nirgends in der antiken jüdischen Literatur habe finden können. Frauen wurden durch ihre Männer erlöst; diese Frau eine „Tochter Abrahams" zu nennen, bedeutete, sie vor Gott dem Mann als vollwertiges Mitglied des Bundes gleichzusetzen. Darüber hinaus hat Jesus durch ihre Heilung am Sabbat diesem Tag seine ursprüngliche Bedeutung als Fest der Befreiung aus der Knechtschaft wiedergegeben. Indem er die Frau berührt, setzt Jesus das Heiligkeitsgesetz mitsamt seinen männlichen Skrupeln bezüglich der menstrualen Unreinheit und sexuellen Verlockung außer Kraft. Dadurch, dass er Frauen öffentlich anspricht, setzt Jesus sich hinweg über die aus der Furcht vor der weiblichen Sexualität entstandene Begrenzung der Freiheit von Frauen. Indem er diese Frau in die Mitte der Synagoge stellt, widerspricht er dem männlichen Monopolanspruch auf die Gnadenmittel und den Zugang zu Gott. Dadurch, dass er in ihrer Krankheit nicht eine göttliche Strafe für die Sünde, sondern eine Form satanischer Unterdrückung sieht, befreit Jesus sie aus dem Herrschaftssystem, dessen treibende Macht der Geist Satans ist.

Damit erhält dieses kleine Drama weltgeschichtliche Bedeutung. Durch die Befreiung dieser Frau aus der Macht Satans entlässt Jesus sie zugleich aus dem umfassenden Geflecht des Patriarchats, der männlichen religiösen Elite und den Tabus, die geschaffen wurden, um die Vorteile der einen durch die Benachteiligung der anderen zu erhalten. Ihr körperliches Gebrechen symbolisiert ein System, das Frauen buchstäblich verbiegt. Jesus macht es ihr möglich, in einem männlich geprägten religiösen Raum aufrecht zu stehen. Dies bedeutet mehr als nur eine Heilung, hier bricht eine völlig neue Weltordnung an. Vor aller Augen entfaltet sich hier die ehrfurchtgebietende Macht Gottes. Von einigen wird sie erkannt („das ganze Volk aber freute sich"); andere sehen darin nur die Bedrohung von allem, was ihnen lieb und teuer ist. Das Herrschaftssystem behält gerade noch die Oberhand. Wenn sein Zugriff an einer einzelnen Stelle gebrochen wird, ist seine Stabilität auf der ganzen Linie bedroht.

Die gleiche lässige Missachtung unterdrückender Verhaltensweisen sehen wir in der im vierten Evangelium beschriebenen Begegnung Jesu mit einer Samariterin. Jesus spricht nicht nur mit der Frau, er nimmt aus ihren „unreinen" Händen sogar einen Schluck Wasser entgegen. Als die Jünger dies sahen, so lesen wir in Joh 4,27, wunderten sie sich, „dass er mit einer Frau sprach".

Oder nehmen wir die Geschichte von Maria und Marta (Lk 10,38–42). Lukas beschreibt Maria als zu Jesu Füßen sitzend, ein Vorrecht, das ein *männlicher Jünger* einem Lehrer gegenüber hatte. Marta, mit der Vorbereitung des Essens beschäftigt, spricht nicht ihre Schwester an, sondern die männliche Autoritätsfigur („Sag ihr doch, sie soll mir helfen" Lk 10,40). Wir mögen uns vielleicht wünschen, dass Jesus aufgestanden wäre und geholfen hätte, das Essen zu servieren und hinterher aufzuräumen, eine Rolle, der er anscheinend nicht einmal abgeneigt war (vgl. Lk 12,37; Joh 21,9–14). Immerhin haben Jesus und Maria aber gegen eine gut verankerte Konvention verstoßen, von der sich Marta offenbar nicht befreien konnte.

Eine Frau ruft vom Straßenrand: „Selig die Frau, deren Leib dich getragen und deren Brust dich genährt hat!" Sie wollte Jesu Mutter Achtung schenken, in der einzigen in dieser Kultur zulässigen Form. Jesus aber erwidert: „Selig sind vielmehr die, die das Wort Gottes hören und es befolgen!" (Lk 11,27–28) Diese Frau ist noch gefangen im Glauben, dass ihr Wert, wie der Wert von Jesu Mutter, Maria, einzig im Gebären eines männlichen Kindes liegt, und dass sie nur durch ihn ihre Sehnsüchte ausleben kann. Doch Jesus erwidert: Du musst nicht weiterhin durch das Gebären von Söhnen „erlöst" werden. Du selbst kannst als Frau das Wort Gottes hören und bewahren.

Jesu Jünger veranschaulichen die neue, herrschaftsfreie Ordnung. Der lockere Kreis seiner Nachfolger ist eine auf skandalöse Weise gemischte Gruppe, zu der sogar Prostituierte gehören wie die Frau, die ihm die Füße mit ihren Tränen wäscht, Frauen wie Maria Magdalena, die von Dämonen befreit wurde, aristokratische Frauen wie Johanna, die Frau von Herodes' Kammerdiener, „und viele andere Frauen, die den Jüngerkreis mit ihrem Vermögen unterstützten" (Lk 8,1–3 Übers. Wink). Es ist kein Präzedenzfall dafür bekannt, dass damals Frauen als Jüngerinnen mit einem Lehrer umherzogen; manche von ihnen, wie Johanna, hatten sogar Heim, Familie und Ehemann dafür verlassen. Dem reichen Jüngling, der fragt, ob er Jesus folgen dürfe, antwortet dieser, er solle alles verkaufen, es den Armen (*nicht* etwa den Jüngern) geben, und ihm *mittellos* folgen (vgl. Mk 10,17–22). Die Frauen macht er dagegen zu Förderinnen und Wohltäterinnen. Die Ersten sollen die Letzten und die Letzten die Ersten sein – eine notwendige Umkehrung der Rollen auf dem Weg zu voller Partnerschaft in Gott.

Frauen besaßen damals als Zeuginnen nur geringe Glaubwürdigkeit. Wie seltsam, dass Gott dann ausgerechnet Frauen zu Zeuginnen der Auferstehung Jesu erwählte (vgl. Mt. 28,9–10; Joh 20,1–18)!

Frauen empfingen auf der Gründungsveranstaltung der Kirche den Heiligen Geist (vgl. Apg 1,14; 2,1) und waren hinsichtlich des Empfangs prophetischer Gaben den Männern gleichgestellt. Sie standen Hausgemeinden vor, eröffneten neue Bereiche der Evangelisation (vgl. Phil 4,2–3) und wirkten als Mitarbeiterinnen des Paulus. Sie wurden wie Männer verfolgt und eingesperrt (vgl. Apg 8,3; Röm 16,7); sie wurden Apostel (vgl. Röm 16,7), Jüngerinnen (vgl. Apg 9,36–42) und Diakoninnen genannt (vgl. Lk 8,3; Mk 15,41) und leiteten Gemeinden (vgl. Phlm 1–2). Eine Frau fungierte sogar als Mäzenin des Paulus (vgl. Röm 16,2).

Doch so blieb es nicht. Die große Mehrzahl der Gemeinden wurde bald von männlichen Hierarchien beherrscht, und Frauen wurden auf die Rollen von Diakoninnen und offiziell anerkannten Witwen reduziert. Frauen, die Leitungsgewalt innehatten, wurden an den Rand gedrängt, der Häresie beschuldigt oder zum Schweigen gebracht. Im Laufe der Zeit errangen Männer ein Monopol in der Führung der Gemeinde, und die männliche Vorherrschaft bewies wieder einmal ihre Widerstandskraft.

Der Abfall von der neuen Ordnung, die für Frauen eingeführt worden war, darf uns nicht blind machen für die Bedeutung dessen, was Jesus erreicht hat. Die Menschheit fängt gerade erst an, die Kraft seiner Botschaft zu ermessen. Der biblische Feminismus ist nicht nur eine authentische Erweiterung der Anliegen Jesu, er hat es uns auch ermöglicht, bedeutende Aspekte seiner Botschaft zum ersten Mal richtig wahrzunehmen. Jetzt wird deutlich, dass Jesus nicht etwa in der beschriebenen Weise mit Frauen umging, weil er „galant“ oder „nett“ war, sondern weil die Wiederherstellung der vollen Menschlichkeit der Frauen in der Partnerschaft mit Männern für ihn einen wesentlichen Aspekt der Verwirklichung der herrschaftsfreien Ordnung Gottes darstellte.

Von Reinheit und Heiligkeit

Die Tischgemeinschaft mit Sündern war ein Grundzug des gesamten Wirkens Jesu. Dem Neutestamentler Marcus Borg zufolge waren diese „Sünder“ aus der Heiligkeit Israels, wie sie von manchen Kreisen im Palästina des

1. Jahrhunderts n. Chr. verstanden wurde, ausgeschlossen (oder hatten sich selbst ausgeschlossen).[50] Solche Ausgestoßenen in den Wirkungskreis Gottes einzubeziehen, hieß, jene Einstellung zu verwerfen, die besonderen Wert auf Distanz zur Unreinheit der Welt legte.

Jesu Tischgemeinschaft mit gesellschaftlich Ausgestoßenen war ein lebendiges Gleichnis für das anbrechende Zeitalter der Vergebung. Nach Borg hat Jesus absichtlich der gesamten Heiligkeitsordnung der Pharisäer und anderer Gruppen innerhalb des Judentums zuwidergehandelt. *Heiligkeit* heißt auf Hebräisch wörtlich „Abtrennung". Jesus widersprach einem solchen Konzept, Heiligkeit durch Trennung vom Unreinen zu erzielen. Er wies auch die Vorstellung zurück, dass äußere Dinge das innere Wesen eines Menschen verunreinigen oder verschmutzen. „Nichts, was von außen in den Menschen hineinkommt, kann ihn unrein machen, sondern was aus dem Menschen herauskommt, das macht ihn unrein" (Mk 7,15). Er entsetzte seine Hörer durch seine positive Einstellung den „unreinen" Samaritanern gegenüber.

Die Gesetze, nach denen bestimmt wurde, was rein und unrein ist, gründeten auf der Heiligkeit Gottes: „Seid heilig, weil ich heilig bin" (Lev 11,44). Durch die Verletzung der Reinheitsgesetze verkündete Jesus also, dass es Gott nicht um Reinheit, sondern um Liebe zu den an den Rand Gedrängten und Ausgestoßenen geht. Der zärtliche Schoß Gottes ist schmerzerfüllt angesichts der Ungeladenen und Ungeliebten: Gott ist ein mitfühlender Elternteil, geschlechtlich nicht festzulegen, Mutter und Vater von uns allen.

Die Vorschriften der rituellen Reinheit dienen dazu, den verschiedenen Personen und Teilen einer Gesellschaft den ihnen jeweils „gebührenden" Ort zuzuweisen. Ohne Reinheitsgebote käme es zu einer Krise aufgrund mangelnder Unterscheidung, da alle und alles gleich wären: Männer und Frauen, Außenseiter und Zugehörige. Das Heilige wäre nicht vom Profanen unterschieden. Es gäbe keinen heiligen Ort, keine heiligen Priester, kein heiliges Volk. Nicht-Juden wären Juden gleich; „Reine" würden mit „Unreinen" zu Tisch sitzen; keiner stünde höher in den Augen Gottes. Herrschaft aber ist stets abhängig von Rang. Wie kann man ohne Unterscheidungen wissen, über wen man zu herrschen hat?

Im Gegensatz zur traditionellen Ansicht, dass Unreinheit ansteckend sei, hat Jesus Heiligkeit und Ganzheit für ansteckend gehalten. Der Arzt wird nicht von den Kranken angesteckt, sondern er überwindet die Krankheit. Also berührt Jesus Leprakranke oder Unreine oder Frauen ohne Furcht vor Verunreinigung. Jesus wird durch den Kontakt nicht unrein, sondern die als gesellschaftlich verunreinigt Angesehenen werden rein. Heiligkeit war seiner Ansicht nach nicht schutzbedürftig; vielmehr war sie Gottes wunderbare Macht der Verwandlung. Gottes Heiligkeit kann nicht besudelt werden, sondern ist im Gegenteil selbst eine reinigende und heilende Kraft. Sie muss nicht weggesperrt und in einem Tempel unter Quarantäne gestellt werden. Sie ist jetzt dabei, sich durch Jesu Handlungen und seine Gemeinschaft mit den Verachteten und Ausgestoßenen über die Welt zu verbreiten, um sie zu verwandeln.

Im Einklang mit Jesu Einstellungen zur Reinheit hat auch die frühe Kirche die Trennungsmauer zwischen Juden und Nichtjuden eingerissen. Diese Versöhnung der Rassen und Völker in Gott wurde zu Recht als Vorstufe einer echten menschlichen Partnerschaft unter allen Völkern der Welt verstanden.

Kritik an der Institution Familie

In der jüdischen Gesellschaft war die Familie die grundlegende Instanz für Versorgung, Sozialkontrolle, Inkulturation und Sozialisation. Die eigenen Eltern zu ehren, wird zum Beispiel im Dekalog ausdrücklich von Gott geboten. Jesus konnte allerdings aufgrund seiner kritischen Haltung Herrschaft gegenüber kaum etwas Gutes über die Familie sagen. „Wenn jemand zu mir kommt und nicht Vater und Mutter, Frau und Kinder, Brüder und Schwestern, ja sogar sein Leben gering achtet, dann kann er nicht mein Jünger sein" (Lk 14,26, vgl. Mt 10,37). „Meint ihr, ich sei gekommen, um Frieden auf die Erde zu bringen? Nein, sage ich euch, nicht Frieden, sondern Spaltung. Denn von nun an wird es so sein: Wenn fünf Menschen im gleichen Haus leben, wird Zwietracht herrschen: Drei werden gegen zwei stehen und zwei gegen drei, der Vater gegen den Sohn und *der Sohn gegen den Vater,* die Mutter gegen die Tochter und *die Tochter gegen die Mutter,* die Schwiegermutter gegen ihre Schwiegertochter und *die Schwiegertochter gegen die Schwiegermutter*" (Lk 12,51–53).

Warum ist Jesus so extrem? Auch wenn wir der orientalischen Neigung zu anschaulicher Übertreibung Rechnung tragen, erklärt dies nicht die Beharrlichkeit, mit der Jesus Kritik übt. Ich glaube, Jesus war in seiner Geringschätzung der Familie so konsequent, weil die Familie in herrschaftlichen Gesellschaften tief im Patriarchat verwurzelt ist, als Festung männlicher Überlegenheit die Ausprägung von Geschlechterrollen bestimmt und das Haupthindernis für Veränderungen darstellt. Bevorzugt in Familien werden Frauen und Kinder geschlagen und missbraucht und Morde an Frauen begangen. In vielen Kulturen steht Männern das unveräußerliche Recht zu, ihre Ehefrauen zu schlagen, sie zu vergewaltigen und verbal zu misshandeln. Die patriarchalische Familie ist demnach das Fundament, auf dem die größeren Einheiten patriarchaler Herrschaft basieren.

Oft ist ein Familienmitglied die erste Person, die versucht, eine mutige Handlung zu verhindern. Ist es nicht auch so, dass die weitaus meiste Zeit und Aufmerksamkeit in der Psychotherapie darauf verwendet wird, familienbedingte Schäden zu beheben? Die Familie ist so tief in den Werten des Herrschaftssystems verstrickt, dass Familienangehörige eher bereit sind, ihr eigen Fleisch und Blut zu verraten, als eine Bedrohung der gesellschaftlichen Werte zuzulassen: „Brüder werden einander dem Tod ausliefern und Väter ihre Kinder, und die Kinder werden sich gegen ihre Eltern auflehnen und sie in den Tod schicken" (Mk 13,12).

Jesus distanziert sich von der durch genetische Verwandtschaft konstituierten Familie und bietet eine Alternative an, eine neue Familie, die aus denen besteht, deren Illusionen zerstört wurden, die nicht durch das Blut als stärkstes aller Bande verbunden sind, sondern durch ihre Solidarität in der Arbeit an Gottes Werk. „Wer den Willen Gottes erfüllt, der ist für mich Bruder und Schwester und Mutter" (Mk 3,35). Bemerkenswert ist, dass Jesus absichtlich nicht den Vater aufführt. So auch bei Mk 10,29f: „Jesus antwortete: Amen, ich sage euch: Jeder, der um meinetwillen und um des Evangeliums willen Haus oder Brüder, Schwestern, Mutter, Vater, Kinder oder Äcker verlassen hat, wird das Hundertfache dafür empfangen: Jetzt in dieser Zeit wird er Häuser, Brüder, Schwestern, Mütter, Kinder und Äcker erhalten" – aber keine Väter.

Dass es sich bei diesem Auslassen des Vaters nicht um einen Zufall handelt, zeigt das Wort Jesu: „Auch sollt ihr niemand auf Erden euren Vater nennen; denn nur einer ist euer Vater, der im Himmel" (Mt 23,9). In der neuen Familie Jesu gibt es nur Kinder, keine Patriarchen. Wie die feministische Theologin Elizabeth Schüssler-Fiorenza bemerkt, unterläuft Jesus alle patriarchalen Strukturen, indem er den Namen „Vater" allein für Gott verwendet.[51] Keiner kann nun die Autorität des Vaters beanspruchen, weil diese Macht allein Gott gehört.

Die Menschen werden selbstverständlich weiterhin in natürliche Familien hineingeboren werden. Die Familie ist nicht in sich schlecht, sie hat einen hohen Wert. Wie jede Macht wurde sie von Gott erschaffen und ist daher heilig, gerecht und gut; sie ist zwar gefallen, steht aber der Erlösung offen. Die Familie muss deshalb geschützt werden. Eine radikale Nachfolge darf nicht in eine gefühllose Missachtung von Eltern (vgl. Mk 7,9–13), Ehegatten (vgl. Mk 10,1–2) oder Kindern (vgl. Mk 9,37; 10,13–16) münden. Dennoch kann die Familie kritisiert und vor dem Hintergrund der neuen Familie, die Jesus gegründet hat, infrage gestellt werden. Das Ziel ist nicht die Beseitigung der Familie, sondern ihre Verwandlung in eine nicht-patriarchale, von Gegenseitigkeit und Liebe gekennzeichnete Gemeinschaft. So kann sie ein Modell der neuen Familie Jesu sein. In diesem Kontext können wir manche Appelle, die eine Wiederbelebung der „familiären Werte" intendieren, als Versuche entlarven, die patriarchale Herrschaft wiederherzustellen.

Im Lichte der Lehre Jesu wird auch die überraschend kritische Haltung des Paulus zur Familie in 1 Kor 7 verständlicher. Dort nimmt Paulus nicht etwa das unmittelbar bevorstehende Ende der Geschichte vorweg, sondern er versucht, die Gläubigen aus derjenigen gesellschaftlichen Institution herauszulösen, die die Persönlichkeit am stärksten prägt. Manche Frau aus Korinth mag die Freiheit begrüßt haben, nicht heiraten, nicht bis zu vierzehn Kinder gebären und kein auf den Haushalt begrenztes Leben führen zu müssen. Paulus hat möglicherweise dem Geist Jesu hier näher gestanden als ihm oft zugeschrieben wird.

In Bezug auf die Heiligkeitsbestimmungen, auf das Gesetz, das Beziehungen zu Nicht-Juden, zum Tempel, zum Opfer und weitere Fragen regelt, hat die Kirche die Lehren Jesu weiterentwickelt. In Bezug auf die Familie und die Rolle der Frau sowie alle Angelegenheiten, die mit der männlichen Vorherrschaft verbunden sind, hat die Kirche Jesu Position allerdings aufgeweicht, kompromittiert und schließlich ganz aufgegeben.

Vom Gesetz und von Gesetzen

Das Gesetz ist ein notwendiger Deich gegen die Überflutung durch Anarchie und Gewalt. Die Menschheit kann ohne Gesetze nicht bestehen. Paulus hat deutlich erkannt, dass das Gesetz „heilig, gerecht und gut" ist (Röm 7,12), weil es durchaus dazu dient, manche Form der Gewalt einzudämmen und gewisse Werte, die für das Überleben menschlicher Gemeinschaften notwendig sind, zu schützen. Das Gesetz schützt die Rechtsgleichheit und die Achtung des Anderen sowie seines Eigentums; es verbietet, andere zu töten und zu schädigen.

Zugleich aber ist das Gesetz durch Sünde und Herrschaft bestimmt (vgl. Röm 7,7–13). Es steht im Bann der Gewalt bezüglich seiner Durchsetzung. Das Gesetz ist verstrickt in das Ringen um Macht, es ist sowohl ein Instrument als auch eine Quelle der Gewalt, so wird seine Brauchbarkeit für die Verminderung von Gewalt begrenzt. Im jüdischen Kontext hat das Gesetz Regeln geheiligt, die Frauen herabsetzen und Nichtjuden entmenschlichen, es hat im Namen Jahwes unbegrenzte Gewalt, ja sogar Genozid gutgeheißen, das Opfern zahlloser Tiere vorgesehen und das Patriarchat institutionalisiert.[52]

Wie jede Macht ist auch das Gesetz zugleich gut, gefallen und erlösungsbedürftig. In ihrer Gesetzeskritik haben Jesus und Paulus nicht das Judentum als solches attackiert, sondern das Herrschaftssystem insgesamt, das das Gesetz für die eigenen Ziele untergraben hatte. Sie wollten das Gesetz auf seine ursprüngliche Intention zurückführen.

Vom Opfer und vom Opferkult

Bereits vor der Zerstörung des Tempels bezeichnete die frühe Kirche sich selbst, ja sogar einzelne ihrer Mitglieder, als Tempel des Heiligen Geistes (vgl. 1 Kor 6,19f). Matthäus greift das prophetische Thema auf, dass Gott Barmherzigkeit und nicht Opfer will (vgl. Mt 9,13; 12,7; Hos 6,6); Stephanus verurteilt den Tempel ausdrücklich (vgl. Apg 7), und Paulus sieht im Tod Jesu das Ende des Opferkults. Die Tradition besagt, dass beim Tod Jesu der Vorhang vor dem Allerheiligsten von oben bis unten zerriss (vgl. Mk 15,38), ein symbolischer Ausdruck dafür, dass die Kirche die Heilsmacht des Tempels für beendet hielt.

Wir können nicht Jesu Gedanken lesen und sein genaues Motiv für den Angriff auf den Tempel nachvollziehen. Was auch immer er durch diese Handlung bezweckt haben mag, die Kirche hat allmählich erkannt, dass sein Leben und seine Lehre die Theologie der Heiligkeit, auf der der Tempelkult basiert, untergraben haben.

Die Kirche ist zu der Überzeugung gekommen, dass Jesu Tod das ganze Opfersystem bloßgestellt und annulliert hat. Mit seinem Tod ist dem Schlachten im Tempel und damit der Notwendigkeit heiliger Gewalt ein Ende gesetzt worden. Jesu Kreuzigung hat das innere Wesen des Opfersystems aufgedeckt, das das Bedürfnis nach einer stellvertretenden Schlachtung in die Gottheit hinein projiziert. Wenn aber Gottes Zorn nicht durch Blut besänftigt werden muss, wenn Gott ein liebender Vater ist, der uns sogar vergibt, bevor wir Reue zeigen, dann ist das ganze Unterfangen des Opferkults, die größte Einzelindustrie in ganz Palästina, die Tausende von Arbeitern beschäftigte, null und nichtig. Die Kirche verstand den Tod Jesu als das Opfer, das allen Opfern ein Ende bereitet hat; als endgültiges Opfer, das den Opferkult selbst als eine Perversion des göttlichen Willens enthüllt hat. Die Gläubigen sollen als Glieder des Leibes Christi in der Welt sich selbst als lebendige Opfer hingeben (vgl. Röm 12,1).

Die Mächte hatten ihre letzte Strafmaßnahme gegen Jesus eingesetzt und ihn nicht zum Schweigen bringen können. Nicht einmal der Tod konnte ihn festhalten. Wenn aber ein einfacher galiläischer Handwerker tatsächlich dem gesamten Herrschaftssystem widerstanden und dabei *gesiegt* hat, dann ist die Macht der herrschenden Mächte doch nicht endgültig. Eine andere Macht wirkt im Universum, so wie Wasser den Stein schneidet: gewaltfreie Liebe.

Jesu umfassende Vision

Wenn wir auf Jesu Wirken zurückblicken, ist das, was mit erfrischender Deutlichkeit hervortritt, der *umfassende* Charakter seiner Vision. Er hat sich nicht darauf beschränkt, einen neuen Flicken auf ein altes Kleidungsstück zu nähen oder neuen Wein in alte Schläuche zu füllen (vgl. Mk 2,21f). Er war weder ein Reformer, der andere, bessere Interpretationen des Gesetzes bot, noch war er ein Revolutionär, der versuchte, eine unterdrückerische Macht durch eine andere zu ersetzen (vgl. Mk 12,13–17). Er ging über die Revolution hinaus. Sein Kampf galt den grundlegenden Annahmen und Strukturen der Unterdrückung, dem Herrschaftssystem an sich. Die gewaltsame Revolution misslingt, weil sie nicht revolutionär genug ist. Sie verändert die Regierungen, aber nicht die Regeln, die Ziele, aber nicht die Mittel. Die meisten alten, repressiven Werte und trügerischen Grundannahmen bleiben erhalten. Jesu Vision war eine verwandelte Welt, in der sowohl die Menschen als auch die Mächte sich mit dem Höchsten in Einklang befinden und sich dem Gemeinwohl widmen, dem also, was von manchen als „Königsherrschaft" Gottes bezeichnet wird.

Hätte Jesus nie gelebt, wir hätten ihn nicht erfinden können. Nicht die Welt und nicht einmal die Kirche hatte Kategorien für eine derart grundlegende Veränderung. Es verwundert nicht, dass die Radikalität Jesu durch die Kirche bald verwässert wurde. Aber seine Wahrheit hat sich als unauslöschlich erwiesen. Wie auch immer wir die kommende neue Ordnung Gottes bezeichnen mögen, wie lange es auch dauern mag, sie auf der Erde zu verwirklichen, wir wissen, dass sie die von Jesus artikulierten Werte verkörpern wird.

Kapitel 4

Die Gewaltspirale durchbrechen

Wenn die Mächte dieser Welt den geringsten Hauch von Gottes neuer Ordnung wittern, bieten sie ohne Umschweife all ihre Kräfte auf, um diese Ordnung zu zerschlagen. Noch bevor die volle Wut der Mächte gegen Jesus selbst entfesselt wurde, hat er offenbar das Ergebnis der Konfrontation vorausgesagt. Die Mächte sind so gewaltig, und der Widerstand ist so schwach, dass jeder Versuch einer grundlegenden Veränderung zum Scheitern verurteilt scheint. Die herrschenden Mächte sind nicht mit einem bloßen Sieg zufrieden; sie brauchen einen großen Sieg, der den Widerstand demoralisiert, bevor er bedeutsam werden kann. Willkürliche Gewalt, Spott und Hohn und abschreckend brutale Arten der Hinrichtung sind typisch für die herrschenden Mächte, sind normal und nichts Außergewöhnliches. Jesus starb wie es alle anderen taten, die die weltbeherrschenden Mächte herausgefordert haben.

Die Macht des Kreuzes

Im Falle Jesu ist allerdings etwas schiefgelaufen. Die Mächte haben ihn ausgepeitscht, aber mit jedem Schlag haben sie ihre eigene Unrechtmäßigkeit offenbart. Sie haben ihn mit einem Gewand und einer Dornenkrone verhöhnt, ihn angespuckt, ihm mit einem Schilfrohr auf den Kopf geschlagen und ihn mit der ironischen Anrufung „Heil dir, König der Juden!“ (Joh 19,3) lächerlich gemacht – ohne zu wissen, wie dieser Ruf durch die Jahrhunderte hindurch widerhallen würde. Sie erniedrigten ihn, zogen ihn nackt aus und kreuzigten ihn. Sie ahnten nicht, dass es gerade dieser Akt war, der die herrschenden Mächte ihrer letzten Verhüllung beraubte. Der Schleier, der das maßlose Unrecht ihrer durch Gewalt allein aufrechterhaltenen Lebensweise verbarg, ist zerstört. Sie haben ihn ans Kreuz genagelt, ohne zu erkennen, dass sie mit jedem Hammerschlag den Offenbarungseid leisteten, der vor der ganzen Welt zur Verurteilung des Herrschaftssystems führen würde (vgl. Kol 2,13).

Jesus wurde nicht durch Unglauben getötet, sondern durch Religion; nicht durch Gesetzlosigkeit, sondern durch das Gesetz, nicht durch Anarchie, sondern durch die Vertreter der Ordnung. Die Täter waren keine Bestien, sondern gerade die Menschen, die man für die besten hielt; sie haben den

Mann gekreuzigt, in dem die göttliche Weisheit sichtbar inkarniert war. Und da er nicht nur unschuldig war, sondern selbst die wahre Religion, das wahre Gesetz, die wahre Ordnung verkörperte, hat dieses Opfer den gesamten gewaltsamen Opferkult der Mächte entlarvt: Dieser ist kein Schutz für die Gesellschaft, sondern ein Angriff auf Gott.

Dem französischen Philosophen René Girard zufolge hat Jesu Tod gezeigt, dass das Opfersystem eine Form organisierter Gewalt im Dienst der gesellschaftlichen Befriedung darstellt. Das Opfersystem ist wie eine Impfung, bei der man ein wenig Gewalt gegen ein einziges Opfer ausübt, um zu verhindern, dass eine größere, viel schlimmere Gewalt die Gesellschaft überflutet. Kajaphas hat diesen Sündenbockmechanismus zum Ausdruck gebracht, als er behauptete, es sei besser, Jesus sterben zu lassen, als das ganze Land in den Krieg zu stürzen (vgl. Joh 11,50).

Es gibt aber, nach Girard, in der Welt eine Gegenkraft gegen die Macht des Opfermythos, des Opferritus und der Opferreligion. Es gibt eine Macht, die „die unsterbliche Lüge" offenlegt: das christliche Evangelium. Girard versteht die hebräische Bibel insgesamt als langen, mühsamen Auszug aus der Welt der Gewalt, ein wiederholt von Rückfällen heimgesuchter Auszug. Die Funktionsweise des Sündenbockmechanismus blieb teilweise verborgen, und trotz der Bemühungen der Propheten Israels wurde das alte Opferverständnis nie völlig entlarvt. Dennoch hatte der Prozess des Auszugs begonnen.[53]

Die Gewalt im Alten Testament ist für die Christenheit immer ein Skandal gewesen. Die Kirche hat sich meist vor dem Problem gedrückt, entweder, indem sie das Alte Testament allegorisierte, oder, indem sie es vollständig zurückwies. Der Theologe Raymund Schwager führt sechshundert Passagen expliziter Gewalt in der hebräischen Bibel an, tausend Verse, in denen Gottes eigene strafende Gewalthandlungen beschrieben werden, hundert Passagen, in denen Jahwe ausdrücklich befiehlt, Menschen zu töten, und mehrere Geschichten, in denen Gott völlig irrational und ohne ersichtlichen Grund tötet oder zu töten versucht (z. B. Ex 4,24–26). Gewaltausübung, schreibt Schwager schließlich, ist die mit Abstand am häufigsten erwähnte Aktivität in der hebräischen Bibel.[54]

Diese Gewalt ist zum Teil ein Überrest falscher Gottesvorstellungen, ein Relikt der Menschheitsgeschichte. Hier liegt aber auch der Anfang eines Prozesses, durch den der Sündenbockmechanismus ins Bewusstsein gehoben wird, damit die Projektionen auf Gott zurückgenommen werden können. In Israel gibt es zum ersten Mal in der Menschheitsgeschichte eine Identifikation Gottes mit den Opfern der Gewalt (so in der Exodus-Tradition oder bei den Propheten). Andere Mythen, schreibt Girard, sind vom Standpunkt der

Täter, vom Standpunkt derer an der Spitze der Macht aus geschrieben. Die prophetische Herrschaftskritik in der hebräischen Bibel ist allerdings weiterhin mit Texten vermischt, die Israel aufrufen, seine Feinde jetzt oder am Ende der Zeiten zu vernichten (vgl. Mich 4,13; Joël 3,1–21).

In der hebräischen Bibel werden die Gott als Urheber zugeschriebenen Strafen normalerweise von Menschen ausgeführt, indem diese sich gegenseitig angreifen. Das zeige, meint Schwager, dass die eigentliche Initiative für das Töten nicht von Gott ausgeht, sondern von rachsüchtigen Menschen auf Gott projiziert wird. Die Anhänger Jahwes projizierten ihre eigene Eifersucht auf Gott und stellten ihn als genauso eifersüchtig dar, wie sie es selbst waren. Dennoch kommt etwas Neues zum Vorschein: Jahwe selbst besteht offen auf dieser Eifersucht und fängt an, seine einzigartige Beziehung zu Israel als eine Beziehung der Liebe zu offenbaren.

Die Gewalt in der Bibel ist die notwendige Voraussetzung für das schrittweise Verstehen ihrer Bedeutung. Es dürfte nicht allzu sehr überraschen, dass die wirkliche Natur der Gewalt in einer gewalttätigen Gesellschaft erkannt wurde. Das Problem der Gewalt zeigte sich im Zentrum der Gewalt selbst, in der durch Krieg am stärksten verwüsteten Region der Erde, unter einem immer wieder unterjochten Volk, das es nie geschafft hat, die Macht zu ergreifen und für einen längeren Zeitraum festzuhalten. Die uns heute so unangenehm berührende Gewalttätigkeit in der Schrift wurde zum Mittel, um zu zeigen, was geheiligte Gewalt in Wahrheit bedeutet: eine im Namen Gottes an den Opfern vollzogene Lüge. Gott bediente sich der Gewalt, um Gewalt bloßzustellen und um die göttliche Natur als gewaltfrei zu offenbaren.

Im Neuen Testament wird der Sündenbockmechanismus vollständig enthüllt und widerrufen. Hier haben wir endlich, behauptet Girard, eine aus der Perspektive der Opfer geschriebene Sammlung von Büchern. Die Schrift rehabilitiert die Leidenden und Verfolgten. Gott wird nicht als derjenige offenbart, der das Opfer fordert, sondern als derjenige, der die Rolle des Geopferten übernimmt. Von der Genesis bis zur Offenbarung schreien die Opfer nach Gerechtigkeit und Befreiung aus der Welt der Gewalt, in der sie zu Sündenböcken gemacht werden. Im Kreuz finden diese Schreie ihre Anerkennung.

Jesu Tod war weder in Bezug auf seine Leiden noch auf die Tatsache seiner Verfolgung oder auf seine Rolle als Sündenbock einzigartig. Ebenso wenig war die Koalition der gesamten Mächte seiner Welt etwas Einmaliges, die Entschlossenheit, einen Mann für das Volk sterben zu lassen, damit die Nation nicht zerstört werde (vgl. Joh 11,50). Was uns verwundert, ist nach Girard die Tatsache, dass im Gegensatz zu anderen mythischen, politischen und philosophischen Texten das Evangelium das Urteil dieser Macht als völlig verfehlt brandmarkt, als perfektes Beispiel der Unwahrheit, als ein Verbrechen gegen Gott. Die Evangelien wollen verdeutlichen, dass die Anschuldigungen gegen Jesus nicht haltbar sind. Sie wollen damit nicht dem Verdacht der Subversion begegnen, sondern den Sündenbockmechanismus unterminieren, indem sie deutlich machen, dass der angebliche Feind des Staates und der Religion in Wirklichkeit ein unschuldiges Opfer ist.

Jesus übernahm nie die Sichtweise seiner Verfolger, indem er auf Rache sann. Jegliche Komplizenschaft mit der Gewalt lehnte er ab. Darüber hinaus haben seine Festnahme, der Prozess, die Kreuzigung und sein Tod den Sündenbockmechanismus seiner heiligen Aura beraubt und ihn als das entlarvt, was er in Wirklichkeit ist: legalisierter Mord. Auch der Tod anderer Zeugen (Oscar Romero, Martin Luther King, Mahatma Gandhi u. a.) spiegelt die gleiche Wahrheit wider, die im Sterben Jesu offenbar wurde, und setzt so seine offenbarende Wirkung fort.

Die frühe Kirche war nicht in der Lage, die Intensität dieser Offenbarung aufrechtzuerhalten. Sie hat Gottes Absicht, den Sündenbockmechanismus aufzudecken, mit der Idee verwechselt, Gott habe Jesu Tod beabsichtigt. Das führte sie dazu, die neue Offenbarung in die alte Sündenbocktheologie einzufügen. Demzufolge wurde Jesus von Gott gesandt, um der *letzte* Sündenbock zu sein und um uns ein für alle Mal mit Gott zu versöhnen (vgl. den Brief an die Hebräer).

Dadurch wurden allerdings die herrschenden Mächte freigesprochen. Die frühesten Briefe wie auch alle Evangelien bezeugen, dass Jesus durch die herrschenden Mächte hingerichtet wurde. Jesu eigene Ansicht zu seinem unvermeidlichen Tod scheint gewesen zu sein, dass die gewaltfreie Königsherrschaft Gottes nie ohne äußerste Opposition verwirklicht werden könne und daher auch nie ohne einen gewaltsamen Gegenschlag des Herrschaftssystems: „Seit den Tagen Johannes des Täufers bis heute hat die Königsherrschaft Gottes Gewalt erlitten" (Mt 11,12 Übers. Wink). Nun aber behauptete die christliche Theologie, dass es *Gott* selbst ist, der Jesus als Opferlamm an unserer Stelle vorgesehen hat; dass Gott der Beleidigte und Zornige ist, der durch das Opfer des Blutes besänftigt werden muss; dass Gott letztendlich sowohl Opfernder als auch Opfer ist. Jesus hörte auf, ein wegen seiner Integrität hingerichteter Mensch zu sein und wird zu einem „Gottmenschen, der Gott adäquate Sühne für uns alle darbieten kann", wie es im vierten Jahrhundert der Theologe Basilius der Große ausgedrückt hat. Anstatt dass Gott durch Jesu gewaltfreie Selbstopferung am Kreuz über die herrschenden Mächte triumphiert, geraten diese aus dem Blick, und Gott ist in eine Handlung involviert, die gänzlich innerhalb seiner Person stattfindet. Was ist das aber für ein Gott, dessen eigene Gesetzesbilanz nur durch den Tod eines unschuldigen Opfers ausgeglichen werden kann? Jesus selbst hat den Menschen einfach Vergebung verkündet in der Gewissheit, dass er die Absicht Gottes aussprach (vgl. Mk 2,1–12). Warum ist dann noch ein Opfer nötig, um Vergebung zu ermöglichen? Zeigt Jesu Tod nicht, dass solche Opfer überhaupt unnötig sind?

Paulus zeigt dem Opfer Christi gegenüber eine gewisse Ambivalenz. Eine Seite dieser Ambivalenz hat Girard betont, seine Kritiker die andere. Für Paulus bedeutet Christus einerseits das *Ende* des Opferkults und die Offenlegung des Sündenbockmechanismus, wie Girard richtig erkennt. Indem er aber Jesus als Opfer hinstellt, lässt Paulus glauben, dass Gott Jesus zum *letzten* „Opfer der Sühne durch sein Blut" (Röm 3,25 Übers. Wink) gemacht hat. Wenn Christi Tod uns vor dem Zorn Gottes rettet (vgl. Röm 5,9), wenn Jesus von Gott als Sündopfer gesandt wurde (vgl. 1 Kor 15,3; Röm 8,3), wenn Christus das Paschalamm ist, das an unserer Stelle geopfert wird (vgl. 1 Kor 5,7), dann erscheint es so, als müsse der Zorn Gottes tatsächlich besänftigt werden. Paulus war offenbar nicht in der Lage, die Erkenntnis, dass Christus das *Ende* des Opfers bedeutet, von dem Gedanken, Christus sei das *endgültige* Opfer, dessen Tod uns mit Gott versöhnt, durchgehend zu unterscheiden. Und das Christentum hat seither unter dieser Uneindeutigkeit gelitten.

Der Gott, den Jesus als nicht länger rachsüchtig, sondern als bedingungslos liebend offenbart hat, der einer Genugtuung durch Blut nicht bedarf, dieser Gott der Barmherzigkeit wurde von der Kirche in einen zornigen Gott verwandelt. Die Forderung dieses Gottes nach Sühne durch Blut führte dazu, dass Gott unseretwegen den Tod seines eigenen Sohnes benötigt. Der gewaltfreie Gott Jesu wird zu einem Gott beispielloser Gewalttätigkeit, da Gott angeblich nicht nur das Blut desjenigen Opfers verlangt, das ihm am kostbarsten ist, sondern auch noch die Menschheit verantwortlich macht für einen Tod, den Gott selber vorhersieht und für erforderlich hält. Gegen solch ein Gottesbild ist das Aufbegehren des Atheismus ein wahrhaft religiöser Akt.

Im Gegensatz dazu enthält sich der von Jesus offenbarte Gott aller Formen der Vergeltung. Gott billigt keine heiligen oder gerechten Kriege. Gott heißt keine Religionen der Gewalt gut. Nur indem er selbst durch Gewalt hinausgetrieben wurde, konnte Gott der Menschheit signalisieren, dass das Göttliche grundlegend gewaltfrei ist und sich gegen die Herrschaft der Gewalt stellt. Der falsche Gott verwandelt Leiden in Gewalt, der wahre Gott dagegen verwandelt Gewalt in Leiden, so die Mystikerin des zwanzigsten Jahrhunderts, Simone Weil. Ein Nachkomme des wahren Gottes zu sein, erfordert die unbedingte Absage an Gewalt. Die Königsherrschaft Gottes bedeutet die

Beseitigung jeder Form der Gewalt, sowohl zwischen Individuen als auch zwischen Nationen. Sie ist eine neue Wirklichkeit und eröffnet Möglichkeiten, welche sich diejenigen, die in ihrem Vertrauen auf Gewalt gefangen sind, nicht einmal vorstellen können.

In den ersten Jahrhunderten lebte die Kirche im Konflikt mit dem Römischen Reich und bediente sich der Vorstellung eines Konflikts, um die rettende Macht des Kreuzes zu erklären. Gott und Satan waren in einen kosmischen Kampf verwickelt. Der Sohn Gottes wurde Mensch, so schrieb der Apologet Justin der Märtyrer im zweiten Jahrhundert, „um die Dämonen zu zerstören". Zwei unvereinbare Systeme rangen um die Treue der Menschheit. Die „Christus-Sieger-Vorstellung" der Sühne verkündete den durch das Herrschaftssystem betrogenen und versklavten Menschen die Befreiung der Gefangenen. Und sie stellte Jesus als jemanden dar, der sich diesem System mit aller Kraft widersetzte.

Nach der Bekehrung des Kaisers Konstantin übernahm allerdings das Römische Reich von der Kirche die Rolle des durch göttliche Vorsehung bestimmten Bevollmächtigten Gottes in der Welt. Nachdem das Christentum einmal die offizielle Religion des Reiches geworden war, so der Theologe J. Denny Weaver, wurde sein Erfolg mit dem Erfolg des Reiches verbunden und der Erhalt des Reiches zum entscheidenden Kriterium für ethisches Handeln.[55] Die „Christus-Sieger-Vorstellung" fiel nicht wegen ihrer immanenten Schwächen in Ungnade, sondern weil sie die Rolle der Kirche als Staatsreligion unterlief. Die Kirche betrachtete das Dämonische nicht länger als dem Reich, sondern als den Feinden des Reiches innewohnend. Da man die Gesellschaft nun als christlich betrachtete, wurde die Buße eine hoch individuelle Handlung zwischen dem Gläubigen und Gott. Die Vorstellung, das Werk Christi schließe eine radikale Kritik der Gesellschaft mit ein, wurde weitgehend fallengelassen.

Die „Christus-Sieger-Vorstellung" der Sühne besagt dagegen, dass es gerade die Mächte selbst sind, die von Christus überwunden wurden. Die Vergebung, von der in Kolosser 2,13–15 die Rede ist, ist die Vergebung für unsere Komplizenschaft, sowohl bei unserer eigenen Unterdrückung als auch bei der Unterdrückung anderer. Unsere Entfremdung resultiert nicht allein aus unserer Rebellion gegen Gott, sie entspringt auch unserer durch entfremdende Regeln und Forderungen geprägten Sozialisation. Wir geben unser eigentliches Wesen nicht freiwillig auf, es wird uns durch die Mächte gestohlen. Bis wir das Alter der freien Entscheidung erreichen, werden unsere Entscheidungen zum großen Teil durch ein System für uns getroffen, dem unsere Einzigartigkeit nichts bedeutet. Das religiöse Gesetz ist selbst eine der Mächte, die uns von der Liebe Gottes trennen; es ist der „Buchstabe" der „tötet" (2 Kor 3,6). Deswegen hat Jesus „sein Leben hingegeben, um uns aus dieser Epoche der Herrschaft *[aion]* zu befreien" (Gal 1,4 Übers. Wink).

Dem Christentum ist es insgesamt ebenso wenig wie dem Judentum gelungen, die Gewalt im Zentrum der Gesellschaft zu demaskieren. Seine Anpassung an die Machtpolitik durch die endlos formbare Ideologie des gerechten Krieges, seine Aufgabe der „Christus-Sieger-Vorstellung" von Sühne und Versöhnung zugunsten der Idee der Sühne durch Blut, seine Projektion der Gottesherrschaft ins Jenseits oder in eine entfernte Zukunft – das alles hat die Botschaft der Kirche ihrer radikalsten Elemente beraubt. Jesus wurde vergöttlicht. Die Messe wurde (nach der Theologie des Konzils von Trient) ein fortwährendes Opfer, statt das Ende allen Opferns darzustellen. Und alle Juden wurden zu Sündenböcken für den Tod Jesu gemacht, sodass der Sündenbockzyklus immer wieder neu zu seinem gewaltsamen Lauf ansetzen konnte.

Dennoch stand die eigentliche Geschichte für alle Zeit lesbar in den Evangelien. Und sie arbeitet weiter wie eine Kapsel mit verzögerter Wirkstoffabgabe, wie ein Gegengift gegen den Sündenbockmechanismus, der immer noch in der Welt offizielle Billigung findet (wenn auch mit verminderter Glaubwürdigkeit). Die gegenwärtige Kultur kann das Aussterben des Sündenbockmechanismus nicht überleben, behauptet Girard. Das Herrschaftssystem erwächst aus der grundlegenden Überzeugung, dass Gewalt nur durch Gewalt zu überwinden ist. Wo auch immer das Evangelium wirklich gehört wird, ist der Sündenbockmechanismus machtlos, die Berichte von ihren offiziellen Maßnahmen werden den Verfolgern nicht mehr geglaubt, und die Beteiligung der Mächte an der Hinrichtung unschuldiger Opfer wird als Justizmord demaskiert. (Darin liegt die welthistorische Bedeutung der Entlarvung der offiziell gebilligten Folter durch Gruppen wie Amnesty International und Human Rights Watch.)

Paulus schreibt: „Vielmehr bringe ich Gottes geheimnisvolle Weisheit. Schon bevor Gott die Welt schuf, fasste er den Plan, uns an seiner Herrlichkeit Anteil zu geben. Aber er hielt diesen Plan verborgen. Keine der herrschenden Mächte *[archon]* dieser Welt hat ihn verstanden. Sonst hätten sie den Herrn der Herrlichkeit nicht ans Kreuz gebracht" (1 Kor 2,7–8 Übers. Wink). Diese seit dem Ursprung der Welt geheim gebliebene Weisheit ist der Sündenbockmechanismus. Die Regierenden hätten Jesus nie gekreuzigt, wenn ihnen klar gewesen wäre, dass sie sich dadurch selbst demaskierten.

Raymund Schwager führt die Gedanken Girards noch einen Schritt weiter. Jesus selbst „hat unsere Sünden mit seinem Leib auf das Holz des Kreuzes getragen" (1 Petr 2,24), nicht um Gott mit uns zu versöhnen, wie es die

Vorstellung einer Sühne durch Blut impliziert, sondern um uns mit Gott zu versöhnen (vgl. 2 Kor 5,18). Gott hat auf jegliche Aufrechnung von Sünden verzichtet: Eine Rückzahlung ist weder nötig noch überhaupt möglich. Gott ist kein strenger und unbeugsamer Beamter, sondern ein liebender Elternteil. Warum war dann eine erlösende Handlung nötig? Weil unser Groll gegen Gott und unser Wille zum Töten uns unfähig machen, uns Gott zuzuwenden. „Gott bedarf keiner Genugtuung, wohl aber muß der Mensch aus seinem eigenen Gefängnis herausgeholt werden, damit er fähig wird, das reine Geschenk der zuvorkommenden Liebe anzunehmen ... Nicht Gott muß besänftigt, sondern die Menschen müssen von ihrem Hass (auf Gott) erlöst werden."[56]

Jesus hat die durch Obrigkeiten und Mächte gegen ihn gerichtete Gewalt aufgefangen und diese dennoch geliebt. Wenn die Menschheit denjenigen getötet hat, der Gottes Absicht für unser Leben voll und ganz verkörperte, und wenn Gott uns dennoch liebt, dann ist der Versuch überflüssig, Gottes Liebe verdienen zu wollen. Und wenn Gott uns unbedingt liebt, besteht keine Notwendigkeit, eine bedingte Liebe bei all den vielfältigen Mächten zu suchen, die uns im Gegenzug für unsere Hingabe eine Belohnung versprechen.

Als die frühen Christen verkündeten, dass „in keinem anderen das Heil zu finden ist" (Apg 4,12), sollte das in einem engen Sinn verstanden werden: Durch Jesus wird der Sündenbockmechanismus überwunden und die Spirale der Gewalt unterbrochen. Nichts ist verborgen, außer, damit es offenbart wird (vgl. Mk 4,22): Sogar durch „Verschwundene" und Gefolterte wird die Gewalt des Herrschaftssystems aufgedeckt. Die ideologischen Rechtfertigungen der Mächte zugunsten des Sündenbockmechanismus (Antikommunismus, Antikapitalismus, Nationale Sicherheit) verlieren heute zunehmend an Überzeugungskraft. Es ist ein Problem, dass eine Gesellschaft einen ihrer besten Verteidigungsmechanismen gegen Gewalt verliert, wenn das Evangelium dieser Gesellschaft den Sündenbockmechanismus erst einmal entzogen hat. Wenn dann Gewalt auftritt, wird sie nicht durch einen Rachegott verübt, sondern durch uns selber. Der „Zorn" oder das Gericht Gottes besteht genau darin, dass Gott uns „preisgegeben" hat an die Konsequenzen unserer eigenen Gewalt (vgl. Röm 1,18–32; Apg 7,42). Entweder wir lernen, die Spirale der Gewalt und der Schuldzuweisung anzuhalten, oder wir verzehren uns selbst, des Sündenbockmechanismus als Ventil für unsere Gewalttätigkeiten beraubt, in einer Apokalypse des Feuers.

Den Mächten sterben

Man kann sich von den Mächten nicht durch einen Frontalangriff befreien. Eher „entstirbt" man ihrer Kontrolle. „Wer sein Leben zu bewahren sucht, wird es verlieren, wer es dagegen verliert, wird es gewinnen" (Lk 17,33). Auch hier ist das Kreuz das Modell: Wir werden nicht befreit, indem wir gegen das, was uns versklavt, zurückschlagen, sondern durch die Bereitschaft, eher zu sterben, als uns seinem Befehl zu beugen, denn unser Zurückschlagen würde nur zeigen, dass uns nach wie vor die Gewalt regiert.

Was ist das für ein seltsames Rezept, die Befreiung aus der Macht des Todes durch die Macht des Sterbens? Wir seien durch die Mächte getötet worden, sagt der Epheserbrief: „Ihr ward tot durch eure Übertretungen und Sünden, in denen ihr einst gewandelt seid, folgend dem Weg des Herrschaftssystems *(kosmos)*" (nach Eph 2,1–2 Übers. Wink). Wie kann aber das Sterben die Toten erwecken?

Wir sind tot, insofern wir eingebunden wurden in Strukturen der Ungerechtigkeit. Wir starben Stück für Stück, als uns Erwartungen aufgezwungen wurden, die unserem eigentlichen Wesen fremd sind. Wir starben, als wir anfingen, an unserer eigenen Entfremdung und der anderer Menschen mitschuldig zu werden. Wir starben, als wir begannen, unsere Fesseln zu lieben, sie zu erklären, zu rechtfertigen und sogar zu verteidigen. Wir starben, als wir uns selbst an die Stelle Gottes setzten und versuchten, unser eigenes Leben zu kontrollieren. Nun müssen wir – durch eine Art himmlischer Homöopathie – das, was uns getötet hat, selbst schlucken, um wieder lebendig zu werden.

Wir haben alle bereits verloren, was unser Weg hätte sein sollen, wenn wir ihn nur zu finden gewusst hätten (vgl. Röm 3,9–20). Es hilft allerdings nichts: Kinder müssen sozialisiert werden, Regeln, Sitten, Gewohnheiten müssen gelernt werden, und zwar unter der Aufsicht des Herrschaftssystems. So werden Kindern zusammen mit vielen guten und notwendigen Dingen auch Rassenvorurteile, Chauvinismus, unersättliches Konsumstreben und Hass gegenüber Anderen, die nicht wie sie sind, anerzogen. Aber es hilft nichts: Irgendwann müssen wir beginnen, wir selbst zu werden. Deshalb müssen wir, die wir tot sind, unserer angelernten Vorliebe für Herrschaft „entsterben".

Warum benutzt das Neue Testament diese Vorstellung von Tod für den Prozess, sich von den Mächten zu befreien? Weil, wie es ein Vorreiter der Psychologie, Carl Gustav Jung, formuliert, das Unbewusste immer noch nach dem archaischen Grundsatz agiert, dass ein psychischer Zustand nicht geändert werden kann, ohne dass er vorher vernichtet wurde. Und die Vernichtung muss vollständig sein: „Die Gabe muss so gegeben werden, als würde sie zerstört."[57] Dies wurde symbolisiert durch die Nutzlosigkeit des vollständigen Brandopfers im israelitischen Opferkult; das ganze Opfer wurde vom Feuer verzehrt, sodass keiner von den Überresten profitieren konnte. Im Opfersystem wurde die Notwendigkeit, das Ich zu opfern, auf ein Tier projiziert. Wenn aber diese Projektion zurückgenommen wird, steht man vor der Aufgabe, dem gesellschaftlich geprägten Ich zu „entsterben", um zu werden, wer man eigentlich hätte sein sollen: „Bringt ihm euern Leib als *lebendiges* Opfer dar" (Röm 12,1 Übers. Wink).

Allerdings ist die „Wiedergeburt" nicht nur ein privates, inneres Ereignis. Sie schließt nämlich die Notwendigkeit ein, all demjenigen zu „entsterben", das uns in unserem gesellschaftlichen Umfeld uneigentlich geformt hat. Wir müssen sterben gegenüber Einstellungen wie Rassismus, falschem Patriotismus, Gier und Homophobie. Wir müssen, kurz gesagt, dem Herrschaftssystem gegenüber sterben, um wirklich zu leben. Paulus hat es so ausgedrückt: „Mir liegt es fern, mich zu rühmen, außer im Kreuz unseres Herrn Jesus Christus, der durch das Herrschaftssystem *(kosmos)* für mich gekreuzigt wurde und ich für dieses" (Gal 6,14 Übers. Wink).

Rationalisten müssen vielleicht der Vergötterung des Verstandes sterben, dominante Persönlichkeiten ihrer Macht und stolze Erfolgsmenschen ihren Leistungen gegenüber. Traditionell sind das allerdings eher Männer gewesen. Theologien, die von Männern geschrieben wurden, um ihrer eigenen Arroganz und ihrem eigenen Stolz entgegenzuwirken, werden häufig als unterdrückend erlebt von Frauen, die mit einer Bürde aus niedriger Selbstachtung, dem Verbot von Leistung und vorenthaltenen Chancen zu ringen haben. Diese Frauen müssen den Erwartungen und Verboten der patriarchalischen Gesellschaft gegenüber sterben. Sogar diejenigen, die ihres Lebens beraubt worden sind, müssen ihr Leben verlieren, um es zu finden. Sie müssen sterben gegenüber dem, was sie getötet hat.

Sowohl die Tiefenpsychologie als auch die östliche Mystik haben Profundes über den Tod des Ich zu sagen. Jung hat zum Beispiel die Ich-Zentriertheit als eine Art Besessenheit bezeichnet, ein „autonomer Komplex", der den größeren Dimensionen des Selbst gegenüber blind ist.[58] Diese Ansätze haben aber nicht deutlich gemacht, in welchem Maße das Ich auch ein Gewebe internalisierter *gesellschaftlicher* Konventionen ist, eine vom Herrschaftssystem erdachte Fabel, die wir als Definition des Selbst begreifen. Wir sind nicht nur vom Ich als autonomem *innerem* Komplex besessen, sondern auch von einem *äußeren* Geflecht internalisierter Überzeugungen. Dem zweifellos authentischen religiösen Erlebnis der „Wiedergeburt" gelingt es oft nicht, zu einem fundamental veränderten Leben zu führen, weil die soziale Dimension der Ich-Zentriertheit nicht angesprochen wird. Viele südafrikanische Christen starben ihrem privatisierten Ich gegenüber, aber „entstarben" nicht der Apartheid. Viele nordamerikanische Christen „entstarben" ihrem privatisierten Ego, nicht aber der Arroganz des amerikanischen Imperialismus. So kann das Sterben dem Ich gegenüber nur eine weitere, falsche Spiritualität sein, wenn sie nicht das Sterben gegenüber den herrschenden Mächten mit einschließt.

Wir können uns ebenso wenig durch das Ich vom Ich befreien, wie wir uns durch die Mächte von den Mächten befreien können. Das Ich muss sich vollständig neu auf Gott als Zentrum ausrichten. Dazu ist das Ich aber nicht fähig. Erforderlich ist daher die Kreuzigung des Ichs, wodurch es die Illusion verliert, das Zentrum der Psyche und des Universums zu bilden, und es dem größeren Selbst und dem Universum Gottes begegnet.

Das Ich entdeckt zu seiner Überraschung, dass es auf der anderen Seite der Vernichtung weiterlebt, auf ein neues Zentrum hin orientiert, das deckungsgleich mit dem Universum ist. Sich selbst zu verschenken, beweist, dass man ein Selbst zu verschenken hat. Paulus beschreibt das Erlebnis so:

„Ich bin mit Christus gekreuzigt worden; nicht mehr ich lebe, sondern Christus lebt in mir. Soweit ich aber jetzt noch in dieser Welt lebe, lebe ich im Glauben an den Sohn Gottes, der mich geliebt und sich für mich hingegeben hat." (Gal 2,19f)

Das Ich zerreißt sozusagen die falsche Urkunde, mit der es die Eigentümerschaft des Hauses beansprucht hat, und erkennt an, dass das ganze Grundstück Gott gehört. Und siehe da, Gott erlaubt dem Ich, weiterhin dort zu leben! Das Ich weiß nun ohne den geringsten Zweifel, wem das Haus gehört, wenn es auch durch die Macht der Gewohnheit unvermeidlich zurückfällt und so *handelt*, als wäre es Eigentümer des Hauses. Aber jetzt braucht es keinen so heftigen Ruck mehr, um diese Anmaßung aufzugeben. Meist reicht ein einfacher Hinweis. Das ist ein Grund, warum Christen Gottesdienst feiern. Es erinnert sie daran, wer Eigentümer des Hauses ist.

Die Aufgabe ist nicht der Sieg über das Ich durch das Ich (eine dauerhafte Falle bei allen Formen spirituellen Strebens), sondern die Hingabe des Ichs an die erlösende Initiative Gottes in seinem Kampf gegen die Mächte dieser Welt. Das bedeutet, die Ichzentriertheit nicht nur auf individueller, sondern auf kultureller und nationaler Ebene und sogar als gesamte Spezies loszulassen und unsere Begierden freiwillig den Bedürfnissen des gesamten Lebenssystems unterzuordnen. Da das Ich in den tausend Schlingen des entfremdenden Systems der Herrschaft gefangen war, ist der Prozess des Sterbens unserer Konditionierung gegenüber nie ganz vorüber.

Den Mächten gegenüber zu sterben ist am Ende nicht ein Weg, unsere Seelen zu retten, sondern uns einzufügen in das göttliche Bemühen, die widerspenstigen Mächte zu zügeln. Als Jesus sagte: „Wer sein Leben zu bewahren sucht, wird es verlieren; wer es dagegen verliert, wird es gewinnen" (Lk 17,33), zog er einen Strich in den Sand und fragte, ob wir bereit seien, darüber zu treten: aus einer Welt, in der Gewalt immer die ultimative Lösung ist, in eine andere Welt, in der die Spirale der Gewalt endlich durchbrochen ist, durch diejenigen, die bereit sind, ihre Wucht im eigenen Leib aufzufangen. Diese neue Art zu leben ist die Gewaltfreiheit, der „dritte Weg" Jesu.

Kapitel 5

Der dritte Weg Jesu

Viele eigentlich fromme Christen halten die Lehren Jesu über die Gewaltfreiheit schlicht für lebensfern und idealistisch, und das mit guten Gründen. „Die andere Wange hinhalten" ist zum Ausdruck für eine passive und unterwürfige Haltung geworden, die den christlichen Weg als feige und als komplizenhaft angesichts des Unrechts erscheinen lässt. „Dem Bösen nicht widerstehen" scheint jeder Opposition gegen das Böse das Rückgrat zu brechen und klingt wie ein Appell zur Unterwerfung. „Die zweite Meile mitgehen" ist zu einem Gemeinplatz geworden, der nicht mehr bedeutet als „tue ein wenig mehr", und ermutigt anscheinend zur Kollaboration mit dem Unterdrücker. Die Lehre Jesu ist, so betrachtet, lebensfern, masochistisch, ja sogar selbstmörderisch, eine Einladung an Schlägertypen und gewalttätige Ehepartner, auf ihre daniederliegenden christlichen Opfer auch noch zu treten.

Eine solche Passivität hat Jesus selbst nie an den Tag gelegt. Was auch immer die Quelle eines solchen Missverständnisses sein mag, derartig verdrehte Einstellungen sind eindeutig weder in Jesu Person noch in seiner Lehre zu finden. Diese stellt, in ihrem Kontext betrachtet, eine der revolutionärsten politischen Aussagen dar, die je gemacht wurden:

„Ihr habt gehört, dass gesagt worden ist: Auge für Auge und Zahn für Zahn. Ich aber sage euch: Leistet dem, der euch etwas Böses antut, keinen Widerstand, sondern wenn dich einer auf die rechte Wange schlägt, dann halt ihm auch die andere hin. Und wenn dich einer vor Gericht bringen will, um dir das Hemd wegzunehmen, dann lass ihm auch den Mantel. Und wenn dich einer zwingen will, eine Meile mit ihm zu gehen, dann geh zwei mit ihm" (Mt 5,38f; siehe auch Lk 6,29).

Traditionellerweise wird „leistet dem, der euch etwas Böses antut keinen Widerstand" verstanden als Aufforderung, sich dem Bösen *nicht zu widersetzen* – ein seltsamer Schluss, da Jesus sich selbst tatsächlich bei jeder Gelegenheit und mit allen Kräften dem Bösen widersetzt hat. Augustinus, ein Theologe des fünften Jahrhunderts, stimmte zwar damit überein, dass ein Christ sich nicht verteidigen darf. Er bemerkte aber, dass, wenn jemand *meinen Nächsten* angreift, das Gebot der Liebe von mir verlangt, ihn zu verteidigen, wenn nötig mit Waffen. Mit diesem geschickten Streich öffnete Augustinus der Theorie des gerechten Krieges und damit der militärischen Verteidigung des Römischen Reichs, dem Einsatz der Folter und der Todesstrafe die Tür. In seiner Folge rechtfertigen Christen bis heute Kriege, die aus Motiven rein nationalen Eigeninteresses geführt werden, als „gerecht".

Seltsamerweise haben auch einige Pazifisten diese Interpretation des Nicht-Widerstehens akzeptiert und deswegen direkte gewaltfreie Aktion und zivilen Ungehorsam als Nötigung und somit als eine Übertretung des Gesetzes Christi abgelehnt.

Doch lehrt das Evangelium keineswegs, das Böse widerstandslos hinzunehmen. Jesus rät zum Widerstand, aber zum gewaltlosen.[59] Das griechische Wort, das in Mt 5,39 mit „widerstehen" übersetzt wird, ist *antistenai*, was buchstäblich auch „gegenstehen" *(anti stenai)* bedeutet. Übersetzer haben aber dabei übersehen, dass *antistenai* in der griechischen Version des Alten Testaments am häufigsten als ein *terminus technicus* für die Kriegsführung gebraucht wird. Es bezeichnete den Aufmarsch gegnerischer Heere, bis sie aufeinander treffen. Dann „gingen sie in Stellung", das heißt sie kämpften. In Eph 6,13 wird genau dieses Bild verwendet: „Darum zieht die Rüstung Gottes an, damit ihr, wenn der böse Tag kommt, in der Lage seid, zu widerstehen *(antistenai),* und, wenn ihr alles getan habt, standhalten *(stenai)* könnt" (Übers. Wink). Es ist nicht das Bild eines halbbetäubten Boxers, der sich gerade noch auf den Füßen halten kann, sondern das von Soldaten, die ihren Mann stehen und sich weigern zu fliehen. Kurz gesagt bedeutet *antistenai* mehr, als nur dem Bösen zu „widerstehen". Es bedeutet, mit Gewalt zu widerstehen, zu revoltieren oder zu rebellieren, an einem bewaffneten Aufstand teilzunehmen.

Die vom englischen König James angestellten Bibelübersetzer des später als *King James Version* bekannten Werks wussten, dass es dem Willen des Königs keinesfalls entsprach, die Menschen glauben zu lassen, sie hätten irgendeinen Rückhalt, um sich gegen seine Tyrannei oder die irgendeines anderen Herrschers zu wehren. James hatte explizit eine neue Bibelübersetzung in Auftrag gegeben, wegen der von ihm als „umstürzlerisch, … gefährlich und verräterisch" bezeichneten Tendenzen der in der Genfer Bibel beigefügten Marginalien. Diese enthielten auch die Billigung des Rechts, einem Tyrannen den Gehorsam zu verweigern. Deswegen sollte die Öffentlichkeit glauben, dass die Alternative „Kämpfen" oder „Fliehen" heißt. Und Jesus wird in der königlich beauftragten Übersetzung dazu gebracht, uns zu befehlen, keinen Widerstand zu leisten. Jesus autorisiert anscheinend den monarchischen Absolutismus. Unterwerfung entspricht dem Willen Gottes. Die meisten modernen Übersetzer sind fromm diesem Weg gefolgt.

Tatsächlich lehrt Jesus uns aber nicht die Unterwerfung unter das Böse, sondern die Weigerung, dem Bösen mit seinen eigenen Mitteln zu begegnen. Wir sollen nicht zulassen, dass der Gegner uns die Methoden unserer Gegnerschaft diktiert. Er bestärkt uns darin, über Passivität wie auch Gewalt hinauszugehen und einen dritten Weg zu finden, einen Weg, sich durchzusetzen und dennoch Gewalt zu meiden. Die richtige Übersetzung wäre die der frühesten Wiedergabe dieses Spruchs in den neutestamentlichen Briefen: „Vergeltet niemand Böses mit Bösem“ (Röm 12,17; vgl. 1 Thess 5,15; 1 Petr 3,9). Im Englischen ist die sogenannte *Scholars Version* von Mt 5,39a vorzüglich: „Verhaltet euch nicht gewaltsam gegenüber dem, der böse ist.“

Die andere Wange hinhalten

Die weiteren Beispiele in der Bergpredigt bestätigen diese Lesart. „Wenn dich einer auf die rechte Wange schlägt, dann halt ihm auch die andere hin“ (Mt 5,39b). Wir denken am ehesten an einen Schlag mit der rechten Faust. Solch ein Schlag würde aber die *linke* Wange treffen. Um die rechte Wange mit der Faust zu schlagen, müsste man die linke Hand gebrauchen. Die Linke war aber ausschließlich unreinen Arbeiten vorbehalten; in Qumran, einer jüdischen religiösen Gemeinschaft in der Zeit Jesu, hatte bereits das Gestikulieren mit der linken Hand den Ausschluss aus der Versammlung und eine zehntägige Buße zur Folge. Um dieses Beispiel wirklich zu verstehen, muss man es allerdings nachstellen: Wie könnte man die rechte Wange mit der rechten Hand schlagen? Beim Probieren merkt man, die einzige Möglichkeit ist ein Schlag mit dem Handrücken.

Ein solcher Schlag war aber ein Schlag, der eher beleidigen, erniedrigen oder herabsetzen als verletzen sollte. Er wurde nicht an einem Gleichgestellten, sondern nur einem Untergebenen gegenüber vollzogen. Herren haben Sklaven, Ehemänner ihre Frauen, Eltern ihre Kinder und Römer Juden mit dem Handrücken geschlagen. Worauf es bei dem Schlag ankam, war, jemanden, der sich aufmüpfig gezeigt hatte, auf seinen Platz zu verweisen.

Man beachte die Zuhörer Jesu: „Wenn jemand *dich* schlägt“. Seine Hörer sind Menschen, die es gewohnt sind, auf diese Weise herabgesetzt zu werden. Er sagt ihnen: „Weigert euch, eine solche Behandlung länger hinzunehmen. Wenn sie dich mit dem Handrücken schlagen, halte die andere Wange hin.“ (Jetzt muss man das *wirklich* ausprobieren, um zu erkennen, worum es geht). Indem er die andere Wange hinhält, macht es der Knecht seinem Herrn unmöglich, ihn wieder mit dem Handrücken zu schlagen; die Nase ist im Weg. Die Situation gleicht der Wiederholung eines Witzes; wenn er das erste Mal nicht angekommen ist, wird er nie ankommen. Die linke Wange ist jetzt eine perfekte Zielscheibe für einen Schlag mit der rechten Faust; mit den Fäusten haben aber, wie wir aus jüdischen Quellen wissen, nur Gleichgestellte gekämpft. Sich seinen Untergebenen gleichzustellen, liegt wohl kaum in der Absicht eines Herrn. Dieser Akt des Trotzes macht den Herrn unfähig, seine Dominanz in der Beziehung durchzusetzen. Er kann den Sklaven schlagen lassen, weiterhin einschüchtern kann er ihn aber nicht.

Indem er die andere Wange hinhält, sagt der „Untergeordnete“: „Ich bin ein Mensch genau wie du. Ich weigere mich, mich länger demütigen zu lassen. Ich bin dir gleich, ein Kind Gottes. Ich nehme es nicht länger hin.“

Eine solche Weigerung ist kein Weg, Schwierigkeiten zu vermeiden. Der Herr will fromme Duldung. „Freches“ Verhalten kann eine Prügelstrafe oder Schlimmeres provozieren. Aber die Absicht ist angekommen. Die herrschenden Mächte haben die Macht verloren, Menschen zur Unterwerfung zu zwingen. Wenn große Gruppen anfangen, sich so zu verhalten (und Jesus sprach zu einer Menschenmenge), hat man es mit einer sozialen Revolution zu tun.

In jener Kultur der Ehre und der Scham ist damit dem „Höherstehenden“ die Macht genommen worden, einen Untergebenen zu beschämen. Er hat die Macht verloren, den anderen zu entmenschlichen. „Das erste Prinzip gewaltfreien Handelns besteht darin, jegliche Kooperation mit der Erniedrigung zu verweigern“, so hat es Gandhi formuliert.

Welch ein Unterschied zu der verbreiteten Ansicht, diese Textpassage lehre uns, die andere Wange hinzuhalten, damit der Schläger uns noch einmal prügeln kann! Wie oft ist misshandelten Frauen und Kindern diese Interpretation eingeflößt worden. Doch war dies auf keine Weise die Absicht Jesu. Solchen Opfern hat er geraten: „Steht für euch selbst ein, trotzt euren Herren, behauptet eure Menschlichkeit, zahlt aber dem Unterdrücker nicht mit selber Münze heim. Sucht einen neuen, dritten Weg, der weder feige Unterwerfung noch gewaltsame Vergeltung bedeutet.“

Sich nackt ausziehen

Jesu zweites Beispiel der gewaltfreien Selbstbehauptung spielt in einem Gerichtssaal.[60] Ein Gläubiger hat einen armen Mann wegen eines nicht zurückgezahlten Darlehens verklagt. Nur die Ärmsten wurden einer solchen Behandlung unterworfen. Das Buch Deuteronomium schreibt vor, dass ein Gläubiger als Pfand das lange Obergewand eines Armen nehmen durfte, es aber jeden Abend zurückgeben musste, damit der Arme etwas hat, worin er schlafen kann (vgl. Dtn 24,10–13).

Jesus rät hier nicht dazu, den eigenen Nachteil noch zu vergrößern, indem man gänzlich auf Gerechtigkeit verzichtet, wie es viele Kommentatoren nahelegen. Er sagt den verarmten Schuldnern, denen nichts bleibt als die Kleider am Leib, sie sollen das Rechtssystem gegen es selbst wenden.

Verschuldung war eine Plage im Palästina des ersten Jahrhunderts. Jesu Gleichnisse sind voll von Schuldnern, die um ihr Überleben kämpfen. Hohe Schulden waren aber kein natürliches Verhängnis, das über die Unfähigen kam, sondern das direkte Ergebnis der Politik des römischen Imperiums. Die Kaiser legten den Reichen hohe Steuern auf, um ihre Kriege zu finanzieren. Die Reichen versuchten natürlich, ihren Reichtum in nichtliquiden Vermögenswerten zu verbergen. Land war am besten dazu geeignet, es wurde aber meist von den Vorfahren über Generationen vererbt, und kein Bauer gab es freiwillig her. Exorbitante Zinsen (25 bis 250 Prozent) ermöglichten es aber, die Landbesitzer in immer tiefere Schulden zu treiben. Und Schulden, gekoppelt mit den hohen Steuern, die Herodes Antipas forderte, um den Tribut an Rom zu zahlen, ergaben zusammen einen wirtschaftlichen Hebel, mit dem galiläische Bauern um ihr Land gebracht werden konnten. Zur Zeit Jesu ist dieser Prozess schon weit fortgeschritten: Große Ländereien lagen in den Händen von abwesenden Großgrundbesitzern, wurden durch Verwalter bewirtschaftet und von Pächtern, Tagelöhnern und Sklaven bearbeitet. Es ist kein Zufall, dass die erste Handlung des jüdischen Aufstands im Jahr 66 n. Chr. das Niederbrennen der Schatzkammer des Tempels war, wo die Schuldverzeichnisse aufbewahrt wurden.

Diese Situation spricht Jesus an. Seine Hörer sind die Armen („wenn jemand *dich* verklagt"). Sie teilen einen tiefsitzenden Hass auf ein System, das sie erniedrigt, indem es ihnen ihr Land, ihre Güter und schließlich sogar ihre Kleidung raubt.

Warum rät ihnen Jesus dann, ihre Unterbekleidung auch noch herzugeben? Das würde bedeuten, alles auszuziehen und splitternackt aus dem Gericht zu marschieren! Nacktheit war ein Tabu im Judentum, und die Schande fiel weniger auf die nackte Person selbst, als auf diejenigen, welche die Nacktheit sahen oder verursachten (vgl. Gen 9,20–27). Indem er sich auszieht, beschämt der Schuldner also den Gläubiger.

Man stelle sich das Gelächter vor, das diese Rede provoziert haben muss. Da steht der Gläubiger, verschämt, das Oberbekleidungsstück seines Schuldners in der einen Hand, die Unterkleidung in der anderen. Der Spieß ist plötzlich umgedreht. Der Schuldner hatte keinerlei Hoffnung, den Prozess zu gewinnen; das Gesetz war ja ganz auf Seiten des Gläubigers. Aber der arme Mann hat sich über diesen Versuch, ihn zu demütigen, erhoben. Er hat sich über die

Scham erhoben. Zugleich hat er einen schlagenden Protest gegen das System gelandet, das seine Schuld geschaffen hat. Er hat sozusagen erklärt: „Du willst meinen Umhang haben? Hier, nimm alles. Jetzt hast du meine ganze Habe, mir bleibt nur der eigene Leib. Willst du den als nächstes nehmen?"

Stellen sie sich vor, wie der Schuldner splitternackt aus dem Gerichtssaal geht. Seine Freunde und Nachbarn fragen entsetzt, was passiert sei, und er erzählt es ihnen. Sie schließen sich einer wachsenden Prozession an, die jetzt eher wie ein Siegeszug aussieht. Das ist „Guerillatheater"! Das ganze System, durch das die Schuldner unterdrückt werden, ist öffentlich demaskiert worden. Der Gläubiger wird bloßgestellt, nicht als legitimer Geldverleiher, sondern als einer, der daran beteiligt ist, eine ganze gesellschaftliche Klasse in Landlosigkeit und Elend zu treiben. Diese Demaskierung ist mehr als eine Strafe, denn sie eröffnet dem Gläubiger eine Möglichkeit, vielleicht zum ersten Mal in seinem Leben, die Folgen seiner Handlung zu erkennen und zu bereuen.

Die herrschenden Mächte stehen und fallen mit ihrem Ansehen. Sie auf geschickte Weise lächerlich zu machen, holt sie so schnell vom hohen Ross wie nichts sonst. Indem die Machtlosen sich weigern, sich von der Macht einschüchtern zu lassen, wird ihnen Mut eingeflößt, die Initiative zu ergreifen, auch da, wo strukturelle Veränderungen nicht unmittelbar möglich sind. Diese Weisungen wollen die Welt nicht auf einen Schlag verbessern, sondern durch eine handhabbare Strategie den Unterdrückten Macht vermitteln. Sie wird heute weltweit durch bisher machtlose Menschen umgesetzt, die bereit sind, ihr Geschick selbst in die Hand zu nehmen.

Kurz vor dem Sturz der politischen Apartheid in Südafrika hat die Polizei ein Camp von Landbesetzern angegriffen, das sie schon lange zerstören wollte. Sie gaben den paar Frauen, die sich noch dort befanden, fünf Minuten Zeit, um ihr Hab und Gut zusammenzuraffen, dann sollten Bulldozer die Hütten niederwalzen. Mit einem offensichtlichen Gespür für die puritanische Ader von ländlichen Buren zogen sich die Frauen vor den Bulldozern nackt aus. Die Polizisten drehten sich um und liefen davon. Soweit ich weiß, steht das Camp noch heute.

Jesu Lehre der Gewaltfreiheit vermittelt eine Ahnung davon, wie man ein ganzes System angreifen kann, indem man die dahinterstehende Grausamkeit aufdeckt und die angemaßte Gerechtigkeit verspottet. Jene, die ihm zuhören, lassen sich nicht länger von den Reichen auspressen wie Zitronen. Sie sollen die Gesetze so annehmen, wie sie geschrieben stehen, sie bis zur Lächerlichkeit ausführen und so kenntlich machen, wozu sie in Wirklichkeit dienen. Sie sollen sich nackt ausziehen, sich vor ihre Mitmenschen hinstellen und die

Gläubiger mitsamt der ganzen von ihnen repräsentierten Wirtschaftsstruktur bloßstellen.

Die zweite Meile mitgehen

Die zweite Meile mitzugehen, Jesu drittes Beispiel, ist der relativ aufgeklärten Praxis entnommen, Zwangsauflagen durch einen römischen Soldaten zu begrenzen; dieser konnte Unterdrückten nur die Unterstützung für eine Meile abpressen.

Solche erzwungenen Dienste waren Praxis in Palästina von der Zeit der Perser bis zur späten Römerzeit. Jeder, der sich auf der Straße befand, konnte zum Dienst gezwungen werden, wie es Simon von Kyrene geschah, der Jesu Kreuz tragen musste (vgl. Mk 15,21). Armeen mussten sich schnell bewegen; hochstehende Legionäre kauften Sklaven oder Esel, um ihr dreißig bis vierzig Kilo schweres Gepäck (Waffen nicht mitgerechnet) zu tragen. Der Großteil der gewöhnlichen Soldaten war allerdings auf die Dienste zwangsrekrutierter Zivilisten angewiesen. Ganze Dörfer sind manchmal geflohen, um das Gepäck der Soldaten nicht tragen zu müssen.

Was wir in diesem Abschnitt aus der Bergpredigt bislang übersehen haben, ist die Tatsache, dass es ein Verstoß gegen den Militärkodex war, das Gepäck eine zweite Meile tragen zu lassen. Mit wenigen Ausnahmen wurden solch kleinere Verstöße der disziplinarischen Kontrolle durch den Zenturion (Befehlshaber über hundert Mann) überlassen. Er konnte dem gegen die Vorschrift handelnden Soldaten eine Geldbuße auflegen, ihn verprügeln, ihn auf Gerste statt Weizen setzen, ihn außerhalb der Befestigung lagern lassen, ihn zwingen, den ganzen Tag mit einem Klumpen Erde in den Händen vor dem Zelt des Generals zu stehen, oder er konnte, wenn es sich um einen Kumpan handelte, auch nur einen milden Verweis aussprechen. Worauf es dabei ankommt, ist, dass der Soldat nicht wusste, was passieren würde.

Vor diesem Hintergrund militärischer Besatzung durch die Römer äußert sich Jesus. Er rät nicht zum Aufstand. Man soll sich auch nicht mit dem Soldaten „anfreunden“, ihn auf die Seite ziehen und ihm ein Messer zwischen die Rippen stechen. Jesus war sich der Sinnlosigkeit eines bewaffneten Aufstands gegen die imperiale römische Macht bestimmt bewusst; er hat mit Sicherheit nicht die Leute ermutigt, deren Hass auf Rom bald zu einer Explosion der Gewalt führen würde.

Warum aber das Gepäck eine zweite Meile tragen? Heißt das etwa, ins andere Extrem verfallen und dem Feind Hilfe leisten? Keineswegs. Wie in den beiden anderen Fällen lautet die Frage hier: Wie kann der Unterdrückte die Initiative ergreifen und seine Menschenwürde in einer Situation behaupten, die im Augenblick nicht zu ändern ist? Die Regeln sind des Kaisers, aber die Erfüllung der Regeln gehört Gott, und darüber hat der Kaiser keine Macht.

Man stelle sich also die Überraschung des Soldaten vor, wenn er am nächsten Meilenstein unwillig sein Gepäck wieder aufnehmen will, und der Zivilist sagt: „Ach nein, ich trage es noch eine Meile." Warum will er das wohl machen? Was hat er vor? Normalerweise müssen die Soldaten Leute zwingen, ihr Gepäck zu tragen, aber dieser Jude macht es so begeistert und *will nicht aufhören*! Ist das eine Provokation? Eine Beleidigung der Kraft des Legionärs? Eine Gefälligkeit? Ein Versuch, ihm ein Disziplinarverfahren einzubrocken, weil es aussieht, als habe er die Regeln für den Zwangsdienst verletzt? Wird er eine Beschwerde einreichen? Schwierigkeiten machen?

In einer Situation des Zwangsdienstes hat der Unterdrückte also auch hier die Initiative ergriffen. Er hat die Entscheidungsfähigkeit zurückerobert. Er hat den Soldaten aus dem Gleichgewicht gebracht, indem er ihm die Vorhersehbarkeit der Reaktion des Opfers genommen hat. Mit einem solchen Problem hat der Soldat sich nie auseinandersetzen müssen. Jetzt muss er eine Entscheidung treffen, auf die ihn seine bisherige Erfahrung in keiner Weise vorbereitet hat. Wenn er bis dahin das Gefühl der Überlegenheit über das besiegte Volk genossen hat, tut er es nun nicht mehr. Man stelle sich einen römischen Infanteristen vor, der einen Juden anfleht, ihm sein Gepäck zurückzugeben. Der Witz dieser Szene ist uns vielleicht entgangen, aber nicht den Hörern Jesu, die sich bestimmt gefreut haben über die Aussicht, ihre Unterdrücker auf diese Weise aus der Fassung zu bringen.

Jesus ermutigt die Juden nicht, eine zweite Meile zu laufen, um sich Verdienste im Himmel zu sammeln, um fromm zu sein, oder um den Soldaten mit Freundlichkeiten zu überhäufen. Er hilft einem unterdrückten Volk, eine Möglichkeit des Protests zu finden und eine belastende Praxis, die im ganzen Imperium verachtet wird, zu entschärfen. Er verkündet keine unpolitische Botschaft spiritueller Weltüberwindung, sondern formuliert eine weltliche Spiritualität, die es Menschen am unteren Rand der Gesellschaft oder unter der Fuchtel einer imperialen Macht ermöglicht, ihre Menschlichkeit wiederzuerlangen.

Man könnte Jesu Ratschlag leicht anwenden, um Rache zu nehmen. Deswegen dürfen wir ihn nicht trennen von dem Gebot der Feindesliebe, das bei Matthäus wie auch bei Lukas eng mit ihm verbunden ist. Doch läuft es der Liebe nicht zuwider, die unterdrückende Wucht des Gesetzes anzuwenden, um den Soldaten in eine bis dahin nicht gekannte Ungewissheit zu stürzen.

Solch eine Taktik lässt sich selten wiederholen. Man kann sich vorstellen, dass wenige Tage nach den Ereignissen, die Jesus zu provozieren suchte, die herrschenden Mächte neue Gesetze erlassen werden: Bestrafung für Nacktheit vor Gericht, Auspeitschen für das Weitertragen des Gepäcks über die Meile hinaus. Es gilt also, kreativ zu sein und ständig neue Methoden zu improvisieren, um den Gegner aus dem Gleichgewicht zu bringen.

Menschen, die sich ihr Leben lang nur vor ihren Herrn duckten, bietet Jesus einen Weg, sich von sklavischen Handlungen und einer sklavischen Einstellung zu befreien. Und er behauptet, man könne dieses bereits *vor* einer Revolution tun. Es ist nicht nötig zu warten, bis Rom besiegt ist, die Bauern eigenes Land haben und die Sklaven befreit sind. Sie können *jetzt* schon anfangen, mit wieder gewonnener Menschenwürde zu handeln, auch unter den unveränderten Bedingungen der alten Ordnung. Jesu Wahrnehmung der unmittelbaren Gegenwart Gottes hat gesellschaftliche Konsequenzen. Die Herrschaft Gottes bricht bereits in die Welt ein, und sie wird nicht von oben auferlegt, sondern kommt als Treibmittel, das den Teig langsam aufgehen lässt (vgl. Mt 13,33). Jesu Lehre von der Gewaltfreiheit ist somit ein wesentlicher Teil seiner Verkündigung der anbrechenden Königsherrschaft Gottes. Hier war in der Tat ein Weg, sich den herrschenden Mächten zu widersetzen, ohne ihnen ähnlich zu werden.

Jesus hat keine bewaffnete Revolution gutgeheißen, und es lässt sich unschwer erkennen, warum. Unter den Bedingungen im Palästina des ersten Jahrhunderts hätte ein gewaltsamer Aufstand gegen die Römer eine Katastrophe herbeigeführt. Jesus hat aber den Grundstein einer gesellschaftlichen Revolution gelegt, wie es der Exeget Richard A. Horsley darlegte: Eine gesellschaftliche Revolution wird politisch, wenn sie eine kritische Schwelle der Akzeptanz überschreitet; das ist im römischen Reich tatsächlich geschehen, als die christliche Kirche dieses von unten her überwand.[61]

Bauern und Sklaven hatten auch keine Möglichkeit, das Wirtschaftssystem durch einen Frontalangriff zu verändern. Sie konnten aber anfangen, aus einer wiedergewonnenen Würde und Freiheit heraus zu handeln. Sie konnten unter dem Mantel der alten Gesellschaft die Fundamente von Gottes herrschaftsfreier Ordnung schaffen. Sie konnten anfangen zu leben, als wäre die Königsherrschaft Gottes schon angekommen.

Zu einem unterdrückten Volk sagt Jesus: Hört auf, in die Unterdrückung durch die herrschenden Mächte einzuwilligen; reagiert aber auch nicht mit Gewalt darauf. Sucht lieber einen dritten Weg, einen Weg, der weder Unterwerfung noch Angriff ist, weder Kampf noch Flucht; einen Weg, der euch jetzt eure Menschenwürde sichert. Fangt an, die Machtverteilung schon jetzt, schon vor der Revolution, zu ändern. Haltet die andere Wange hin und zeigt dadurch dem, der euch mit dem Handrücken schlägt, dass er euch nicht länger beschämen und euch Unterwürfigkeit aufzwingen kann. Marschiert splitternackt aus dem Gerichtssaal und kehrt dadurch die Kraft des Gesetzes und der ganzen Verschuldungswirtschaft wie durch einen geschickten Judoangriff in eine Parodie der Legalität um. Geht die zweite Meile und verunsichert die Besatzungstruppen, weil ihr sie dadurch bei ihren Vorgesetzten in Schwierigkeiten bringt. Kurz gesagt, nehmt das Gesetz in die Hand und führt es aus bis zur Absurdität. Das sind natürlich keine Regeln, denen buchstäblich zu folgen ist, sondern Beispiele, um eine unendliche Vielfalt kreativer Antworten auf neue und sich verändernde Verhältnisse zu entwickeln. So kann der Zyklus der Demütigung durch Witz und Spott unterbrochen und die Ungerechtigkeit des Systems entlarvt werden. Die Armen gewinnen ein Mindestmaß an Initiative, das den Unterdrücker dazu zwingen kann, sie in einem ganz neuen Licht zu sehen.

Jesus setzt sich nicht für Gewaltfreiheit als bloße Technik zum Überlisten des Feindes ein, sondern sieht sie als gerechtes Mittel, sich dem Feind auf eine Weise zu widersetzen, die auch ihm die Möglichkeit offenhält, gerecht zu werden. Letztlich müssen beide Seiten gewinnen. Wir werden aufgerufen, für die Verwandlung unserer Feinde zu beten und auf schlechte Behandlung mit einer Liebe zu antworten, die nicht nur göttlich ist, sondern auch von Gott kommt.

Die Logik der Beispiele, die Jesus in Matthäus 5,39b–41 gibt, reicht sowohl über Untätigkeit als auch über Überreaktion hinaus. Seine neue Antwort, im Schmelztiegel der Liebe gebrannt, verspricht, sowohl die Unterdrückten vom Übel wie auch den Unterdrücker von der Sünde zu befreien. Reagiert nicht mit Gewalt auf das Böse, zahlt dem Übeltäter nicht mit gleicher Münze heim, erlaubt dem Unterdrücker nicht, euch die Form eurer Opposition vorzuschreiben, lasst euch nicht von der Gewalt dazu hinreißen, zum Spiegelbild eures Gegners zu werden – das ist das revolutionäre Prinzip, das Jesus als Grundlage für die gewaltfreie Auseinandersetzung mit den herrschenden Mächten artikuliert.

Kurz gesagt, verabscheut Jesus sowohl Passivität als auch Gewalt. Vor dem Hintergrund der an Kampf und Mühen reichen Geschichte seines eigenen Volkes eröffnet er einen Weg, sich dem Bösen zu widersetzen, ohne es zu spiegeln, den Unterdrücker zu bekämpfen, ohne ihn nachzuahmen, den Feind zu neutralisieren, ohne ihn zu zerstören. Diejenigen, die nach Jesu Worten gelebt haben (Lew Tolstoi, Mahatma Gandhi, Muriel Lester, Martin Luther King, Dorothy Day, César Chavez, Hildegard und Jean Goss-Mayr, Mairead

Corrigan Maguire, Adolfo Pérez Esquivel, Aung San Suu Kyi und unzählige weniger bekannte Personen), weisen uns einen neuen Weg, dem Bösen zu begegnen, einen Weg, der Möglichkeiten einer persönlichen und gesellschaftlichen Transformation eröffnet, welche wir heute erst zu begreifen beginnen.

Kapitel 6

Die Praxis der Gewaltfreiheit

Aus dem Zentrum der prophetischen Überlieferung heraus hat sich Jesus sowohl den äußeren Erscheinungsformen wie dem spirituellen Wesen des Herrschaftssystem entgegengestellt. Seine Lehre von der Gewaltfreiheit bildet die Grundlage für eine Lebensweise, die die Spirale der Gewalt durchbricht. Dadurch zeigt Jesus einen Weg auf, mit ganzer Kraft den Kampf gegen die herrschenden Mächte aufzunehmen, ohne selbst in das verwandelt zu werden, was wir bekämpfen. Dies ist der einzig mir bekannte Weg, nicht selbst zu dem zu werden, was wir hassen. „Zahlt das Böse nicht mit gleicher Münze heim", diese in vollendeter Schlichtheit formulierte Einsicht fasst die Erfahrung derjenigen Juden prägnant zusammen, die zur Zeit Jesu ebenso mutig wie effektiv gewaltfreie Aktionen gegen Rom praktiziert hatten.

David Dellinger bemerkt, dass die Theorie und die Praxis der aktiven Gewaltfreiheit ungefähr in der gleichen Entwicklungsphase stecken wie die Elektrizität in den Anfangszeiten von Marconi und Edison.[62] Wir wissen, dass in der Gewaltfreiheit starke Kräfte und bisher nicht genutzte Möglichkeiten zur Überwindung des Herrschaftssystems liegen. Aber unsere Erfahrung damit ist so begrenzt und unser Wissen so beschränkt, dass man über ihren Nutzen für die Bewältigung so mancher Aufgaben zu Recht streiten kann.

Während wir dabei sind, uns zu einer größeren Klarheit über die Zukunft der Gewaltfreiheit vorzutasten, sollten wir uns von Prinzipien leiten lassen, die über längere Zeit erprobt wurden und sich in der Anwendung als sinnvoll erwiesen haben: die Übereinstimmung von Mittel und Zweck und die Achtung der Rechtsstaatlichkeit.

Die Prinzipien des gewaltfreien Kampfes

Die Mittel müssen mit den Zwecken übereinstimmen: Auf dem dritten Weg Jesu müssen die eingesetzten Mittel der angestrebten neuen Ordnung entsprechen. Die Mittel bestimmen, welche Ziele erreicht werden. Gewaltsame Mittel sind kaum geeignet, friedliche Ziele zu erreichen. Da bewaffnete Kämpfe sich auf eine Zwang ausübende, hierarchische Struktur verlassen, prägen sie Verhaltensmuster, die nicht leicht abgelegt werden, wenn der Sieg erst einmal errungen ist. Wenn die Sieger einmal die Macht ergriffen haben, neigen sie dazu, den ideologischen Differenzen innerhalb der Bewegung mit denselben Methoden zu begegnen, die sie zur Macht gelangen ließen: Vernichtung, Säuberung, Folter und Massenverhaftungen.

Eine Schreckensherrschaft kennzeichnete den Aufstieg sowohl von Josef Stalin in der Sowjetunion als auch von Mao Zedong in China, von Ahmed Ben Bella in Algerien, von Ajatollah Khomeini in Iran und von Augusto Pinochet in Chile. Stalins Bemühungen um Kontrolle über seine echten und imaginären Feinde führten zur Vernichtung von zwanzig Millionen Sowjetbürgern, die gleiche Anzahl wie die sowjetischen Toten im Zweiten Weltkrieg. Ein Jugoslawe hat einmal angemerkt, Stalin habe beim Versuch, die Revolution zu schützen, mehr gute Kommunisten getötet als die Bourgeoisie der ganzen Welt zusammengenommen.

Fidel Castro hat diejenigen unter seinen Landsleuten, die gewagt haben, seine Politik als Premier zu kritisieren, inhaftiert und dann vergessen. Durch solche Säuberungen verliert eine neue Regierung ihre besten Führer, treibt die Mittelklasse und die Akademiker in die Flucht, stellt die Sicherheitspolizei ins Zentrum des nationalen Lebens und unterminiert den wirtschaftlichen Aufschwung. Wurde erst einmal der Weg der Gewalt gewählt, kann er vom neuen Regime kaum wieder verlassen werden. Nach John Swomley ist die Gewalt nicht dienlich, um Menschen den für eine Demokratie unentbehrlichen Respekt für die Person beizubringen.[63] Nicht nur wird, wer zum Schwert greift, durch das Schwert umkommen, wie bei Matthäus zu lesen ist (Mt 26,52), sondern eine große Anzahl anderer Menschen, von denen viele sich keines Verbrechens schuldig gemacht haben, wird ebenso sterben.

Im Gegensatz dazu ist die gewaltfreie Revolution kein Programm zur Machtergreifung. Sie stellt nach Gandhi ein Programm zur Verwandlung von Beziehungen dar, ein Programm, das mit einer friedlichen Machtübergabe endet. Dies ist unlängst vor den Augen der Welt in Südafrika passiert, wo Nelson Mandela die Zügel der Regierung übernommen und Menschen aller Rassen zur Zusammenarbeit aufgerufen hat, um das Land zu heilen. Die Tatsache, dass er nach siebenundzwanzig Jahren Haft frei von Bitterkeit und Rachsucht war, stellt allein schon den wirkungsvollsten Schutz gegen Rache in einem Land dar, das versucht, das Erbe der Apartheid auszutreiben.

Die Rechtsstaatlichkeit achten: Selbst bei Widerstandshandlungen gegen unterdrückerische Gesetze bewahrt der dritte Weg Jesu die Achtung vor der Rechtsstaatlichkeit. Im Gegensatz dazu befinden sich gewaltsame Revolutionäre in einem Widerspruch, der gerade die von ihnen angestrebte Ordnung gefährdet.

Sie planen, durch genau jene Mittel an die Macht zu kommen, welche sie, wenn sie dann die Macht innehaben, für illegal erklären werden. Dadurch legitimieren sie aber ungewollt auch die Gesetzesübertretungen derer, die nicht mit ihnen übereinstimmen und an ihre Stelle treten wollen. Da sie die Achtung des Gesetzes bei ihrem Aufstieg zur Macht nicht fördern, bleibt ihnen hinterher nur noch Zwang, um die Opposition zum Schweigen zu bringen.

Martin Luther King erkannte, dass die Schwarzen, wenn sie die ihnen rechtmäßig zustehende Teilhabe an der amerikanischen Gesellschaft erlangen wollen, nicht anfangen dürfen, die Institutionen zu zerstören und die Achtung vor dem Gesetz zu verletzen, denn auf diesen beruhen die Vorteile, die sie anstreben. Die Menschen wünschen sich eine gänzlich von Ungerechtigkeit befreite Gesellschaft, zugleich aber eine Gesellschaft, in der die Menschen immer noch bei Rot anhalten, in der Räuber festgenommen werden und Banden gesetzloser Jugendlicher nicht die Straßen mit Gewehrsalven terrorisieren. Beim zivilen Ungehorsam, wie ihn King und Gandhi praktizierten, unterstellen sich diejenigen, die sich auf eine höhere moralische Autorität beziehen, durchaus der Herrschaft des bürgerlichen Gesetzes. Kein Befürworter des dritten Weges würde versuchen, nach der Verletzung eines ungerechten Gesetzes unbehelligt davon zu kommen. Andernfalls würde das Chaos der Gesetzlosigkeit in einer Gesellschaft, die ohnehin unter legalisierter Ungerechtigkeit leidet, nur noch gestärkt.

Gott will politische Ordnung, kein Chaos. Menschliches Leben ist ohne Rechtsstaatlichkeit nicht möglich. Das hat zur Folge, dass man bei der Ausübung von zivilem Ungehorsam immer eine tiefe Achtung vor dem Gesetz bewahren muss. In der Tat ist es ja gerade die freiwillige Unterwerfung unter die gesetzliche Strafe, die von leichtfertigen Rechtsverletzungen abhält.

In der Nachfolge Jesu sollten auch wir uns stetig weigern, ungerechten Gesetzen Folge zu leisten. Indem wir aber die Strafe des Rechtssystems auf uns nehmen, bestätigen wir unsere Bereitschaft, für das höhere Gesetz zu leiden, das nach unserem Entschluss das herrschende Gesetz transformieren soll. Wir müssen auch in der Illegalität gesetzmäßig vorgehen. Nur weil wir uns der Herrschaft des Gesetzes unterstellen, können wir überhaupt verlangen, dass ungerechte Gesetze durch gerechte ersetzt werden. So hat Gandhi darauf bestanden, dass die Briten die moralische Pflicht hätten, ihn zu inhaftieren, wenn er ihre Gesetze brach, auch wenn es für sie politisch zweckmäßiger gewesen wäre, ihn freizulassen. Als er einmal im Gefängnis saß, haben seine Anhänger ein Fest gefeiert, bei dem sie den Briten zu der Inhaftierung gratulierten. Demonstrationen waren verboten, aber wie konnte die Regierung Menschen festnehmen, von denen sie beglückwünscht wurde?

Wenn wir Gewaltfreiheit neu und kreativ einsetzen, werden diese Grundprinzipien verhindern, sich gehen zu lassen und beliebig Gesetze zu übertreten.

Jesu Lehre umsetzen

Obwohl die Gewaltfreiheit seit Jahrhunderten effektiv genutzt wurde, entwickelte sie sich erst durch Gandhi und King zu einer verbreiteten Bewegung und wurde durch neue Strategien und Taktiken vervollständigt. Auch heute wird Gewaltfreiheit noch als lebensfern und idealistisch abgetan, ohne Bezug zu den Bedürfnissen von Nationen und unterdrückten Völkern, sich selbst zu verteidigen. Eine solche Irrelevanz wird dem Mythos der erlösenden Gewalt hingegen nicht vorgeworfen, obwohl der Einsatz von Gewalt immer misslingt, wenigstens zur Hälfte, weil eine Seite ja stets verliert. Die Begeisterung für die rettende Macht des Tötens und die privilegierte Position, die ihr von Intellektuellen wie von Politikern – von Theologen ganz zu schweigen – eingeräumt wird, haben die erlösende Gewalt gleichermaßen zum bevorzugten Mythos von Marxisten und Kapitalisten, von Faschisten und Linken, von Atheisten und Kirchentreuen werden lassen.

Dann kam die Zeit von 1989/90, Jahre einer beispiellosen politischen Wende, Jahre der Wunder, die jede andere Häufung politischer Umwälzungen in der Geschichte übertrafen, sogar den Exodus der Israeliten aus Ägypten. Allein im Jahr 1989 haben dreizehn Länder mit einer Bevölkerung von 1,7 Milliarden Menschen, mehr als zweiunddreißig Prozent der Menschheit, gewaltfreie Revolutionen erlebt. Ihr Erfolg übertraf außer in China in jedem Land die kühnsten Träume. Und sie verliefen auf Seiten der Protestler in jedem Fall vollkommen friedlich, mit Ausnahme Rumäniens und Teilen der südlichen Sowjetunion. Wenn wir die Menschen all jener Länder zusammennehmen, die in diesem Jahrhundert von wichtigen gewaltfreien Aktionen berührt wurden, steigt die Zahl auf fast drei Milliarden – überwältigende vierundsechzig Prozent der Menschheit!

Haben Sie den brennenden Dornbusch wahrgenommen? Können wir einen deutlicheren Hinweis verlangen, dass Gott durch die Ereignisse unserer Zeit handelt? Die Menschheit hat in ihrer ganzen Geschichte noch nie einen solchen Aufschwung gewaltloser Befreiung erlebt. Kein Mensch, der auch nur das geringste Geschichtswissen besitzt, kann jemals wieder von der Gewaltfreiheit behaupten: „Das funktioniert nicht."

In den meisten gewaltfreien Kämpfen unserer Zeit haben die Menschen auf Gewaltfreiheit einfach deshalb zurückgegriffen, weil ihre Regierungen das Waffenmonopol besaßen. Gewaltfreiheit war der einzig gangbare Weg. Die Tatsache, dass ihnen solch ein erstaunlicher Erfolg meist ohne den Vorteil einer Ausbildung oder der Entwicklung einer dauerhaften Bewegung auf breiter Basis beschert wurde, spricht Bände über die latente Macht dieses Ansatzes. Man bedenke, was wohl eine *organisierte* Bewegung hätte erreichen können!

Bereits jetzt existieren örtliche, regionale, nationale und auch internationale Bewegungen, die über den gesamten Globus verteilt gewaltfreie Mittel anwenden. *Witness for Peace* hat Bürger mehrerer Länder nach Nicaragua, El Salvador, Guatemala und Haiti entsandt, die sich mit dem eigenen Leib zwischen die Kriegsparteien stellten. *Peace Brigades International* hat internationale Teams aufgestellt, die Menschenrechtsaktivisten in Guatemala begleiteten, um sie durch ihre bloße Anwesenheit vor den Todesschwadronen zu schützen. Da mehr als neunzig Prozent aller Kriege der letzten Jahrzehnte zwischen verschiedenen Lagern innerhalb desselben Landes und nicht zwischen verfeindeten Nationen stattfanden, haben sich örtliche gewaltfreie Organisationen mit unglaublicher Geschwindigkeit vermehrt. Der große Vorteil dieser Art von „people power" besteht darin, dass sie von einfachen Leuten praktiziert werden kann. Die Gewaltfreiheit Jesu richtet sich nicht an die bereits Vollkommenen, sondern an verängstigte, frustrierte und sogar gewalttätige Menschen, die dennoch offen sind für Veränderung. Er vertritt eine nachvollziehbare und anwendbare Form der Gewaltfreiheit, die jedem in jedem Alter nahe gebracht werden kann. Nicht nur junge Männer im wehrfähigen Alter, sondern alle Teile der Bevölkerung, von Kleinkindern bis hin zu den Alten können sich daran beteiligen.

Eines muss allerdings klar sein: Wenn unsere gewaltfreien Aktionen effektiv sein sollen, werden wir genauso bereit sein müssen, zu leiden und getötet zu werden wie Soldaten in der Schlacht. Die Gewaltfreiheit ist keine Methode, persönliche Opfer zu vermeiden. Sie verlangt im Gegenteil, dass wir eher Opfer bringen, als sie anderen aufzuerlegen. Sie verlangt ein Heldentum, das erstaunlich viele Leute bereit sind, auf sich zu nehmen.

Gandhi hat unermüdlich behauptet, dass man mit einem Feigling nichts anfangen, aus einem gewalttätigen Menschen dagegen einen gewaltfreien machen könne. Obwohl er glaubte, dass die Gewaltfreiheit der Gewalt unendlich überlegen ist, hat Gandhi argumentiert: „Wo es nur die Wahl zwischen Feigheit und Gewalt gibt, rate ich zur Gewalt". Von ihm ist sogar folgende Warnung überliefert: „Diejenigen Menschen, die nicht das Gefühl haben in der Gewaltfreiheit eine Kraft zu besitzen, die ihrer früheren Kraft unendlich überlegen ist, sollten nichts mit der Gewaltfreiheit zu tun haben und ihre vorherigen Waffen wieder aufnehmen (auf deren Gebrauch sie sich ja verstehen)."[64]

Am Anfang, bevor er sich der *Satyagraha* („der Kraft der Wahrheit") vollständig verpflichtet hatte, ist Gandhi dermaßen daran verzweifelt, seinen Anhängern die Kunst der mutigen Gewaltfreiheit beizubringen, dass er ihnen sogar vorgeschlagen hat, sich zur Armee zu melden. Er folgerte, dass Männer, die ihr Leben bereits auf dem Schlachtfeld riskiert hätten, eher bereit sein würden, ihr Leben auch im gewaltfreien Kampf zu riskieren. (Diesen Ansatz hat er jedoch bald verworfen.)

Aus diesem Experiment hat Gandhi gelernt, dass es unmöglich ist, unterdrückte Menschen direkt aus einer Haltung der Unterwerfung zur aktiven Gewaltfreiheit zu führen. Sie müssen erst ihre Gefühle der Wut und sogar des Hasses akzeptieren und bereit sein, gegen ihre Unterdrücker zu kämpfen; sie müssen durch ihren Zorn gestärkt werden. Erst dann sind sie frei, der Gewalt abzuschwören und eine gewaltfreie Alternative zu wählen, die die Wucht ihres Zornes in eine dynamische und entschlossene Liebe verwandelt.

Wir können diese Einsicht Gandhis praktisch umsetzen. Wenn unsere Kinder in der Schule schikaniert werden, werden wir natürlich eine gewaltfreie Lösung vorziehen. Meist lässt sich auch eine finden. Es kann aber wichtig sein, dass unsere Kinder zumindest bereit sind, für sich selbst zu kämpfen, bevor sie nach einer gewaltfreien Lösung Ausschau halten. Sonst könnte die wortwörtlich verstandene Forderung, „die andere Wange hinzuhalten", einfach vorhandene Feigheit verstärken. Das wäre eine Unterwerfung unter das Böse anstelle einer kreativen Alternative zur Gewalt. Ein Junge ist mit einem Quälgeist im Schulbus wie folgt umgegangen: Da er zu schmächtig war, um sich gegen den viel kräftigeren Jungen zu wehren, machte er aus einer Schwäche, seinem chronischen Schnupfen, eine Stärke. Als er eines Tages wegen der Piesackerei des Größeren völlig verzweifelt war, schnäuzte er sich laut in die rechte Hand, ging auf seinen Peiniger mit ausgestreckter Hand zu und sagte: „Ich will mal einem echten Tyrannen die Hand schütteln." Daraufhin wich der andere mit erschrockener Miene auf seinen Platz zurück und die Karriere des „Tyrannen" war zu Ende. Die Nase war seine ultimative Waffe, und sie stand ihm immer zur Verfügung!

Von ihren Ehemännern geprügelten Frauen wird von Pfarrern manchmal geraten, „die andere Wange hinzuhalten" und das brutale Vorgehen ihrer Männer weiterhin zu dulden. Hier zeigt sich eine völlige Verkennung von Jesu Intention, den Machtlosen Macht zu verleihen. Mit der von Jesus in seinen Reden über Gewaltfreiheit intendierten Freiheit würden wir dagegen der misshandelten Frau raten, in ein Frauenhaus zu ziehen, das Verhalten ihres Mannes öffentlich zu machen und so den Teufelskreis von Demütigung, Schuld und Verletzung zu durchbrechen.

Nach Aussage der von mir befragten Sozialarbeiterinnen besteht im rechtlichen Rahmen der Vereinigten Staaten – der allerdings von Staat zu Staat variiert – das Liebevollste, was eine geprügelte Ehefrau tun kann, darin, ihren Mann festnehmen zu lassen. Dadurch würde die Sache öffentlich gemacht und eine gerichtliche Anordnung erwirkt, die den Mann im Fall anhaltender Gewalt ins Gefängnis bringt und schließlich bewegen kann, sich in seinem eigenen Interesse einer Therapiegruppe für prügelnde Ehemänner anzuschließen. Daraus kann ein Prozess entstehen, der nicht nur die Frau von den Schlägen, sondern auch den Mann von der Spirale der Gewalt befreit, zumal die meisten prügelnden Ehemänner selbst als Kinder geschlagen wurden. Ich erwähne diese Strategie, weil sie unserer sentimentalen Vorstellung von dem, was Liebe meint, widerspricht. Vielleicht gibt es noch bessere Wege, aber sie werden immer eine Art von kraftvoller Liebe erfordern, nicht die kraftlose Einwilligung in den Missbrauch, der sich so oft als christliches Verhalten ausgibt.

Aktive Gewaltfreiheit schließt darüber hinaus den Einsatz von Zwang nicht aus. Allerdings ist gewaltfreier Zwang nie verletzend; er stützt sich auf die Kraft der Wahrheit in einem Universum, das auf Gerechtigkeit hin ausgerichtet ist. Die Bürgerrechtsdemonstranten, die die Brücke in Selma/Alabama ohne Erlaubnis überquerten, zwangen die Behörden dazu, sich zwischen zwei Handlungsweisen zu entscheiden, die beide ihrer Position schaden würden: Entweder konnten sie den Marsch der Schwarzen genehmigen und so die Legitimität des Protestes anerkennen, oder sie konnten den Marsch mit Gewalt stoppen und damit der ganzen Welt ihre eigene, gesetzeskonforme Gewaltsamkeit demonstrieren. Die Wahl der Gewalt erwies sich als Katastrophe für die weiße Vorherrschaft und brachte den Demonstranten trotz der davongetragenen Verletzungen einen großen Sieg ein.

Gewaltfreiheit darf auch nicht als Konfliktvermeidungsstrategie missverstanden werden. Der „Frieden" des Evangeliums bedeutet nie Konfliktfreiheit, sondern eine unaussprechliche, göttliche Stärkung im Zentrum des Konflikts: einen Frieden, der menschliches Begreifen übersteigt. Christen haben allzu oft nach „Gewaltfreiheit" gerufen, als es ihnen in Wirklichkeit um Ruhe ging. Gewaltfreiheit sucht aber tatsächlich den Konflikt, bringt ihn ans Licht, provoziert sogar den Konflikt, um ihn offenzulegen und seine eiternden Geschwüre aufzustechen. Die Gewaltfreiheit ist dem Bösen gegenüber nicht idealistisch oder sentimental; sie verhätschelt und umschmeichelt die Angreifer nicht, sondern geht aktiv, mit dem gleichen Eifer wie der schlimmste Militarist gegen eine wahrgenommene Ungerechtigkeit vor.

Die Aufgabe der nächsten Jahrzehnte wird es sein, von gelegentlichen gewaltfreien Aktionen hin zu einer dauerhaften gewaltfreien Bewegung zu kommen. Dabei muss es unser Ziel sein, Millionen gewaltfreier Aktivisten auszubilden, die jederzeit bereit sind, im Interesse der gottgewollten Menschlichkeit in Aktion zu treten.

Der philippinische Aufstand von 1986 zeigt, wie gut sich diese Vision umsetzen lässt. Leider ist die dahinterliegende Geschichte kaum bekannt. Dazu zählt die Tatsache, dass sowohl die katholische als auch die evangelische Kirche auf den Philippinen seit langem stark von der Lehre der Gewaltfreiheit geprägt waren. Die Gruppe der Gewaltfreien hat Hildegard und Jean Goss-Mayr und Richard Deats ins Land geholt, um Trainer in Gewaltfreiheit auszubilden. In wenig mehr als einem Jahr haben diese und andere Trainer *eine halbe Million* Wahlbeobachter darin ausgebildet, durch gewaltfreie Mittel die Wahlzettel vor Diebstahl durch die Handlanger des Diktators Marcos zu schützen. Diese Wahlbeobachter bildeten dann die Kerngruppe der vielen Demonstranten, die mit ihren eigenen Körpern die Panzerkolonnen auf der Straße anhielten. Der Sturz des Marcosregimes ist nicht einfach „passiert“, er ist gut vorbereitet worden.

So glänzend solche gewaltfreien „Siege“ auch sind, das Ziel der Gewaltfreiheit ist nicht der Sieg über einen Feind, sondern eine Verwandlung, die nur durch Liebe möglich ist. Diese Verwandlung kann uns selbst genauso verändern wie die Menschen, denen wir uns entgegenstellen. Die Gewaltfreiheit ist eine Öffnung hin zu Gott. Sie ist Fürbitte im konkreten Vollzug. Sie richtet sich an das Göttliche im Anderen, wie die Quäker es ausdrücken. Sie gibt dem Wunder Raum. Die Liebe zu unseren Feinden kann den Abbau unserer eigenen Verteidigungshaltungen erfordern und manchmal auch unseren Herzen einen schmerzvollen Ruck abverlangen.

Die herrschenden Mächte mit solcher Verletzlichkeit zu konfrontieren, sowohl die eigene Menschlichkeit als auch die Menschlichkeit unserer Gegner zu bestätigen und den Stachel des Bösen zu ziehen, indem wir ihn in unseren eigenen Körper aufnehmen, diese riskante Aufgabe wird wohl kaum Kleinmütige anziehen. Meiner Überzeugung nach wartet eine ganze Heerschar von Menschen darauf, von der christlichen Botschaft zu einem wirklich lohnenden Einsatz des Lebens herausgefordert zu werden. Hat Jesus uns nicht dazu aufgefordert?

Nicht zu dem werden, was wir hassen

Bevor wir mit gewaltfreier Aktion beginnen können, steht uns eine spirituelle Aufgabe bevor. Wir wollen dazu fähig werden, dem Bösen zu begegnen, ohne durch das Böse in sein Ebenbild verwandelt zu werden. Das ist die in Jesu Gebot „Tretet dem, der böse ist, nicht gewaltsam gegenüber" (Mt 5,39 Übers. Wink) enthaltene Absicht. Wie wir bereits gesehen haben, warnt uns Jesus davor, Böses mit Bösem zu vergelten, das Übel einfach widerzuspiegeln, es mit gleicher Münze heimzuzahlen. Diese Weigerung, mit gleicher Münze zu zahlen, ist allerdings eine der tiefsten und schwierigsten Wahrheiten in der Schrift. Da unser Hass meistens eine direkte Antwort auf das uns zugefügte Böse ist, führt er uns fast unausweichlich dazu, das Böse in der gleichen Form zu erwidern, die der Feind bereits vorexerziert hat. Ohne es zu merken, verwandeln wir uns genau in dasjenige, dem wir entgegentreten. Wir werden zu dem, was wir hassen. „Wer mit Ungeheuern kämpft", warnt der Philosoph Friedrich Nietzsche, „mag zusehn, dass er nicht dabei zum Ungeheuer wird."[65]

Immer wieder haben wir es versäumt, diese Wahrheit zu erkennen. In ihrem Widerstand gegen Hitler wurden die Vereinigten Staaten zu einer militarisierten Gesellschaft. In ihrer Opposition gegen den Kommunismus waren die USA, ebenso wie ihre Gegner bereit, die Welt in Brand zu setzen. Um den Kommunismus daran zu hindern, sich nach Afrika, Asien oder Lateinamerika auszuweiten, hielten die USA es für nötig, militärisch einzugreifen, Wahlen zu manipulieren, legitim gewählte Regime abzusetzen oder linke Führer zu ermorden. Um eine Revolution in einem Satellitenstaat abzuwehren, haben die USA örtliche Polizei und Soldaten verstärkt und ausgebildet, nur um dann zuzusehen, wie das Militär selbst zur größten Bedrohung der Demokratie wurde, und zwar in einem von den USA unterstützten Land nach dem anderen. Um der sowjetischen Spionage zu begegnen, haben die USA ein Spionagenetz aufgebaut; um sicher zu sein, dass keiner mit dem Feind kooperiert, haben sie die eigenen Bürger bespitzelt. „Man wird immer zu dem, was man am stärksten bekämpft", schrieb Carl Gustav Jung.[66] Die USA haben alles in ihrer Macht Stehende getan, um ihm recht zu geben.

Unzählige Beispiele für diese Wahrheit hat auch der Balkankonflikt geliefert. Miroslav Volf beschreibt es so:

„Einmal begonnen, schien der Konflikt eine unkontrollierbare Kettenreaktion auszulösen. Als anständige Leute und hilfreiche Nachbarn haben sie eigentlich nicht *entschieden,* zu plündern und zu brandschatzen, zu vergewaltigen und zu foltern – oder aber dieses insgeheim zu genießen. Eine in ihnen schlummernde Bestie wurde aus ihrem unruhigen Schlaf geweckt.

Und nicht nur in ihnen. Den Menschen, die antraten, um gegen die brutalen Angreifer zu kämpfen, ging es um Selbstverteidigung und Gerechtigkeit, aber die Bestie in den anderen hat auch die Bestie in ihnen geweckt. Und so wurden die moralischen Schranken, die sie unter Kontrolle hielten, gebrochen, und die Bestie begann, auf Rache zu sinnen. Beim Widerstand gegen das Böse gerieten die Menschen in seine Falle."[67]

„Die größte Schwäche der Gewalt", bemerkte Martin Luther King, „ist, dass sie in eine Abwärtsspirale führt, die genau das, was sie zerstören will, erzeugt."[68]

Das Böse ist ansteckend. Niemand schlägt sich damit herum, ohne davon infiziert zu werden. Als meine Frau June und ich 1982 vier Monate in Lateinamerika verbrachten, um Militärdiktaturen zu beobachten, mit Gefolterten zu reden und Elendsviertel zu besuchen, glitt ich, ohne es zu bemerken, allmählich in eine spirituelle Dunkelheit hinein. Schließlich war ich körperlich und spirituell ausgelaugt. Ich verstand nicht, was mit mir geschehen war, bis ich viel später träumte, dass ich einem der Konzentrationslager des Diktators Somoza im vorrevolutionären Nicaragua zu entkommen versuchte. Der Traum hat meinen Zustand genau abgebildet: Ich war in psychischer Haft. Ich hatte mehr als ein Jahrzehnt hindurch solche Träume; immer versuchte ich einem Diktator zu entkommen. Die Geschichten und Szenen der Folter und Haft waren, ohne dass ich mir dessen bewusst war, in die Tiefen meiner Psyche eingesickert und hatten eine alte Wunde aktiviert: Ich wurde selbst in Gefangenschaft geführt.

Durch das Leid der Inhaftierten ist meine eigene Erinnerung an ein traumatisches Erlebnis von Strafe und Einkerkerung berührt worden. Als Kind habe ich aus Angst vor dem Zorn meines Vaters oft gelogen. Als er eines Tages von der Arbeit nach Hause kam, fragte er, ob ich mein Fahrrad in die Garage gebracht hatte. Ich sagte ja und rannte in den Vorgarten, um es wegzubringen. Es war verschwunden. Ich rannte wieder ins Haus und rief, mein Fahrrad sei gestohlen worden. „Wo war es denn?" fragte mein Vater. „Im Vorgarten", antwortete ich naiv. „Du hast doch gerade gesagt, dass es in der Garage ist", erwiderte er. Es war eine Falle; er hatte es selbst versteckt. Nach dem Abendessen haben er und meine Mutter am Küchentisch Gericht gehalten, während ich auf der Anklagebank saß. Sie überführten mich der Lüge und ließen mir die Wahl, endgültig mein Zuhause zu verlassen oder die Nacht in einem Lagerraum neben der Garage zu verbringen. Da ich das Gefühl hatte, dass mein Leben in der Familie vorbei sei, zog ich es vor, zu gehen. Ich war neun Jahre alt. Sie fragten mich, wo ich hinwollte. Bei jedem meiner Vorschläge sagten sie: „O nein, die wollen dort keinen Lügner bei sich haben." Es gab offenbar keine Alternative zum Eingesperrt werden. Während jener Nacht bin ich in einem sehr tiefen Sinn emotional „gestorben". Und jetzt, Jahrzehnte danach, versank ich durch die Hoffnungslosigkeit der Lage der Unterdrückten in Lateinamerika wieder in die alte Angst und Verzweiflung, die ich zuerst als „Häftling" im Elternhaus kennen lernen musste.

Ich vermute, dass jede Ungerechtigkeit, die uns tief bewegt, auf irgendeine Weise unsere eigenen, persönlichen Wunden wieder öffnet. Es geschieht eine doppelte Bewegung der Projektion und Introjektion: Wir projizieren das Böse in unserem Inneren in die Außenwelt und das Böse, das wir in der Welt sehen, in unsere eigene Psyche hinein. Der Widerstand gegen das Böse verbindet sich auf diese Weise in unserem Inneren mit dem, was in der eigenen Psyche dem zurückgewiesenen, äußeren Übel ähnelt. Der Widerstand selbst *nährt* den inneren Schatten. Die Verbissenheit unseres Widerstands kann darauf hinweisen, dass ein Teil unseres Selbst das Verhalten, dem wir uns entgegenstellen, nachahmen möchte. Wie oft habe ich Menschen sagen hören, dass die größte Gewalt, die sie selbst erlebt haben, von Kollegen in der Friedensbewegung kam! Manchmal finden Menschen Friedensfragen deswegen anziehend, weil sie eigene innere Gewaltneigungen bekämpfen, die sie auf den „Feind" projiziert haben. Wo auch immer sein Ursprung liegen mag, dieser vernachlässigte Schatten kann sich in boshafter Sprache und böswilligen Handlungen äußern, die andere gefährden und der Sache schaden.

Manche von uns, die sich für soziale Gerechtigkeit engagieren, sind gegenüber dem, was in der eigenen Psyche geschieht, ungeheuer naiv. Oft finden wir im Widerstand gegen das Böse unsere Identität. Auf diese Weise können wir dann mit uns selbst zufrieden sein: Schließlich müssen wir doch, wenn wir uns gegen das Böse stellen, selber gut sein. Die Ungeduld mancher Aktivisten gegenüber Gebet, Meditation und innerer Heilung kann bereits eine Ahnung vermitteln von dem, was sie selber finden würden, wenn sie nach innen schauten. *Denn der Kampf gegen das Böse kann uns böse machen*; kein Vorrat an guten Vorsätzen kann das automatisch verhindern. Die ganze Rüstung Gottes, die Epheser 6,10–20 uns anzulegen rät, ist genau dafür gedacht, uns gegen die Infizierung durch das Böse in der eigenen Seele zu schützen. Die in dieser Rüstung enthaltenen Metalle werden im Feuer des Gebets geschmiedet.

Die Tatsache, dass der Widerstand gegen gesellschaftliche Übel das Böse in der eigenen Seele entfacht, darf nicht dazu führen, dass wir die äußeren Kämpfe vermeiden. Diese Kämpfe sind vielleicht die einzige Möglichkeit, die innere, spirituelle Arbeit zu entdecken, die unser Schicksal von uns verlangt.

Jesu dritter Weg bringt einerseits die äußere Spirale der Vergeltung zum Stillstand, und befähigt uns andererseits, die dadurch verursachte innere Infektion ins Auge zu fassen. Auf dem Weg Jesu können wir dem Bösen entgegentreten, ohne dem Bösen entweder zu erliegen oder sich ihm blind entgegenzuwerfen, unter vom Bösen diktierten Bedingungen.

Die Wirklichkeit, ob materiell oder geistig, ist scheinbar so konstruiert, dass jeder Aktion eine gleich starke Gegenreaktion folgt. So kann jeder Versuch, das Herrschaftssystem durch die Methoden der Herrschaft zu bekämpfen, nur zu neuer Herrschaft führen. Wenn wir dem Bösen mit Bösem widerstehen, wenn wir in gleicher Weise dagegen angehen, garantieren wir einfach seinen Fortbestand, wir werden selbst in sein Ebenbild verwandelt. Der Weg der Gewaltfreiheit, der von Jesus gewählte Weg, ist die einzige Möglichkeit, das Böse zu überwinden, ohne neue Formen des Bösen zu schaffen und uns dabei selbst zu verderben. Selbstmörderisch erscheint denen die Gewaltfreiheit, die in der Falle des Mythos von der erlösenden Gewalt sitzen; denen allerdings, die unerschrocken die Bandbreite der Gewalt in unserer Alltagswelt wahrnehmen, wird die Gewaltfreiheit als einzig verbleibende Möglichkeit erscheinen. Und das gilt nicht nur für Christen, sondern für die ganze Welt.

Kapitel 7

Jenseits von Pazifismus und gerechtem Krieg

Die neue, von Jesus proklamierte Wirklichkeit ist eine gewaltfreie Wirklichkeit. Dies wird nicht nur durch die Bergpredigt deutlich, sondern durch sein ganzes Leben, seine Lehre und vor allem durch die Art, wie er sich bei seinem eigenen Tod in den Händen der herrschenden Mächte verhielt. Seine Gewaltfreiheit war nicht nur taktisch oder pragmatisch. Er hat sie nicht gewählt, weil nichts anderes angesichts der Monopolisierung der Macht durch das römische Reich gewirkt hätte. Jesus betrachtete Gewaltfreiheit vielmehr als direkten Ausdruck der Natur Gottes und der neuen Wirklichkeit, die nun von Gott kommend in die Welt einbrach. In einer Passage des Neuen Testaments, die öfter als jede andere in den ersten vier Jahrhunderten der Kirche zitiert wurde, lehrte Jesus die Liebe zu unseren Feinden mit der Begründung, dass ja auch Gott die Sonne über Böse und Gute aufgehen und es über Gerechte und Ungerechte regnen lässt (vgl. Mt 5,45). Jesus beharrt darauf: Gott liebt und schätzt alle, sogar unsere Feinde. Die Königsherrschaft Gottes, das Friedensreich, bedeutet (trotz der monarchischen Ausdrucksweise) eine Ordnung, in der Ungerechtigkeit, Gewalt und Herrschaft, die für unterdrückerische Gesellschaften stets kennzeichnend sind, überwunden sind. Gewaltfreiheit ist also nicht nur ein Mittel zur Verwirklichung der Gottesherrschaft, sie ist eine Wesenseigenschaft dieser Herrschaft. Wer gewaltfrei lebt, offenbart bereits die verwandelte Wirklichkeit der göttlichen Ordnung, obwohl er noch unter der Gerichtsbarkeit des Herrschaftssystems steht.

Die frühen Christen sahen sich selbst als Bahnbrecher der neuen Ordnung. Demgemäß weigerten sie sich, am Krieg teilzunehmen. Soweit wir wissen, hat während der ersten drei Jahrhunderte kein christlicher Autor die Teilnahme von Christen am Kampf gebilligt. Die uns vorliegenden Daten zeigen, dass sogar der Militärdienst in Friedenszeiten missbilligt wurde. Tertullian, ein Theologe der frühen Kirche, hatte markigen Rat für Soldaten, die zum Christentum konvertierten: Verlasst die Armee oder werdet durch die Weigerung zu kämpfen zu Märtyrern.

Als Kaiser Konstantin im Jahr 321 n. Chr. heidnische Opfer in der Armee verbot, sahen das die meisten Christen offensichtlich als die Beseitigung eines

Haupteinwands gegen den Militärdienst. Der zweite Einwand, das Töten, wurde schnell „wegerklärt“, da das Reich keine Expansionskriege mehr führte und in jener relativ friedlichen Epoche nur gelegentlich zum Schutz der Grenzen kämpfen musste. Soldaten wurden hauptsächlich als Polizeikräfte eingesetzt, um den Postverkehr zu schützen und Banditen festzunehmen. Als die christliche Kirche begann, durch dasselbe Reich begünstigt zu werden, durch das sie einst so hartnäckig bekämpft worden war, erschien der einst als Grundübel betrachtete Krieg nun vielen als Notwendigkeit zur Erhaltung eines Reiches, das die Kirche schützte.

Der waffenlose Sieg der Christenheit über das römische Reich endete in einem waffenlosen Sieg des Reiches über das Evangelium. Eine grundlegende Veränderung fand statt, als die Kirche nicht länger verfolgt, sondern selbst zum Verfolger wurde. Hat eine Religion erst so viel Macht in einer Gesellschaft erlangt, dass der Staat bei ihr Unterstützung sucht, muss diese Religion sich notwendigerweise der Unterdrückung der Feinde des Staates anschließen. Diese Verschiebung war eine Katastrophe für einen Glauben, der bislang von Herrschaftskritik und der Vision einer gewaltfreien Gesellschaftsordnung geprägt war, denn sie zog auch die Akzeptanz und Rechtfertigung der Unterdrückung nach sich.

Die Lehre vom gerechten Krieg

Augustinus (gest. 430) sollte es zukommen, das Christentum an die neue Rolle als eine privilegierte, staatstragende Religion anzupassen. Wie bereits in Kapitel 5 erwähnt, glaubte Augustinus, dass Christen nicht das Recht hätten, sich gegen Gewalt zu verteidigen. Dennoch, argumentierte er, ist es eine Pflicht der Liebe, Unschuldige gegen das Böse zu verteidigen. Zur Rechtfertigung der Politik des römischen Imperiums griff er auf die von Cicero aufgestellten Prinzipien des gerechten Krieges zurück. Augustinus formulierte einen Standpunkt, der in der kirchlichen Lehre bis heute dominant ist.

Wenn man sie fragte, würden die meisten Christen, Katholiken wie Protestanten, heutzutage behaupten, dass sie die Gewaltanwendung in bestimmten Fällen auf der Grundlage der Lehre des gerechten Krieges billigen. Tatsächlich verwechseln sie dabei aber oft den gerechten Krieg mit anderen Formen der Gewalt. Manche verbinden mit diesem Begriff sogar ein völlig anderes Konzept: den *heiligen Krieg* oder *Kreuzzug,* also einen totalen Krieg, der auf die vollständige Unterwerfung oder Auslöschung des Feindes zielt. Die Eroberung Kanaans durch die Israeliten, die mittelalterlichen Kreuzzüge oder der Krieg des Ajatollah Khomeini gegen den Irak wären als Beispiele zu nennen.

Im Glauben, einen gerechten Krieg zu befürworten, unterstützen andere in Wirklichkeit einen *politischen Krieg* oder einen *Krieg aus nationalen Interessen.* Beispiele sind die Invasion Iraks in Iran 1980 und Kuwait 1990, die Angriffe der USA auf Vietnam, Grenada und Panama, der sowjetische Krieg gegen Afghanistan, die vietnamesische Besetzung Kambodschas, sowie eine Fülle anderer nationaler militärischer Interventionen in die Angelegenheiten eines anderen Staates aus rein pragmatischen, politischen und wirtschaftlichen Gründen. Solche Kriege werden nicht durch ethische Überlegungen, sondern einfach durch die angenommenen machtpolitischen Notwendigkeiten gerechtfertigt. Macht geht vor Recht.

Eine dritte Art von Kriegen ist schlicht begründet im *Machismus* oder in der *Egozentrik.* In diesem Fall ist die Ehre einer Nation oder ihres Führers so stark verknüpft mit dem Widerstand gegen einen Gegner, dass alle anderen Überlegungen – auch der Verlust von Menschenleben – dagegen als unbedeutend gelten. Man denke an Margaret Thatcher und den Krieg um die Falklandinseln/Malwinen, an die selbstmörderische Weigerung Saddam Husseins, sich aus Kuwait zurückzuziehen, oder an die Personalisierung des Krieges gegen Saddam Hussein durch Präsident Bush, den er führte, als handle es sich allein um eine Konfrontation zwischen ihnen beiden.

Der gerechte Krieg unterscheidet sich grundsätzlich von diesen drei Kriegstypen, obwohl er immer wieder mit ihnen verwechselt wird. Die meisten Kriege, an denen Christen aller Nationen sich beteiligt haben, waren entweder heilige Kreuzzüge, Kriege aus nationalem Interesse oder Auswüchse des Machismus. Keine christliche Autorität hat jemals vor Anfang einer Kampfhandlung festgelegt, dass die Kriegsführung der einen oder andern Seite aufgrund der Kriterien des gerechten Krieges zu rechtfertigen ist. Stattdessen zeigt die traurige Bilanz, dass christliche Kirchen normalerweise einfach die Kriegspartei unterstützen, zu der sie gerade gehören.

Meine Frau June und ich waren 1982 während des Höhepunktes des Krieges um die Falklandinseln/Malwinen in Argentinien. Mit einer einzigen Ausnahme, der des Friedensnobelpreisträgers Alberto Pérez Esquivel, glaubten alle von uns interviewten Christen, dass Argentinien einen gerechten Krieg führe, um „seine" Inseln wiederzugewinnen. Einige Zeit später waren wir in England, und ohne Ausnahme hat jeder Theologe und Ethiker, mit dem wir sprachen, geglaubt, dass England einen gerechten Krieg gegen Argentinien geführt habe, um „seine" Inseln zu verteidigen. Die christlich-moralische Unterscheidung folgt tendenziell der Fahne des je eigenen Landes, und es gibt wenige, die wie Amos oder Jesaia oder auch Henry David Thoreau zu der Einsicht fähig sind, dass Gott vielleicht nicht auf der Seite ihres Landes stehe.

Viele Christen nehmen an, dass jeder Krieg, der ihnen gerecht *vorkommt,* auch gerecht *ist.* Sie befreien sich damit sowohl von den strengen Anforderungen der Gewaltfreiheit wie auch von den Prinzipien des gerechten Krieges. Christen haben auf diese Weise seit Konstantin nicht nur einander, sondern auch andere Länder mit einer Grausamkeit angefallen, die ihrem Ursprung völlig widerspricht.

Tatsächlich sind die Kriterien des gerechten Krieges sehr anspruchsvoll. Sie fordern, dass ein Christ sich nur dann an einem Krieg beteiligen darf, wenn er alle oder zumindest die meisten dieser Kriterien erfüllt. Die Beweislast obliegt *immer* denen, die zur Gewalt greifen. Verschiedene Autoren legen unterschiedliche Listen der Kriterien vor, doch sind sich alle, die sich mit der Frage des gerechten Krieges befassen, einig, dass folgende wesentliche Bedingungen gegeben sein müssen, damit die Beteiligung an einem Krieg als gerecht zu bezeichnen ist[69]:

1. Der Krieg muss einen *gerechten Grund* haben.
2. Er muss von einer *legitimen Autorität* geführt werden.
3. Er muss *formell erklärt* werden.
4. Er muss mit einer *friedlichen Absicht* geführt werden.
5. Er muss das *letzte Mittel* sein.
6. Es muss eine begründete *Hoffnung auf Erfolg* bestehen.
7. Die eingesetzten Mittel müssen dem angestrebten Ziel *angemessen* sein.

Drei weitere Bedingungen müssen erfüllt sein, die sich auf das Verhalten während eines Krieges beziehen:

1. Am Kampf Unbeteiligte sind zu schützen.
2. Gefangene sind human zu behandeln.
3. Internationale Verträge und Konventionen sind einzuhalten.

Diese allgemeinen Regeln lassen sich auf konkrete Situationen oft schwer anwenden. Wo liegt zum Beispiel die legitime Autorität bei einem Guerillaaufstand zum Sturz eines Diktators? Sind nationale Befreiungskriege gegen Kolonialmächte gerecht, auch wenn sie gewaltsame Mittel anwenden? Wie unterscheiden wir „Angriffskriege" und „Verteidigungskriege", und wie stellen wir fest, wer den Krieg in Wirklichkeit begonnen hat? Wer kann im Zeitalter eines totalen Krieges noch als am Kampf unbeteiligt gelten?

Was passiert, wenn *beide* Seiten in gutem Glauben argumentieren, dass ihr Krieg gerecht ist? Wiegen manche Kriterien schwerer als andere? Sind sie auch noch im nuklearen Zeitalter angesichts der beispiellosen Zerstörungskraft, die heutigen Angreifern zur Verfügung steht, anwendbar? Und warum sollte man vor allem diese Kriterien als gültig anerkennen?

Obwohl die Kriterien in der Vergangenheit oft eher legalistisch angewendet wurden, scheinen sie mir bei dem Bestreben, Gewalt im Krieg zu mäßigen, unersetzlich. *Nicht die Kriterien an sich sind problematisch, sondern die Tatsache, dass sie dem Mythos der erlösenden Gewalt untergeordnet werden.* Normalerweise wurden und werden die Kriterien des gerechten Krieges in diesem mythischen Kontext verwendet, Kriege zu rechtfertigen, die nicht zu rechtfertigen sind. Wenn man sie aus diesem Kontext löst und sie in Beziehung setzt zur grundlegenden Berufung der Kirche zur Gewaltfreiheit, könnten diese Kriterien bei der Verhinderung des Krieges eine Rolle spielen, oder bei Kriegen, die nicht verhindert werden konnten, zur Minderung der Gewalt beitragen.

Pazifisten und Vertreter der Lehre des gerechten Krieges haben lange Zeit über eine tiefe Kluft hinweg diskutiert. Letztere haben sich gegen den Perfektionismus der Pazifisten gesträubt, deren Sorge um ethisch vertretbare Vorgehensweisen ihrer Ansicht nach die Erfordernisse der Gerechtigkeit verdunkelt habe. Pazifisten dagegen haben die Befürworter des gerechten Krieges beschuldigt, als Propagandisten der Kriegsmaschinerie zu dienen. Pazifisten wurden für verantwortungslos gehalten; Fürsprecher des gerechten Krieges erschienen angepasst. Gibt es nicht auch hier einen dritten Weg, einen Weg, der sowohl die Gewaltfreiheit der Pazifisten wie auch die Besorgnis um moralische Verantwortung *im* Krieg seitens der Vertreter des gerechten Krieges ernst nimmt? Ich glaube, es gibt solch einen Weg, er erfordert aber sowohl eine vorgängige Verpflichtung zur Gewaltfreiheit wie auch eine viel strengere Anwendung der Kriterien des gerechten Krieges, als es normalerweise der Fall gewesen ist.

Die Berufung der Kirche zur Gewaltfreiheit

Wir stehen vor der Herausforderung, Gerechtigkeit herzustellen, indem dem Herrschaftssystem ein Ende gesetzt wird. Wer in einem Freiheitskampf beteiligt ist, kann durchaus größere Gerechtigkeit für seine Seite erreichen und es dennoch versäumen, andere Probleme wie das Patriarchat, den Rassismus oder das Elitedenken aufzugreifen. Im Kampf gegen Unterdrückung verlängert jede Vermehrung von Gewalt das Herrschaftssystem und vertieft den Glauben an die erlösende Kraft der Gewalt. *Gewalt lässt sich niemals durch Gewalt verhindern, weil gerade ihr „Erfolg" andere dazu verführt, sie nachzuahmen.* Paradoxerweise ist Gewalt dann am gefährlichsten, wenn sie *erfolgreich* ist.

In seinem gewaltfreien Lehren, Leben und Sterben hat Jesus einen Gott der Gewaltfreiheit offenbart. Der Gott, der ein versklavtes Volk durch den Auszug aus Ägypten befreit hat, wurde als Retter der ganzen Menschheit aus der Unterdrückung erkannt. Die in der biblischen Tradition mit Gott in Verbindung gebrachte Gewalt wurde abgestreift, und Gott wurde als ein liebender Elternteil offenbart. Die Gewalttätigkeit der herrschenden Mächte und ihre Verzweckung Gottes zur Rechtfertigung von Unterdrückung wurden aufgedeckt.

Christen leben nicht gewaltfrei, um erlöst zu werden oder um einer absoluten, ethischen Norm zu entsprechen, sondern weil wir dem Herrschaftssystem ein Ende setzen wollen. Wir verzichten auf Gewalt, weil wir die Herrschaft der Gewalt auf Erden nicht um einen einzigen Tag verlängern wollen. Gewaltfreiheit ist nicht eine Frage normgerechten Verhaltens, sondern eine Frage der Nachfolge. Sie ist der von Gott gewählte Weg zur Überwindung des Bösen in der Welt. Und derselbe Gott, der uns zur Gewaltfreiheit ruft, gibt uns auch die Kraft, sie auszuüben.

Gewaltfreiheit ist nicht ein zu leistendes „Werk", um als gerecht zu gelten. Gott kann uns unser Scheitern bei der Bemühung um Gewaltverzicht vergeben. Wir können nicht einmal behaupten, jede gewaltfreie Aktion entspreche unter allen Umständen dem Willen Gottes. Wie kann ich wissen, ob in einer gegebenen Situation meine gewaltfreie Haltung nicht auf einer völlig falschen Einschätzung des göttlichen Willens beruht? Ich kann Gottes Urteil nicht vorwegnehmen. Ich kann lediglich sagen, Gewaltfreiheit steht im Zentrum des Evangeliums, und es ist Aufgabe der Kirche zu versuchen, diesen Sauerteig ins Leben der Welt einzubringen.

Kreuzigung und Auferstehung Jesu sind die Zusage, dass eine Macht in der Welt darauf hinwirkt, eine Niederlage in einen göttlichen Sieg zu verwandeln. In diesem Sinne scheitert Gewaltfreiheit nie, weil jede gewaltfreie Handlung den Einbruch der neuen Ordnung Gottes in die Welt offenbart. Gewalt erzeugt bei Versagen Verzweiflung, da sie als *ultima ratio*, als letztes Mittel, gilt; wenn sie dagegen gelingt, kann sie den Glauben an die erlösende Macht des Todes stärken. Gewaltfreiheit weist dagegen – gleichgültig ob sie scheitert oder Erfolg hat – auf eine neue Möglichkeit der Konfliktlösung hin, auf einen Weg, den die Menschheit lernen muss, um zu überleben. Die Kirchen waren sich noch nie darüber einig, dass Herrschaft falsch ist. Was würde es für die Welt bedeuten, wenn sie es wären!

Die Bedeutung der „Kriterien zur Gewaltminderung“

Die größten Bedenken gegen Theorie und Praxis des gerechten Krieges liegen darin, dass sie bei aller scheinbaren intellektuellen Strenge moralisch dennoch lasch erscheinen. Das Kriterium des Schutzes der Zivilbevölkerung verlangt zum Beispiel, dass Unbeteiligte vor jedem direkten Angriff geschützt werden. Verboten ist allerdings nur „eine vorsätzliche menschliche Handlung, die bewusst auf Zivilisten gerichtet ist“, so der Ethiker Paul Ramsey, einer der führenden Vertreter der Theorie des gerechten Krieges.[70] Wenn Zivilisten im Rahmen eines Angriffs auf ein legitimes und wichtiges militärisches Ziel getötet werden, ist das einfach eine unglückliche Notwendigkeit. „Es *gibt* keine Regel gegen das Töten eines Nichtkombattanten, nur gegen das direkte Zielen auf ihn.“ Verstecken sich Guerillakämpfer unter Zivilisten, ist es durchaus legitim, diese mit jenen zusammen in die Luft zu sprengen.[71]

Ramsey war der Überzeugung, wir dürften eine Handlung, von der wir wissen, dass sie den Tod vieler Zivilisten zur Folge haben wird, durchführen, solange ihr Tod nicht in unserer *Absicht* liegt. Diese Vorstellung führt zum moralischen Bankrott, zumal sie in der Praxis zur Akzeptanz einer derart astronomisch hohen Todesziffer führt, dass das Kriterium des *Schutzes* der Zivilisten *ad absurdum* geführt wird. Dieses Kriterium wurde in der Absicht formuliert, den Tod von Zivilisten überhaupt zu verhindern. Wenn wir aber den zivilen Kriegsopfern all jene hinzuzählen, deren Tod durch den kriegsbedingten Zusammenbruch der Landwirtschaft, der Hygiene und der Lebensmittelversorgung verursacht wurde, dann beträgt die Zahl der zivilen Opfer im Durchschnitt 50 Prozent aller Kriegstoten seit 1700. Bezeichnenderweise gibt es so gut wie keine Veränderung der durchschnittlichen Höhe ziviler Opfer von 1700 bis in die jüngste Zeit. Wer also heute einen Krieg plant, kann mit ziemlicher Sicherheit davon ausgehen, dass die Zahl der Zivilisten unter den Kriegsopfern mindestens 50 Prozent ausmachen wird; angesichts der Feuerkraft moderner Waffen wird sie vermutlich noch viel höher liegen. In den 1980er-Jahren ist die zivile Todesrate auf 74 Prozent gesprungen und 1990 in die Nähe von 90 Prozent gestiegen. Nach dieser Berechnung haben praktisch alle Kriege der letzten drei Jahrhunderte das Kriterium des Schutzes der Zivilbevölkerung verletzt.[72]

Was diese Statistiken darüber hinaus nicht zeigen, ist der riesenhafte Sprung in der *Gesamtzahl* der in unserem Jahrhundert[73] im Krieg Getöteten:

16. Jahrhundert: 1,6 Millionen Tote
17. Jahrhundert: 6,1 Millionen Tote

18. Jahrhundert: 7 Millionen Tote
19. Jahrhundert: 19,4 Millionen Tote
20. Jahrhundert: 109 Millionen Tote

Ungefähr die Hälfte davon waren zivile Opfer. Wenn das Kriterium des Schutzes der Zivilbevölkerung als Verbot des Tötens von Zivilisten zu verstehen ist, durch welche verdrehte Logik kann man dann Todesraten einer solchen Größenordnung rechtfertigen? Auch wenn wir die anzunehmende Gesamtzahl der Kriegsopfer aller Jahrhunderte seit dem Beginn der sesshaften Zivilisation (ca. 8000 v. Chr.) übertreiben sollten, *sind in unserem Jahrhundert mehr Menschen durch Krieg getötet worden als während der gesamten zehntausend Jahre vorher.* Dennoch sinnen christliche Ethiker immer noch über die Frage nach, ob manche Kriege nicht doch zu rechtfertigen sind!

Oder man betrachte das Kriterium des *letzten Mittels*. Theoretisch sind Befürworter der Lehre des gerechten Krieges dazu verpflichtet, jede mögliche gewaltfreie Alternative zu versuchen, bevor sie sich einem Krieg zuwenden. Tatsächlich kenne ich aber nur einen, James F. Childress, der bei seinen Überlegungen gewaltfreie Alternativen überhaupt in Erwägung zieht. Alle anderen konzentrieren sich nur auf die Frage, was ein „letztes Mittel" ist. Damit wird die ethische Frage stark verkürzt. Das letzte Mittel wird, wie in den Schriften von Ramsey, zum rechtzeitigen Mittel: Bald wird dann über „präventive Angriffe", über die Ermordung von Staatsoberhäuptern oder sogar, in der doppelzüngigen Pentagon-Sprache, über „vorauseilende Vergeltung" diskutiert. Haben wir in unserem Krieg mit dem Irak den Sanktionen und der Diplomatie wirklich genügend Zeit gelassen, um zu wirken? War der Krieg tatsächlich das letzte Mittel?

Genauso leicht lassen sich die anderen Kriterien des gerechten Krieges manipulieren. Ein gerechter Krieg muss von einer „legitimen Autorität" erklärt werden, und doch wurde der Vietnamkrieg von der amerikanischen Seite nie durch das einzige Organ erklärt, dem diese Befugnis zusteht, dem US-amerikanischen Kongress. Diese Tatsache hat aber kaum Verfechter des gerechten Krieges dazu bewegt, den Krieg für ungerecht zu erklären. Ein Nuklearkrieg ist ohne einen Überraschungsangriff nie zu „gewinnen"; das lässt sich aber von vornherein mit der von der traditionellen Lehre des gerechten Krieges geforderten „formellen Erklärung" nicht vereinbaren.

Ein Krieg muss ferner einen „gerechten Grund" haben. Wie soll aber die Öffentlichkeit wirklich wissen, ob eine Sache gerecht ist, wenn die Wahrheit immer das erste Kriegsopfer ist? Der Tonkin-Zwischenfall vor Vietnam wurde zum Beispiel anscheinend absichtlich inszeniert, um öffentliche Unterstützung für den Krieg zu gewinnen.

Wiederum müssen die im Krieg eingesetzten Mittel dem anvisierten Zweck *angemessen* sein. Wie können wir aber vorher überhaupt wissen, welches Zerstörungsniveau mit einem bewaffneten Konflikt einhergehen wird? Über die Opfer, die zerstörten Städte, die Flüchtlinge, die bankrotte Wirtschaft, die vergewaltigten oder zur Prostitution erniedrigten Frauen, die an Unterernährung und Darmkrankheiten sterbenden Kinder hinaus stellt sich ja die Frage, wie wir die anschließend fortdauernde Gefahr explodierender Landminen und Bomben und von Drogensucht, Alkoholismus, psychischen Erkrankungen, Verkrüppelung und Selbstmord prognostizieren können? Wie kann das alles vor oder auch während eines Krieges abgewogen werden?

Wenn wir alle diese Einwände gegen den gerechten Krieg analysieren, laufen sie auf einen Punkt hinaus: Die Lehre des gerechten Krieges ist nur dann angreifbar, wenn sie verknüpft ist mit dem Mythos der erlösenden Gewalt. Viele Menschen würden leugnen, dass Krieg *überhaupt* gerecht sein kann. Das hat manche dazu geführt, die Lehre des gerechten Krieges in seiner Gesamtheit abzulehnen. Man wird aber feststellen, *dass auch sie die Kriterien des gerechten Kriegs anwenden, um ihre Zurückweisung der Vorstellung der Idee eines gerechten Krieges zu erklären.* Diese Kriterien sind nämlich unverzichtbar bei der Bemühung, die Grauenhaftigkeit des Krieges zu verhindern oder wenigstens zu mildern.

Christen können ebenso wenig von einem gerechten Krieg reden wie von gerechter Vergewaltigung, gerechtem Kindesmissbrauch oder gerechten Massakern (und all dies sind unvermeidliche Begleiterscheinungen eines Krieges). Dennoch können wir eine Welt verwirrender Komplexität, in der uns die Gewalt anderer schwierige Entscheidungen aufzwingt und gewaltfreie Lösungen nicht immer zu erkennen sind, nicht einfach hinweg wünschen.

Ich schlage vor, dass wir aufhören, überhaupt von „gerechten Kriegen" zu reden. Genau wie das Wort „Pazifismus" zu sehr nach „Passivität" klingt, klingt auch „gerechter Krieg" zu sehr nach „Krieg ist zu rechtfertigen". Die Lehre ist insgesamt mit nicht länger hinnehmbaren Illusionen über die Rechtmäßigkeit des Krieges behaftet. Wer Krieg grundsätzlich als kriminell betrachtet, kann die eigentlich hilfreichen Kriterien kaum anwenden, solange er gezwungen ist, diese Kriterien innerhalb eines insgesamt inadäquaten Theorierahmens zu diskutieren.

Stattdessen schlage ich vor, dass wir die Kriterien des gerechten Krieges umbenennen in „Kriterien zur Gewaltminderung". Das ist es schließlich, wonach die meisten unter uns suchen. Wir suchen nicht nach einem Prinzip zur Legitimierung bestimmter Kriege, sondern nach Möglichkeiten, Krieg zu verhindern, bevor er beginnt, bzw. seine Schrecken zu mindern, wenn er begonnen hat. Vielleicht können im Ausdruck *Kriterien zur Gewaltminderung* sowohl die Vertreter der Lehre des gerechten Krieges wie auch die Befürworter der Gewaltfreiheit einen gemeinsamen Bezugspunkt finden für ihr Anliegen, die Lust am Krieg einzudämmen.

Schließlich sind sich die Anhänger der Gewaltfreiheit und die Verfechter des gerechten Krieges in einigen Hauptpunkten einig:

1. Beide erkennen an, dass Gewaltlosigkeit der Gewalt grundsätzlich vorzuziehen ist.
2. Beide sind sich einig, dass Unschuldige soweit wie möglich zu schützen sind.
3. Beide lehnen es ab, einen Krieg zu rechtfertigen, der allein durch Kreuzzugsmentalität, nationales Eigeninteresse oder persönliche Egozentrik motiviert wird.
4. Beide wollen Staaten dazu bringen, Gewalt zu mindern.
5. Beide wollen den Krieg vor, während und nach einem Konflikt unter die Moral stellen.

Gewalt widerspricht dem Evangelium. Wir sind aber nicht immer fähig, dem Evangelium gemäß zu leben. Mir ist es peinlich zu erkennen, wie schnell ich eine Person, die mich wütend macht, angreifen kann (es ist der Angriff, nicht die Wut, die mich beunruhigt). Dennoch, auch wenn wir als Einzelne oder als Nationen zu gewaltfreiem Handeln unfähig sind, sind unsere Handlungen nicht entschuldigt, noch dürfen wir versuchen, sie zu rechtfertigen.

Wir können aber auch nicht die Menschen verurteilen, die in ihrer Verzweiflung gegen die massive Gewalt einer ungerechten Ordnung Gegengewalt einsetzen. Wir müssen ihnen Erfolg wünschen, auch wenn sie selber noch gefangen sind im Mythos der erlösenden Gewalt. Wer weiß, möglicherweise wird ihr Sieg eine bessere Gesellschaft hervorbringen, die sich von manchen ihrer unterdrückerischen Elemente befreien kann, wie es den Revolutionären in Nicaragua gelungen ist, bis ihre Bemühungen von den durch die USA gestützten Contras sabotiert wurden.

Wir müssen unsere Sucht nach dem Mythos der erlösenden Gewalt erkennen, eine genauso hartnäckige und verführerische Sucht wie die Versklavung durch Alkohol oder Drogen. Die Zivilisation ist der Gewalt verfallen; logische Argumentation genügt nicht, um uns aus dem Griff der Gewalt zu befreien. Um loszukommen von unserem Vertrauen in zerstörerische Kräfte, müssen wir unsere Verfallenheit erkennen und uns einer höheren Macht um Hilfe zuwenden.

Die Bevölkerung eines Landes kann überzeugt sein, dass sie kämpfen muss, um ein größeres Übel zu verhindern. Dadurch hört aber das geringere

Übel nicht auf, auch ein Übel zu sein. Die Erklärung, dass ein Krieg „gerecht" ist, ist einfach eine Finte, um uns aus unserer Schuld zu befreien. Von Schuld können wir uns aber ebenso wenig durch ein Dekret befreien, wie wir uns durch einen Befehl freisprechen können. Wenn wir getötet haben, ist das eine Sünde, und nur Gott kann uns vergeben, nicht ein Propagandaapparat, der unsere schmutzigen Kriege für „gerecht" erklärt. Regierungen und Guerillaführer sind nicht bemächtigt, uns von der Sünde loszusprechen. Das kann nur Gott, und Gott darf nicht verspottet werden. Die ganze Diskussion über „gerechte" Kriege ist unchristlich.

Wäre die Kirche unzweideutig dem Grundsatz der Gewaltfreiheit verpflichtet, wäre auch ihr Appell an Regierungen und an Aufständische, die Barbarei des Krieges zu vermindern, glaubwürdiger. Das hätte in Nordirland hilfreich sein können, wo sowohl die katholische wie die protestantische Kirche die Lehren des gerechten Krieges herangezogen haben, um die kämpfenden Parteien zu unterstützen. Da ihre Verurteilung der Gewalt aber selektiv war, fehlte es ihnen an Überzeugungskraft.

Gewaltminderungskriterien könnten vielleicht auch moralische Wirkung auf politische Führungskräfte haben, für die die Sprache des Evangeliums keine Überzeugungskraft hat. Manche Länder haben schon einige Schritte umgesetzt, um dem moralischen Widerstand gegen Krieg Raum zu geben: Gesetze über Kriegsdienstverweigerung aus Gewissensgründen, Anerkennung der Legitimität des zivilen Ungehorsams, Kriegsverbrechertribunale und Anerkennung des Rechts von Soldaten, illegale Befehle zu verweigern. Die meisten dieser Schritte sind das Ergebnis von durch Pazifisten ausgeübtem Druck.

Kämpferische Gewaltfreiheit

Die Lehre vom gerechten Krieg hat das Gebot „Widersetze dich nicht einem, der Böses tut" (Mt 5,39 Übers. Wink) falsch interpretiert, als bedeute es, keinen Widerstand zu leisten. In einem früheren Kapitel habe ich versucht, den Irrtum dieser Interpretation darzulegen. Jesus hat nicht Widerstandslosigkeit gelehrt, er hat vielmehr den *gewaltsamen* Widerstand zugunsten von gewaltlosem Widerstand verworfen. Natürlich müssen Christen dem Bösen widerstehen! Es ist nicht denkbar, dass ein anständiger Mensch fähig sein könnte, beiseite zu stehen und das Leiden unschuldiger Menschen zu beobachten, ohne *irgendetwas* zu ihrer Rettung zu tun oder dies wenigstens zu wollen. Es ist eine Frage der Mittel. Jesus hat den Christen auch nicht verboten, sich selbst zu verteidigen. Sie sollen es aber ohne Gewalt tun. Jesus hat nicht gleichgültige Passivität angesichts des Bösen gelehrt. Dieses wollte er gerade überwinden!

Auch der Pazifismus in seinen christlichen Ausprägungen beruht oft auf derselben Fehlinterpretation von Jesu Lehre in Mt 5,38-41. Nach diesen Deutungen hat Jesus befohlen, sich überhaupt nicht zu widersetzen, anstatt sich gewaltfrei zu widersetzen. Als Konsequenz haben sich manche Pazifisten sogar geweigert, sich an gewaltfreien direkten Aktionen oder an zivilem Ungehorsam zu beteiligen, mit dem Argument, solche Handlungen übten Zwang aus. Insofern ist die Verwechslung von „Pazifismus" mit „Passivismus" nicht ganz unbegründet.

Jesu dritter Weg *übt* durchaus *Zwang aus*, sofern er Unterdrücker zwingt, Entscheidungen zu treffen, die sie lieber vermeiden würden. Der Zwang ist aber nie *tödlich*; sein großer Vorteil besteht darin, dass unsere Gegner noch am Leben sind und unsere Entschuldigung noch akzeptieren können, für den Fall, dass wir eine falsche Entscheidung getroffen haben sollten.

Die gleiche Exegese, die die biblische Begründung für die traditionelle Lehre des gerechten Krieges untergräbt, macht auch die Grundlage eines tatenlosen Pazifismus zunichte. Jesu Lehre führt uns über gerechten Krieg *und* Pazifismus hinaus zu einer kämpferischen Gewaltfreiheit, die schon jetzt das Ethos der herrschaftsfreien Zukunft Gottes verwirklicht.

Die Geschichte selbst hat die praktische Umsetzbarkeit des Programms Jesu in jüngster Zeit bestätigt. Es könnte eine köstliche Ironie sein, wäre sie nicht so bitter: Ernsthafte Theologen haben sechzehn Jahrhunderte lang die Christenheit mit großem Ernst davon zu überzeugen versucht, dass ihr Evangelium Gewalt unterstützt, während vor Kurzem in einem offiziell atheistischen Land nach dem anderen massive Bürgerdemonstrationen die Effektivität von Jesu Lehre der Gewaltfreiheit als einem Mittel der Befreiung demonstriert haben.

Die hier vorgeschlagene Position behauptet, dass das pazifistische Erbe der Gewaltfreiheit ein fundamentales Prinzip des Evangeliums von Gottes anbrechender neuer Ordnung ist. Die Kirche kann demnach weder Gewalt noch Krieg als „gut" oder „gerecht" legitimieren. Diese Position bejaht aber auch die Gewaltminderungskriterien, die aus dem Erbe des gerechten Krieges gewonnen wurden. Diese können von Nutzen sein, um die Verwüstungen eines gegebenen Krieges aus einer Position prinzipieller Gewaltfreiheit zu vermindern.

Die Lehre des gerechten Krieges ist nicht so sehr in sich falsch, sondern wird dadurch falsch, dass sie verbunden ist mit der Ideologie der erlösenden Gewalt. Ihre heidnischen Wurzeln wurden nie hinreichend von ihrem

Ursprung im Herrschaftssystem gelöst. Von ihrem Missbrauch zur Rechtfertigung von nationalistischen Kriegen, heiligen Kreuzzügen oder egoistischen Machtproben befreit, können diese Kriterien jetzt angewendet werden, um die Barbareien des Krieges aus einer Perspektive verbindlicher Gewaltfreiheit zu verhindern oder zu verringern. Christen können heute den Krieg nicht mehr als eine Fortsetzung der Politik betrachten; er ist vielmehr ein gefährlicher Anachronismus, dazu bestimmt, in der neuen, gewaltfreien Ordnung Gottes der Vergessenheit anheimzufallen.

Es ließe sich zweifellos einwenden, dass eine Bejahung der Gewaltfreiheit durch die Kirchen es sich zu einfach macht; dass ethische Urteile in der realen Welt der Mächte viel zu komplex sind, um einen festen ethischen Standpunkt einzunehmen. Ich muss zugeben, dass dieser Einwand eine der Hauptursachen war, weswegen ich mich selbst so viele Jahre lang dagegen gewehrt habe, mich der Gewaltfreiheit vorbehaltlos zu verpflichten. Allmählich habe ich allerdings erkannt, dass die Kirche überaus dringend genau solch eine klare, unzweideutige Position benötigt. Regierungen werden sich immer noch mit der Option des Krieges auseinandersetzen und Ethiker können ihnen vielleicht bei ihren Entscheidungen helfen. Aber das Zeugnis der Kirche selbst sollte dem kleinsten Kind verständlich sein: Wir widersetzen uns der Gewalt in jeder Form. Wir tun das, weil wir die Herrschaft an sich ablehnen. Das bedeutet im Verständnis des Kindes: kein Missbrauch und keine Schläge; im Verständnis der Frauen: keine Vergewaltigung, keine körperliche Gewalt, keine Misshandlung; im Verständnis der Männer: keine männliche Dominanz und kein weiterer Krieg. Das bedeutet schließlich für alle: keinerlei weitere Schädigung der Umwelt.

Wir können Gewaltfreiheit vorbehaltlos bejahen, weil Gewaltfreiheit der Weg ist, auf dem sich die herrschaftsfreie Ordnung Gottes durchsetzt.

Kapitel 8
Gewaltfreiheit erproben

Unsere Gesellschaft ist gegenüber der Gewalt so abgestumpft, dass es ihr schwer fällt, an irgendetwas anderes zu glauben. Und dieser Ausdruck, *an etwas glauben*, ist der Schlüssel. Menschen vertrauen der Gewalt. Gewalt „rettet“, sie „erlöst“. Wenn wir das Überleben aber zum höchsten Gut und den Tod zum größten Übel machen, liefern wir uns selber an die Götter des Herrschaftssystems aus. Wir vertrauen der Gewalt, weil wir Angst haben. Und wir werden unsere Ängste nicht loslassen, bis wir uns eine bessere Alternative vorstellen können. Was ist, wenn wir von Räubern überfallen werden? Was ist, wenn in unserem Haus eingebrochen wird? Was ist, wenn in der Nachbarschaft eine Giftmülldeponie angelegt wird? Was ist, wenn eine andere Nation droht, uns vom Erdboden zu tilgen?

Angemessen reagieren

Die große Mehrheit der Christen lehnt Gewaltfreiheit ab, nicht nur, weil sie die biblischen Grundlagen missversteht, sondern weil es zu viele Situationen gibt, bei denen sie sich nicht vorstellen kann, dass Gewaltfreiheit wirkt. Die Was-ist-wenn-Frage entwächst einer echten moralischen Unsicherheit. Millionen Jahre der Konditionierung zu Flucht oder Kampf haben nicht dazu beigetragen, uns auf den „dritten Weg“ einer anderen Antwort auf das Böse vorzubereiten: Was-ist-wenn-Dilemmata stellen aber in Wirklichkeit keinesfalls eine Widerlegung der gewaltfreien Haltung dar. Sie können im Gegenteil zur nützlichen Erprobung gewaltfreier Möglichkeiten dienen, gerade dort, wo gewaltfreie Lösungen zunächst nicht zu erkennen sind.

Meist werden solche Fragen so gestellt, als weise allein schon die Frage die gewaltfreie Position zurück. „Was ist, wenn ein bewaffneter Verbrecher deine Frau oder dein Kind angreift?“ Allerdings stellt sich diese Frage jedem gleichermaßen, dem Verfechter der Gewalt genauso wie dem Befürworter der Gewaltfreiheit. Was *würdest* du denn tun? Ein Verbrecher greift normalerweise nur an, wenn er sicher ist, den Vorteil der Überraschung sowie bessere Waffen zu haben. Wirst du dich ihm mit deinen Fäusten entgegenstellen, wenn er einen Revolver oder eine AK-47 hat? Oder wird bei diesem hypothetischen Fall vorausgesetzt, dass du normalerweise eine Maschinenpistole bei dir trägst, dass du sie sofort zur Hand hast, dass du vor dem Angreifer geschützt bist und dass du ihn liquidieren kannst, ohne Gefahr zu laufen, auch diejenigen zu töten, die du schützen willst?

In der Praxis ist es also gar nicht einfach, in einer solchen Situation effektiv zu reagieren, *weder* gewaltsam *noch* gewaltfrei. Was ist, wenn deine Ehefrau von einem Räuber angegriffen wird? Du könntest um Hilfe schreien, die Polizei rufen oder versuchen, dich selbst dazwischen zu stellen; du könntest an das „bessere Selbst" des Angreifers appellieren, ihn durch Körpereinsatz zu entwaffnen versuchen oder eine überraschende Wendung finden, um die Initiative zu ergreifen und ihn dazu bewegen, es sich anders zu überlegen. Egal, ob man Gewaltfreiheit oder bewaffneten Widerstand vorzieht, man kann nicht vorher wissen, wie man in einer solchen Situation reagieren würde. Man sollte sicherlich versuchen, irgendwie zu intervenieren. Jesus hat, wie wir bereits gesehen haben, Selbstverteidigung nicht verboten. Er hat nicht Verzicht auf Widerstand, sondern Gewaltfreiheit gelehrt.

Verschiedene Antworten auf die Was-ist-wenn-Fragen durchzuspielen, ist komplexer als viele Menschen annehmen. Gandhi, der bekannteste Befürworter der Gewaltlosigkeit überhaupt, hat immer wieder betont, dass es stets besser sei, gewalttätig als feige zu sein. Seine eigene Position war klar: Er selbst würde nie auf Gewalt zurückgreifen; wenn aber jemand anderes dieses Niveau spirituellen Bewusstseins noch nicht erlangt hätte, meinte Gandhi, dann sollte dieser Mensch das tun, worauf er vorbereitet ist. „Wenn du ein Messer in der Tasche hast, nimm es heraus und benutze es."[74]

Die meisten Angreifer gehen von einer bestimmten Erwartungskonstellation in Bezug auf die Reaktion eines Opfers aus, behauptet die Theoretikerin der Gewaltfreiheit Angie O'Gorman, und sie brauchen ein Opfer, das sich wie ein Opfer verhält. Eine Reaktion von Gewalt, Feindschaft, Wut, Panik oder Hilflosigkeit verstärkt diese Erwartungen des Angreifers. Sie bestätigt seine Selbstsicherheit und sein Gefühl der Kontrolle. Und sie stärkt meist die Neigung einer ohnehin feindlich gesonnenen Person zur Grausamkeit. Angreifer kennen dieses Spiel. Sie können mit dem umgehen, was ihren Erwartungen entspricht. Die Anwendung des gewaltsamen Widerstands zur Lösung des Konflikts bedeutet, sich auf die vom Angreifer gesetzten Spielregeln zu beschränken.

Wenn es dagegen gelingt, eine Verwunderung zu provozieren, kann diese die Feindschaft auflösen. Es scheint für die menschliche Psyche praktisch nicht möglich, sich gleichzeitig zu wundern und eine Einstellung der Grausamkeit aufrecht zu halten. Verwunderung kann das schaffen, was O'Gorman einen

„Kontext der Umkehr“ nennt. Wenn das Opfer sich auf das konzentriert, was eine Verwunderung auslöst, stellt sich eine Regung zur Nachahmung beim Angreifer ein und erregt einen mit der Gewalt unvereinbaren Gegenimpuls.

In dem Buch *The Universe Bends Toward Justice*[75] beschreibt O’Gorman, wie sie eines Nachts geweckt wurde von einem Mann, der die Tür zu ihrem Schlafzimmer aufstieß. Niemand war zuhause, das Telefon befand sich im unteren Stockwerk:

„Er hat mich, schon während er sich meinem Bett näherte, verbal angegriffen. Ich konnte seine Augen in der Dunkelheit nicht sehen, konnte aber seinen Umriss erkennen. Als ich da lag und eine noch nie erlebte Furcht und Verletzlichkeit spürte, gingen mir mehrere Gedanken durch den Kopf, alle innerhalb von Sekunden. Der erste Gedanke war, Schreien ist sinnlos. Der zweite war, zu erkennen, wie irrig die Überzeugung ist, dass Sicherheit von einer Pistole unter dem Kopfkissen abhänge. Irgendwie konnte ich mir nicht vorstellen, der Mann würde geduldig daneben stehen, während ich unter dem Kissen nach der Pistole griff. Der dritte Gedanke hat mir, glaube ich, das Leben gerettet. Ich erkannte mit einer gewissen Klarheit, dass entweder er und ich gemeinsam aus dieser Situation wohlbehalten herauskommen werden, oder dass wir beide Schaden nehmen würden. Seine und meine Sicherheit waren verbunden. Wenn er mich vergewaltigte, würde mich das physisch und psychisch verletzen. Wenn er mich vergewaltigte, würde aber auch er verletzt sein. Wenn er ins Gefängnis käme, wäre sein Schaden noch größer. Dieser Gedanke hat *mich* entwaffnet. Er befreite mich von meinem eigenen Wunsch, loszuschlagen, und von der eigenen Lähmung. Er befreite mich nicht vom Gefühl der Furcht, aber die Furcht hörte auf, meine Reaktionsfähigkeit zu bestimmen. Ich stellte fest, dass ich aus einer Sorge um unserer beider Sicherheit mit einer gewissen Festigkeit, aber mit erstaunlich wenig Feindseligkeit in der Stimme antworten konnte.

Ich fragte ihn, wie viel Uhr es sei. Er antwortete. Das war ein gutes Zeichen. Ich bemerkte, dass seine Uhr und die auf meinem Nachttisch unterschiedliche Zeiten angaben. Seine zeigte 2:30, meine 2:45. Ich hatte meine vor kurzem gestellt. Ich hoffte, seine Uhr sei nicht kaputt. Wann hätte er sie denn zuletzt gestellt?

Er antwortete. Ich antwortete. Die Zeit schien endlos. Als die Atmosphäre sich etwas beruhigt hatte, fragte ich ihn, wie er ins Haus gekommen sei. Er hatte die Scheibe in der Hintertür zerschlagen. Ich sagte ihm, dies stelle mich vor ein Problem, da ich kein Geld für eine neue Scheibe hätte. Er redete eine Weile über seine eigenen finanziellen Probleme. Wir redeten, bis wir nicht mehr Fremde waren und ich glaubte, ich könne ihn nun bitten, zu gehen. Er wollte nicht gehen; er meinte, er hätte keinen Ort, an den er gehen könne. Im Bewusstsein, dass mir die Kraft fehlte, ihn zum Gehen zu zwingen, sagte ich ihm entschlossen, aber respektvoll, von gleich zu gleich, dass ich ihm saubere Bettwäsche geben würde, er müsse aber unten sein eigenes Bett machen. Er ging hinunter, und ich verbrachte den Rest der Nacht damit, hellwach und zitternd im Bett zu sitzen. Am nächsten Morgen frühstückten wir zusammen und er ging."

Indem sie ihn als Mensch behandelte, hatte O'Gorman den Einbrecher unvorbereitet angetroffen. Das Gespräch hat seine Gewaltbereitschaft entschärft. Durch die Wirkung des Gebets, der Meditation, des Trainings in Gewaltfreiheit und die Erfahrung von Angriffen geringerer Art war O'Gorman in der Lage, einen Gesprächskontext herzustellen. Solch eine Reaktion war ihr möglich, weil sie vorher die Gewaltfreiheit eingeübt hatte.[76] Verwunderung und Überraschung:

Was ist wenn du als Frau auf einer menschenleeren Straße mit schweren Taschen beladen vom Supermarkt nach Hause gehst und merkst, dass dich einer verfolgt? Dorothy Samuel, eine Praktikerin der Gewaltfreiheit, erzählt von einer Frau, die wie folgt gehandelt hat: Als die Schritte sich ihr von hinten näherten, hat sie sich plötzlich umgedreht, den näherkommenden Fremden angelächelt, ihm ihre Taschen gereicht und gesagt: „Gott sei Dank, dass Sie erschienen sind! Mir ist es furchtbar unangenehm, allein auf dieser Straße zu laufen und meine Taschen sind schrecklich schwer." Er hat sie sicher nach Hause begleitet.[77]

Was ist, wenn eine Schlägerbande ein Dorf auf den Philippinen aufreibt und die Polizei sich nicht darum kümmert? Tötet man die Schläger? Das Töten kann vielleicht einen Tumor entfernen, es regt aber nicht die Entwicklung von Antikörpern im System an, um einen erneuten Befall zu verhindern. Was könnten die Menschen also tun? Sie waren in der Überzahl, sie waren wie Ameisen, erzählt Niall O'Brien. Sie könnten gegen die Angreifer ausschwärmen und deren Verhalten gewaltfrei stoppen. Gelänge dies aber nicht, dann würde jemand die Kriminellen erschießen und dadurch wiederum andere Menschen in ihrer Anbetung der Waffe bestätigen. So gingen Menschen aus den christlichen Kirchen der ganzen Region, tausend an der Zahl, zum Haus eines bekannten Killers und feierten rings um sein Haus eine Messe. Dem Täter wurde die Kommunion verweigert und befohlen, die Gegend zu verlassen. Er hat dann seine Waffen übergeben, seine Bande entwaffnet und nach einer ganzen Nacht des Gesprächs seine Taten bereut, die, wie sich herausstellte, von der Armee des Präsidenten Marcos unterstützt wurden, um die wirklichen Guerillas zu diskreditieren.[78]

Was wäre, wenn die amerikanischen Aufständischen weiterhin den Briten gegenüber Taktiken wie Steuerverweigerung, Verweigerung der Zusammenarbeit und gewaltfreien Widerstand eingesetzt hätten? Die Amerikaner waren weitgehend erfolgreich. Sie interpretierten aber die mangelnde Bereitschaft der Briten, nachzugeben, bereits als Niederlage, obwohl es in Wirklichkeit wahrscheinlich für einen Sieg gereicht hätte, den Kampf auszuweiten. Wenn sie beharrlich gewaltfrei weitergemacht hätten, anstatt zu einer Militäraktion zu greifen, die zunächst auch keinen Erfolg brachte, hätten sie sich mit ihrer Forderung nach Unabhängigkeit bestimmt durchgesetzt, denn Großbritannien war nicht in der Lage, seine amerikanische Kolonie gegen *irgendeine Art* Widerstand lange zu halten.

Lernen aus der Geschichte

Können ganze Gesellschaften lernen, weniger gewalttätig zu sein? Es gibt dafür international positive Anzeichen. Das sich vereinigende Europa ist selbst ein Beleg dafür, dass eines der konfliktbeladensten Gebiete der Welt lernen kann, in Frieden zu leben. Einen bemerkenswerten Fall gewaltfreier nationaler Verteidigung stellt Litauen dar. Die Litauer haben bis 1952 einen Guerillakrieg gegen die Sowjets geführt und auf westliche Hilfe gewartet, die aber nie kam. 50.000 Menschen haben ihr Leben verloren, 400.000 Litauer wurden nach Sibirien transportiert. „Nach der Deportation und der Nacht unseres Völkermordes", berichtete ein Litauer, „hat unser Volk eingesehen, dass der bewaffnete Kampf ein falscher Weg war. Wir mussten uns stattdessen auf Geduld und auf Gewaltfreiheit einstellen. An diesem Punkt fing der ‚unsichtbare' gewaltfreie Kampf an."[79] Trotz der Bedrohung durch das sowjetische Militär haben die Anführer Litauens, die katholische Kirche eingeschlossen, von der Spitze abwärts das Volk dazu ermutigt, gewaltfrei zu bleiben und eine Haltung der Liebe zu bewahren. Der Film *Gandhi* wurde weit verbreitet und hatte großen Einfluss. Das litauische Verteidigungsministerium ging selbst einige Schritte in Richtung auf eine Verpflichtung zu einer Politik gewaltfreier nationaler Verteidigung gegen die Sowjetunion. Der Lehrkörper der Polizeiakademie hat die Möglichkeiten einer gewaltfreien Verteidigung mit Captain Charles Alphin erkundet, einem schwarzen Polizisten aus St. Louis, der gewaltfreie Trainings für Polizisten durchführt. Die Friedensaktivisten Gene Sharp, Richard Deats und Robert L. Holmes berieten die litauische Regierung intensiv, während diese unter Zeitdruck daran arbeitete, eine umfassende, gewaltfreie nationale Verteidigungsstrategie zu entwickeln. Im Jahr

1991 führte diese dann auch zum Erfolg, die baltischen Staaten gewannen ihre Unabhängigkeit zurück.

Die Brutalität der Nazis stellt für viele die endgültige Widerlegung der Gewaltfreiheit dar. Hitler, so wird argumentiert, hätte ganz gewiss nur durch Gewalt aufgehalten werden können. Doch die Tatsachen belegen genau das Gegenteil: Jeder Versuch, gewaltfrei gegen Hitler vorzugehen, hat tatsächlich gewirkt. Der orthodoxe Bischof Kyrill von Bulgarien erklärte den Nazibehörden, dass er selbst eine Kampagne des zivilen Ungehorsams anführen und sich auch auf die Schienen vor die Züge legen würde, wenn sie versuchen sollten, bulgarische Juden in die Konzentrationslager abzutransportieren. Tausende Bulgaren, Juden und Nichtjuden, haben sich geweigert, den Nazidekreten Folge zu leisten. Sie marschierten in Massendemos auf den Straßen und schickten gegen die antijüdischen Maßnahmen eine Flut von Protestbriefen und Telegrammen an die Behörden. Bulgarische Pfarrer wie auch Laien haben Juden versteckt. Christliche Pfarrer haben Scharen jüdischer „Konvertiten" aufgenommen und dabei deutlich herausgestellt, dass es nur darum ging, deren Festnahme zu verhindern, und dass die „Gelübde" nicht als bindend angesehen wurden. Die gewaltfreien Strategen Ron Sider und Richard K. Taylor sind zu dem Schluss gekommen: „Durch diese und andere nichtmilitärische Maßnahmen wurden alle jüdischen Bürger Bulgariens vor den Todeslagern der Nazis gerettet."[80]

Auch Finnland hat durch nicht-militärische Maßnahmen alle jüdischen Bürger bis auf sechs vor den Todeslagern gerettet. Von 7000 dänischen Juden haben 6500 mit der Unterstützung fast der gesamten Bevölkerung und durch Hinweise von einigen der Besatzer selbst nach Schweden fliehen können. Fast alle übrigen konnten bis Kriegsende sicher versteckt werden. Der Widerstand der Dänen war so effektiv, dass selbst Adolf Eichmann den Misserfolg der Aktion gegen die Juden Dänemarks einräumen musste.

Der norwegische Untergrund hat ebenso geholfen, 900 Juden sicher nach Schweden zu schaffen, allerdings wurden 756 Juden getötet, bis auf 20 alle in den Todeslagern der Nazis. Selbst deutsche Ehefrauen jüdischer Männer haben mitten im Krieg in Berlin für die Freilassung ihrer Männer demonstriert und deren Freilassung für die ganze Dauer des Krieges auch erwirkt. In Italien überlebte ein Großteil der Juden, weil sowohl Beamte wie Bürger die Bestrebungen sabotiert haben, sie den Deutschen auszuliefern.

Während der deutschen Besatzung Hollands hat ein Generalstreik aller Eisenbahnarbeiter den Verkehr von November 1944 bis zur Befreiung im Mai 1945 praktisch lahmgelegt, und das trotz der extremen Notlage der Bevölkerung, die den ganzen Winter hindurch ohne Heizung und mit schwindenden

Lebensmittelreserven ausharrte. Ähnlicher Widerstand in Norwegen hinderte Hitlers Vertreter Vidkun Quisling daran, seinem Land einen faschistischen „korporativen Staat" aufzuzwingen.

Obwohl die Gewaltfreiheit tatsächlich überall, wo sie gegen die Nazis angewendet wurde, gewirkt hat, wurde dieses Mittel viel zu selten ausprobiert. Das ist die Tragik jener Zeit. Die Juden haben die aktive Gewaltfreiheit selber nicht angewandt, sondern sich im Großen und Ganzen auf den passiven Widerstand verlassen, der sie durch so viele Pogrome in der Vergangenheit getragen hatte. Und die Kirchen waren insgesamt zu fügsam oder zu antisemitisch, vor allem aber zu ignorant in Bezug auf die gewaltfreie Botschaft des Evangeliums, um sich den Nazis wirksam zu widersetzen. Da die Kirchen es versäumt hatten, ihre Mitglieder in gewaltfreier Aktion auszubilden, bot sich zur Gewalt keine gangbare Alternative.

Die Teilnahme des deutschen Pfarrers und Theologen Dietrich Bonhoeffer an der Verschwörung gegen Hitler muss auch vor diesem Hintergrund der Ignoranz der Kirche bezüglich ihrer eigenen gewaltfreien Botschaft gesehen werden. Er hat sich der Verschwörung zum Attentat auf Hitler angeschlossen, weil ihm keine gewaltfreien Optionen zur Verfügung standen. Er hat aber nie versucht, diese Teilnahme zu rechtfertigen. Er bestand im Gegenteil darauf, dass seine Handlung eine Sünde sei, und vertraute auf die Barmherzigkeit Gottes. Zwei Generationen von Christen haben gezögert, sich ganz der Gewaltfreiheit zu verschreiben, und dabei zu ihrer Rechtfertigung Bonhoeffer zitiert. Ich frage mich, ob er sich wohl der Verschwörung angeschlossen hätte, wenn er gewusst hätte, dass sein Schritt dazu dienen würde, die erlösende Gewalt in den Augen so vieler Christen zu legitimieren.

Es gibt auch einfach tragische Situationen, in denen nichts, was wir uns vorstellen können, helfen mag. In solchen Situationen sind sowohl Gewaltfreie wie auch Gewaltbereite gezwungen, die Qual ihrer Bedeutungslosigkeit zu ertragen und möglicherweise zu den Opfern zu zählen.

Gewaltfreiheit einüben

Das Problem beim Krieg oder beim Einsatz von Gewalt als letztem Mittel ist, dass wir weniger bereit sind, auf Gott zu schauen, um einen Ausweg zu finden, wenn wir bereits vorher geklärt haben, dass Gewalt eine Option darstellt. Der Glaube verlangt von uns zuweilen, in die Wasser zu schreiten, bevor sie sich teilen (vgl. Jos 3,15–16). Wer sich nicht bereits im Vorfeld unter allen Umständen zur Gewaltfreiheit verpflichtet hat, wird in der verzweifelten

Not einer Krise mit geringerer Wahrscheinlichkeit eine kreative, gewaltfreie Handlungsmöglichkeit entdecken. Er oder sie wird bereits zum Abzug greifen, wenn Beten und Improvisieren angesagt wären. Es kann sein, dass nur der bedingungslose Verzicht auf Gewalt zur notwendigen geistigen Konzentration führt, um in der Krise noch eine gewaltfreie Antwort zu finden.

Der katholische Philosoph Emmanuel Charles McCarthy meint, unsere Fähigkeit, im Augenblick der Krise eine kreative, gewaltfreie Reaktion zu entdecken, hänge zumindest zu einem gewissen Grad davon ab, ob wir sie in unserem Alltagsleben bereits erproben.[81] Wenn wir in kleinen Angelegenheiten im Geist gewaltfreier christlicher Liebe leben, werden wir in großen Angelegenheiten eher etwas finden, auch etwas Unerwartetes, auf das wir zurückgreifen können. Wenn wir aber eine dem Geist Jesu entsprechende Reaktion nicht eingeübt haben, dann wird eine Krise alte und düstere Bilder von Bedrohung, Angst, Wut und Rache heraufbeschwören.

Folgende Geschichte hält den genauen Augenblick fest, an dem ein obdachloser Mann fähig wurde, die Grenze zwischen Gewalt und Gewaltfreiheit zu überschreiten, die Grenze, an der die alte Rachsucht mit der neuen Vision der Vergeltungslosigkeit ringt. Sie wurde von Janet Wolf erzählt, einer methodistischen Pastorin aus Nashville.

„Wir pflegen, mitten in der Woche eine Bibelarbeit zu halten, und versuchen, die Zeit zur gegenseitigen Unterstützung und auch zur Rechenschaft darüber zu nutzen, inwieweit wir das Wort gelebt haben. Eines Abends kam John dazu. Wie einige andere aus unserer Gemeinde ist er obdachlos. Er sagte, ich werd' jetzt lieber eine Sache über mich selbst erzählen, bevor es jemand anderes tut. Ihr wisst ja, dass ich schon länger versuche, mein Leben umzukrempeln, und es ist nicht einfach. Ihr wisst aber wahrscheinlich gar nicht, wie schlecht ich wirklich gewesen bin. Ich war nämlich echt schlecht, hatte Autos und Frauen und Geld und Macht, alles was sich ein Mensch nur wünschen konnte. Ich war dermaßen schlecht, dass, wenn ich über die Straße ging, die Menschen auf die andere Seite rübergingen, nur um mir aus dem Weg zu gehen.

Ich versuchte, mein Leben umzukrempeln, und mein Leben ist nur noch schlimmer geworden. Vergangene Nacht war ich im Obdachlosenheim – hatte nichts anderes. Heute früh wach ich auf, da hat mir einer die Schuhe geklaut. Hört ihr, was ich sage? Jemand hat mir meine Schuhe geklaut! Also hol' ich mein Messer raus. Diesen Teil meines alten Lebens hatte ich ja noch nicht aufgegeben. Es ist ein großes Messer und jeder dort weiß, dass ich's schon gebraucht hab' und auch wieder gebrauchen könnte. Ich hol' das Messer raus und geh an den ganzen Tischen lang, weil ich meine Schuhe wiederkriegen will. Und Jim brüllt von der anderen Seite des Zimmers rüber: ‚Denk an das, was wir neulich bei der Bibelarbeit gesagt haben – wenn sie dir den Mantel klauen und du hast noch einen, sollst du den auch noch hergeben. John, steck das Messer ein. Sie haben dir die Schuhe geklaut, gib ihnen auch die Socken.‘ Und ich sag, oh nee, ich geb' keine Socken her, ich will meine Schuhe haben! Und ich lauf' mit dem Messer herum und will die Schuhe finden. Und Jim brüllt immer weiter, er brüllt: ‚Steck das Messer weg und gib ihnen die Socken.‘ Da hab ich langsam das Messer zusammengeklappt, ganz langsam, aber ich hab's zusammengeklappt. Ich hab's in die Tasche gesteckt. Ich bin heute barfuß zur Sozialstelle gelaufen und hab um ein Paar Schuhe gebeten. Es ist verdammt schwer, diese Sache zu leben.“[82]

John hat immerhin die neue Rede von der Gewaltfreiheit ernst genommen und er versuchte, zu lernen, danach zu leben. Die Kirchen dagegen ziehen diese Lehre selten überhaupt in Betracht, geschweige denn, dass sie sie zu einem Mittelpunkt ihrer Botschaft und Praxis machen. Dieses Versäumnis der Kirche ist nicht nur ein Mangel an Treue zum Evangelium; es kostet Menschen buchstäblich das Leben.

In Nicaragua zum Beispiel hat die Revolution gegen Somoza 20.000 Leben gekostet. Die dortige gewaltsame Revolte war aber nicht unvermeidlich. Miguel d'Escoto, Außenminister der Sandinisten und römisch-katholischer Priester, erklärt wieso:

„Acht Jahre vor dem Aufstand, nach dem Erdbeben, sprach ich mit dem Erzbischof. Ich sagte: ‚Exzellenz, sehen Sie denn nicht, dass es zu einer Explosion kommen wird?‘ Es schien mir unvermeidlich, dass früher oder später, trotz der großen Geduld unseres Volkes diese Geduld zu Ende gehen würde, denn schließlich hat alles Menschliche seine Grenzen. Ich sagte: ‚Herr Bischof, es wird furchtbar sein, es wird so viele Tote geben, so viel Zerstörung und Tod. Warum gehen wir nicht auf die Straße? Sie führen uns, bewaffnet mit dem Rosenkranz in den Händen und Gebeten auf den Lippen und mit Liedern und Hymnen als Protest gegen alles, was unserem Volk angetan wurde. Das Schlimmste, das uns passieren kann, ist auch das Beste, nämlich das Kreuz Christi zu teilen, wenn sie uns erschießen. Wenn sie uns erschießen, wird sich das Bewusstsein auf internationaler Ebene verändern. Vielleicht werden die Menschen in den USA aufmerksam und bedrängen ihre Regierung, dass sie Somoza nicht länger unterstützt. Und vielleicht können wir dann befreit werden, ohne die Zerstörung, die ich kommen sehe.‘

Der Erzbischof sagte: ‚Nein, Miguel, Sie neigen etwas zum Idealismus; diese Zerstörung wird es nicht geben.‘ Und dann, als es geschah, hat die Kirche auf Gewaltfreiheit bestanden.

Offen gesagt glaube ich nicht, dass Gewalt christlich ist. Manche nennen das eine reaktionäre Position. Mir scheint aber das eigentliche Wesen des Christentums im Kreuz zu liegen. Nur durch das Kreuz werden wir uns verändern. Ich bin zu der Überzeugung gekommen, dass die schöpferische Gewaltfreiheit ein zentrales Element der Evangelisation und der Verkündigung des Evangeliums werden muss. In Nicaragua war allerdings Gewaltfreiheit nie ein Thema der Evangelisation gewesen. Man hat das Krebsgeschwür von Unterdrückung, Ungerechtigkeit und Verbrechen wachsen lassen. Schließlich mussten die Menschen mit den Mitteln kämpfen, die sie besaßen, mit dem einzigen Mittel, das die Menschheit seit jeher gefunden hat: dem bewaffneten Kampf. Die Kirche hat dann arrogant behauptet, Gewalt sei schlecht, Gewaltfreiheit sei der richtige Weg. Ich glaube nicht, dass man durch Vernunft zur Gewaltfreiheit kommt. Wir können sie als spirituelle Haltung entwickeln und die notwendige Gnade erhalten, um sie zu praktizieren. Wir können sie nicht praktizieren als Ergebnis unseres Verstandes. Gewaltfreiheit ist nicht unvernünftig, aber auch nicht naturgegeben. Es ist natürlich, zurückzuschlagen, wenn dich jemand schlägt. Wir sind aber dazu berufen, übernatürlich zu sein. Das erreichen wir nicht durch unsere Natur, sondern durch Gebet. Aber dieser spirituelle Weg des Gebets und der Arbeit am Gewissen ist von den Menschen noch nie begangen worden. Wir haben nicht das Recht darauf zu hoffen, dass wir ernten können, wo wir nicht gesät haben."[83]

Wenn ein unterdrückerisches Regime jede Gelegenheit zur Gerechtigkeit vergeudet hat und die Leidensfähigkeit des Volkes so überdehnt wird, dass sie bricht, dann ist die das Land heimsuchende Gewalt eine Art apokalyptisches Gericht. In einer solchen Zeit ist es nicht Sache der Christen, jene zu verurteilen, die aus Verzweiflung zur Gewalt greifen. Die Schuld liegt bei denen, die die Gerechtigkeit beiseite geschoben und die Stunde ihrer Heimsuchung nicht erkannt haben. Dennoch ist es nicht Sache der Kirche, obwohl sie den Revolutionären aufrichtig Erfolg wünschen muss, die Gewalt des Krieges zu legitimieren. Zudem trägt die Kirche ein Großteil der Verantwortung dafür, dass sie ein Evangelium der Fügsamkeit und Willfährigkeit gelehrt hat, anstatt dem Volk ein Evangelium des gewaltfreien Wandels zu bringen.

Gibt es vielleicht Situationen, in denen Gewalt, wenn auch nicht notwendig, so doch unvermeidlich ist? Vielleicht ist es bei dieser Frage hilfreich, *Zwang* und *Gewalt* zu unterscheiden. *Zwang* ist legitime, gesellschaftlich autorisierte und moralisch vertretbare Freiheitsbeschränkung zur Abwendung von Schaden an unschuldigen Menschen. *Gewalt* wäre dagegen ein moralisch unvertretbarer oder übermäßiger Einsatz von Zwang. Ein Polizist oder eine Polizistin muss bei der Festnahme eines Mörders vielleicht Zwang ausüben, um ihm Einhalt zu gebieten. Eine solche Anwendung von Zwang liegt in der Definition seines oder ihres Amts, wie sie durch die Gesellschaft und die Schrift festgelegt wird (vgl. Röm 13,4).

Ich würde den Begriff des Zwangs erweitern und die internationalen „Friedens"-Einsätze der UNO oder der NATO im ehemaligen Jugoslawien oder durch die USA in Haiti miteinschließen, im vollen Bewusstsein der Tatsache, dass ein Sich-Verlassen auf Waffen auch dazu führen kann, den Konflikt auszuweiten. Der Einsatz von Zwang durch Waffen schafft aber auch eine neue Problemlage: Ist die Intervention der Staatengemeinschaft in die Belange eines souveränen Staates überhaupt legitim, um schreiendes Unrecht zu verhindern? Auch dann, wenn unsere Intervention zu einem offenen Krieg führt, wie es in Somalia der Fall war? Auf jeden Fall müssen wir unsere Soldaten in der Kunst der Friedenserhaltung schulen, sodass Blutvergießen vermieden werden kann. Das kanadische Militär geht mit einem solchen Training bereits neue Wege, und andere Länder lernen davon.

In Wahrheit wirkt Gewaltfreiheit im Allgemeinen da, wo Gewalt wirkt, und wo sie fehlschlägt, würde meist auch Gewalt misslingen. Keine der beiden Haltungen war im Russland Stalins effektiv und keine hat bisher in Burma/Myanmar Erfolg gebracht.[84] Das nach dem Krieg geschwächte britische Imperium hätte Indien sowohl durch Gewalt wie auch durch Gewaltfreiheit verloren. Allerdings hat die Wahl des Mittels Gewaltfreiheit bedeutet, dass nur 8.000 Opfer zu beklagen waren, statt Hunderttausende oder sogar Millionen Opfer. Oft hat Gewaltfreiheit allerdings dort Erfolg, wo Gewalt versagt hätte, wie in den meisten gewaltfreien Revolutionen von 1989 bis 1991.

Das Ziel direkter, gewaltfreier Aktion ist die Bildung einer politischen Kultur, in der Konflikte ohne Gewalt ausgetragen werden. Die jüngste, weltweite Verbreitung der Gewaltfreiheit ist selbst ein Zeichen, dass Gewaltfreiheit die Zukunft der Menschheit ist.

Kapitel 9

Der Feind als Geschenk

Die amerikanische Kultur befindet sich zurzeit am Anfang einer spirituellen Erneuerung. Sofern diese Erneuerung überhaupt christlich geprägt ist, wird es Jesus als Mensch sein, der die Herzen der Menschen zum Glauben und Handeln bewegen wird, weder der Christus der Bekenntnisse noch die paulinische Lehre der Rechtfertigung durch Gnade und Glaube. Und es werden unter den Lehren Jesu seine Reden über Gewaltfreiheit und Feindesliebe einen zentralen Platz einnehmen. Nicht weil sie wahrer sind als andere, sondern weil sie entscheidend sind im Kampf um die Überwindung von Herrschaft, ohne neue Herrschaftsformen zu schaffen.

Meines Erachtens sollte die entscheidende religiöse Frage heute nicht mehr lauten: „Wie finde ich einen gnädigen Gott?" Dies war das Problem der Reformation im sechzehnten Jahrhundert. Die Frage heute müsste eher sein: „Wie können wir Gott in unseren Feinden finden?" Dieselbe Rolle, die für Martin Luther die Schuld spielte, spielt für uns heute die Angst: Sie ist der Stachel, der uns zu Gott zurücktreiben kann. Natürlich kann dieselbe Angst zu einer Festungsmentalität führen, zu einem Gott, der als Beschützer eines auserwählten Volkes, nämlich uns, gesehen wird. Deswegen haben sich Jesu Lehren über die Feindesliebe und die gewaltfreie direkte Aktion ja als Prüfstein eines echten Christentums herausgestellt. Genau wie es der Teufel in den exorzistischen Überlieferungen nicht ertragen kann, den Namen Gottes zu hören, so können unsere gegenwärtigen Falschpropheten die Erwähnung der Feindesliebe nicht ertragen. Pfarrer Greg Dixon, ehemaliger Bezirksvorsitzender und dann nationaler Sekretär der *Moral Majority* hat vor Kurzem seine Nachfolger dazu ermutigt, für den Tod ihrer Gegner zu beten. Er behauptete: „Wir sind es leid, die andere Wange hinzuhalten … Lieber Himmel, das ist das einzige, das wir bisher getan haben."[85] Die Pfarrer Jerry Falwell und Pat Robertson sind Verfechter einer „Kriegermentalität" und eines Friedens durch Macht; die Anwendung von Jesu Weg der kreativen Gewaltfreiheit auf politische Gegebenheiten ist für sie von Feigheit nicht zu unterscheiden. Der Bibelwissenschaftler James A. Sanders erinnert uns allerdings daran, dass kein Falschprophet Gott begreifen kann als einen Gott, der den Feind liebt.[86]

Gott ist allumfassend

Jesus sagt, wir sollen unsere Feinde lieben, weil Gott es auch tut. Gott „lässt seine Sonne aufgehen über Bösen und Guten, und er lässt regnen über Gerechte und Ungerechte" (Mt 5,45). Wir sollen unsere Feinde lieben und für die beten, die uns verfolgen, sodass wir Kinder dieses eigenartigen Vaters werden können, der „gütig gegenüber den Undankbaren und Bösen" ist (Lk 6,35).

Die Existenz eines solchen Gottes wird oft unter einem religiösen Vorzeichen abgelehnt. Ist Gott nicht gerade *die* moralische Instanz im Universum, die das Gute belohnt und das Böse bestraft? Das war die Botschaft Johannes des Täufers gewesen, und es wurde später zur Botschaft der Kirche. Gott wird dargestellt, als stehe er kurz vor einer massiven und endgültigen Gegenoffensive gegen das Böse, die alles Übel vertilgen wird. Ein ganzer Aspekt der Wirklichkeit soll ausgelöscht werden. Johannes denkt scheinbar über Menschen wie über die Spreu. Gott werde sie durch Feuer vernichten.

Im Gegensatz dazu hat Jesus das Gericht nicht als Ende, sondern als Anfang begriffen. Das Feuer der Buße sollte nicht verzehren, sondern reinigen, nicht vernichten, sondern erlösen (vgl. Lk 15,1–32; 18,9–14). Das göttliche Gericht soll nicht Zerstörung bringen, sondern Menschen wachrütteln, damit sie die verheerende Wahrheit über ihr eigenes Leben erkennen. Jesus nimmt die apokalyptische Vision eines drohenden Verhängnisses und versetzt sie in die Gegenwart, in die gegenwärtige Begegnung mit Gottes unerwarteter und unerklärlicher Vergebung. Das Gericht ist nicht mehr das letzte, erdrückende Wort über ein gescheitertes Leben, sondern das erste Wort einer neuen Schöpfung.

Jesus lebte diese neue Schöpfung in seiner Tischgemeinschaft mit Menschen, die das religiöse Establishment als Ausgestoßene gebrandmarkt hatte, mit Sündern und Abtrünnigen, Feinden Gottes. Er hat nicht darauf gewartet, dass sie Buße tun, anständig werden und Wiedergutmachung leisten, in der Hoffnung, göttliche Vergebung und Wiederaufnahme bei den Menschen zu gewinnen. Stattdessen ist er kühn zu den Sündern gestürmt mit der Erklärung, dass ihre Sünden vergeben werden, noch bevor sie gebüßt, bevor sie irgendwelche Maßnahmen der Wiedergutmachung oder Versöhnung unternommen hatten. Alles ist jetzt umgekehrt: Dir wird vergeben, jetzt kannst du Buße tun! Gott liebt dich, jetzt kannst du deine Augen zu Gott erheben! Die Feindschaft ist beendet; obwohl ihr Feinde wart, nimmt dich Gott an! Du musst nichts tun, um das zu verdienen. Du musst es nur annehmen. (Diese Überzeugung Jesu ist in den meisten christlichen Gottesdiensten, bei denen Vergebung von Buße abhängig gemacht wird, kaum zu erkennen.)

Die Radikalität des Gottesbildes Jesu wird verschleiert durch das sich von selbst verstehende Bild aus der Natur. Gott begünstigt eindeutig nicht einige mit Sonne und andere mit Regen, je nach ihrer Rechtschaffenheit. Die Gesellschaft hat aber auf jede erdenkliche Weise den Eindruck verstärkt, dass manche Menschen Gottes Gunst genießen, andere aber davon ausgeschlossen sind. An unserer Kleidung, unserer Hautfarbe, unserer Nationalität, unserem Reichtum, unserem Geschlecht, unserem Alter, unserer Bildung, unserer Sprache, unserem Aussehen, unserer Gesundheit können andere sofort erkennen, ob wir gesegnet oder verflucht, geliebt oder verstoßen sind. Es bringt enorme Vorteile, diese Rangordnung der Menschen zu akzeptieren; ihre Zurückweisung wird empfindlich bestraft. Denn diese Zufälle der Genetik und der Schichtenzugehörigkeit bestimmen soziale Stellung und Macht, und jeder Mensch, der sie in Frage stellt, untergräbt das Fundament der ungleichen Privilegien. Zu behaupten, Gott sitze *nicht* auf der Spitze einer Machtpyramide und legitimiere den gesamten Bau, er bevorzuge *nicht* einige und weise andere ab, bedeutet, die gesamte Struktur als menschliche Machenschaft bloßzulegen, als die Missachtung des eigentlichen Wesens Gottes.

Gottes allumfassende, elterliche Sorge trägt also eine unerwartete Konsequenz für das menschliche Verhalten: Wir *können* unsere Feinde lieben, weil auch Gott sie liebt. Wenn wir der eigentlichen Mitte des Universums entsprechen wollen, werden wir uns so verhalten, wie Gott sich verhält; und Gott umarmt alles gleichermaßen. Diese bereits von den Propheten Israels formulierte radikale Vision von Gott, die bei den herrschenden Mächten nie beliebt war, ist die Grundlage echter menschlicher Gemeinschaft.

Leah Rabin, die Witwe des ermordeten israelischen Premiers Jitzchak Rabin, erzählt, wie sie sich mit Jassir Arafat versöhnt hat. „Ich fühle mich ihm sehr verbunden. Nach der Ermordung meines Mannes kam er, wie sie wissen, zu mir. Er war hier in meiner Wohnung, und wir haben ein oder zwei sehr erstaunliche Stunden zusammen verbracht. Er hätte nicht freundlicher sein können. Es war wirklich erstaunlich, wissen Sie, wir hatten noch kurz vorher gedacht, wir würden uns mit dieser Person niemals versöhnen. Und nun kommt er wie ein Familienmitglied und wird wie eines aufgenommen. Ich will damit nur sagen, dass es erstaunlich leicht ist, lange währende Missverständnisse zu vergessen und zu überwinden.“[87]

Unsere Verbundenheit mit unseren Feinden ist nicht nur in unserer gemeinsamen Abstammung von Gott begründet, sondern auch in unserer gemeinsamen Verderbtheit. Gott „ist den Undankbaren und Boshaften gegenüber freundlich.“ Wie diese verraten auch wir, was wir in unserem Herzen als Gottes Sehnsucht für die Welt erkannt haben. Wir würden uns gerne als gerecht und gut bezeichnen, doch sind wir eher eine Mischung von Gerechtigkeit und Ungerechtigkeit, Gut und Böse. Hätte Gott mit uns kein Mitgefühl, wären wir verloren. Wenn aber Gott mit uns Erbarmen hat, mit unserer ganzen unerlösten Bösartigkeit, dann muss Gott mit unseren Feinden auch so umgehen. Sobald wir anfangen, den eigenen inneren Schatten anzuerkennen, werden wir dem Schatten anderer gegenüber toleranter. Sobald wir anfangen, den Feind in uns zu lieben, entwickeln wir das nötige Mitgefühl, um auch den äußeren Feind zu lieben.

Wenn wir allerdings glauben, der uns liebende Gott hasse diejenigen, die wir hassen, nistet sich in unserem Glauben ein heimtückischer Zweifel ein. Unbewusst wissen wir ja, dass eine Gottheit, die anderen gegenüber feindselig gestimmt ist, auch uns gegenüber potentiell feindlich ist. Und wir wissen besser als jeder andere, dass es Grund genug gibt für eine solche Feindseligkeit. Würde Gott nicht die Sonne und den Regen auf alle gleichermaßen senden, würde Gott weniger als alle lieben, dann würde Gott niemanden lieben.

Gegen die Vollkommenheit

Der Höhepunkt der Aussage des Matthäus zur Feindesliebe ist das Gebot: „Ihr sollt also vollkommen sein, wie es auch euer himmlischer Vater ist.“ (5,48) Das Evangelium scheint zwei gegensätzliche Behauptungen in einem Atemzug aufzustellen: Gott liebt alle, Gute und Böse gleichermaßen und bedingungslos; und Gott liebt nicht alle, sondern nur die Vollkommenen. Dieser letzte Satz scheint allem zu widersprechen, was Jesus gerade gesagt hat. Wenn ich nicht vollkommen bin, was dann? Ablehnung, Isolation, Höllenfeuer! Unser himmlischer Vater scheint hier nicht länger den Undankbaren und Bösen gegenüber freundlich, sondern äußerst wählerisch geworden zu sein: ein Gott, den kein vernünftiger Mensch sich als Elternteil wünschen kann; ein Gott, der seine Liebe auf einer genauen Skala des Verdienstes misst; ein Gott, dessen Liebe verdient, dessen Zorn beschwichtigt, dessen Neigung zur Zurückweisung besänftigt werden muss, dessen Unfähigkeit zu unbedingter Liebe, Barmherzigkeit und Gnade als andauernde psychische Verwundung eines jeden Christen ertragen werden muss.

Es bringt vielleicht eine unmittelbare Erleichterung, zu erfahren, dass Jesus nicht gesagt haben *kann:* „Seid vollkommen“. Ein solches Wort, selbst ein solcher Begriff existierte nämlich nicht, weder in seiner Muttersprache Aramäisch, noch im Hebräischen. Und zwar aus gutem Grund: Das zweite Gebot hatte verboten, sich ein Bildnis zu machen (Ex 20,4). Israel hat daraufhin die visuellen Künste nie besonders entwickelt. Das von Matthäus hier benutzte griechische Wort *teleios* war aber ein Begriff aus der Ästhetik. Es bezeichnete die vollkommene geometrische Form oder die vollkommene Skulptur. Die Griechen haben es selten in der Ethik verwendet, da moralische Vollkommenheit von Menschen unerreichbar ist und in der griechischen Frömmigkeit als eine Form der Hybris angesehen worden wäre.

Im Kontext der gesamten Perikope in Mt 5 wird Jesu Äußerung über das gottentsprechende Verhalten dagegen vollkommen klar: Wir sollen nicht vollkommen sein, sondern, wie Gott, „allumfassend", auch diejenigen lieben, die den geringsten Anspruch oder das geringste Recht auf unsere Liebe haben.

Sogar unseren Feinden gegenüber sind wir aufgerufen zu einer nicht diskriminierenden, alle einschließenden, vergebenden und verständnisvollen Haltung. Wir sollen den Feind ansehen als in jeder Hinsicht von Gott genauso geliebt wie wir selbst. Wir sollen Mitgefühl zeigen, wie auch Gott Mitgefühl zeigt. Oder nach Lukas' vorzüglicher Formulierung desselben Wortes Jesu: „wie es auch euer Vater ist" (Lk 6,36), so sollen wir barmherzig sein. Eine Geste, eine Umarmung sagt es tausendmal eloquenter als Worte: Jesus will, dass wir uns unseren Feinden gegenüber so verhalten, wie es nach seiner Entdeckung Gott auch tut.

Jesus ruft *nicht* zur „Ganzheitlichkeit", obwohl das eine bessere Übersetzung gewesen wäre als „Vollkommenheit". Denn mit „Ganzheitlichkeit" stehen wir selbst im Mittelpunkt, Jesus aber weist unseren Blick von uns selbst *weg*, hin auf die Liebe zu unserem *Feind*. Sein Ziel ist die allumfassende Liebe, auch wenn sie gebrochen und durch Elemente unseres unerlösten Schattens verdunkelt ist und uns nur hin und wieder gelingt. Wieder sehen wir diese Geste des Umschließens *aller*. So zu lieben bedeutet nicht, bereits vollkommen zu sein. Nach Jesu Wort ist es eine durchaus mögliche, menschliche Handlung, weil Gott mit jedem Gebot auch die Macht verleiht, es zu erfüllen. Jesus drängt uns nicht dazu, vollkommen bei uns selbst zu sein, sondern dazu, alle Träume von Vollkommenheit fahren zu lassen und genau diejenigen zu umarmen, die wir für die Unvollkommensten, die Unwertesten und die für unser Leben Bedrohlichsten halten. „Ihr müsst also allumfassend sein in eurer Liebe, wie euer himmlischer Vater allumfassend ist."

Die perfektionistische Missdeutung der Aussage Jesu über die Feindesliebe führt zu einer absurden Pointe: Der Versuch, den Feind um der Vollkommenheit willen lieben zu wollen, macht die Feindesliebe psychologisch zu einer Unmöglichkeit. Wenn wir vollkommen sein müssen, um Gottes ungern gespendete Liebe zu verdienen, was machen wir mit den Aspekten unseres

Ichs, von denen wir wissen, dass sie nicht vollkommen sind und es auch nie sein werden? Was machen wir mit unseren Wutausbrüchen, unserer Begierde, unserer Feigheit, unserer Gier, unserer Gleichgültigkeit dem Leiden anderer gegenüber? Wenn wir das Spiel des Perfektionismus überhaupt weiter spielen wollen (und es handelt sich wahrhaft um ein Spiel, das der „Große Täuscher" zu unserem Schaden spielt), müssten wir diesen ganzen Bereich des Bösen verdrängen. Aus den Augen, aus dem Sinn – aber nicht aus der Psyche! Wenn wir dann Menschen begegnen, die uns an die Aspekte erinnern, die wir in uns selbst hassen und verdrängt haben, werden wir ungewollt auf andere projizieren, was in unser eigenes Unterbewusstsein verdrängt worden ist. Wir werden dann systematisch daran gehindert, unsere Feinde zu lieben, weil wir sie als Zielscheibe für unsere Projektionen brauchen. Indem wir auf diese Weise unseren Hass auf unsere äußeren Feinde entladen, können wir uns von der angestauten, im Unbewussten schwärenden Energie teilweise entlasten. Die perfektionistische Deutung dieses Textes stellt also Jesu Intention auf den Kopf und macht uns die umfassende Liebe unserer Feinde psychisch unmöglich.

Vom Feind lernen

Wenn der Bann der perfektionistischen Deutung einmal gebrochen ist, erkennen wir allmählich, wie weit wir in den Augen Jesu von jeglicher Vollkommenheit entfernt sind. „Warum siehst du den Splitter im Auge deines Bruders, aber den Balken in deinem Auge bemerkst du nicht? Wie kannst du zu deinem Bruder sagen: Lass mich den Splitter aus deinem Auge herausziehen! – und dabei steckt in deinem Auge ein Balken? Du Heuchler! Zieh zuerst den Balken aus deinem Auge, dann kannst du versuchen, den Splitter aus dem Auge deines Bruders herauszuziehen" (Mt 7,3–5). Das ist die früheste uns bekannte Lehre über das Phänomen, das in der modernen Psychologie als Projektion bezeichnet wird. Wir haben kaum begonnen, die Implikationen von Jesu Entdeckung der Projektion zu verstehen; sein Verständnis des Bösen ist grundlegend dadurch bestimmt. Der „Splitter" im Auge des anderen ist ein Span von demselben Balken, der im eigenen Auge steckt. Wir sehen im anderen das, was wir in uns selber nicht sehen wollen. Aber warum ist es denn ein *Balken* im Auge des Betrachters? Ist das nicht verkehrt herum? Normalerweise sagen wir doch: „Ich bin vielleicht ein bisschen schlimm (ein Splitter), aber *dieser* Mensch ist wirklich böse (ein Balken)." Warum hat Jesus diese übliche Sichtweise umgekehrt?

Weil der Balken im eigenen Auge mich völlig blind macht; ich kann nichts mehr objektiv erkennen. Entferne ich den Balken, so kann ich klar sehen, um dem Nächsten zu helfen, seinen Splitter zu entfernen. In Workshops zu diesem Thema lade ich Leute ein, einen Feind zu benennen und alles aufzuzählen, was sie an dieser Person (oder Gruppe oder Bewegung oder Volk) nicht mögen. Dann bitten wir sie, ihre Liste durchzusehen, und fragen, wie viele dieser Merkmale auch auf sie selbst zutreffen (oder auf ihre Gruppe, Bewegung oder Volk). Die gemeinsamen Merkmale zeigen unsere Projektionen auf. Sie können in unsere Meditation, unser Gebet, unsere spirituelle Führung hinein genommen werden, um Erkenntnisse über uns selbst zu gewinnen. (Manche Punkte auf der Liste sind vielleicht nicht Projektionen. Es gibt Menschen, die objektiv feindselig, sogar Böse sind. Nicht jeder Feind ist ein Geschenk. Ich beziehe mich auf diejenigen unserer Feinde, die unsere Projektionen auf sich ziehen.)

Ein Seelsorger schrieb über seinen „Feind“: „Er will an jeder Entscheidung beteiligt sein, ob er etwas damit zu tun hat oder nicht.“ Das war eines der Merkmale, die er auch auf seiner Liste als ihn selbst betreffend angekreuzt hatte. Der „Feind“ war ein führender Laie in der Gemeinde, der darauf bestand, dass jeder Beschluss eines entsprechend autorisierten Gremiums durch ihn bestätigt werden musste. Der Seelsorger, der die gleiche Tendenz bei sich selbst erkannte, gab zu, dass beide ein tiefgehendes Bedürfnis hatten, alles zu kontrollieren.

„Warum müssen Sie denn alles unter Kontrolle halten?“, wurde er gefragt. „Weil ich die Schuld bekomme, wenn die Dinge schief gehen.“ „Welche Angst liegt hinter diesem Bedürfnis, alles zu kontrollieren?“ „Die Angst, dass alles einfach zusammenbricht. Dass ich ein Versager bin, den keiner liebt.“

„Können Sie sich an Zeiten in ihrem Leben erinnern, in denen Sie so ein Gefühl hatten?“ Das konnte er. „Versetzen Sie sich jetzt in ihren Feind. Welche Angst treibt ihn dazu, so viel Kontrolle zu benötigen?“

„Er ist ein Bauer im Ruhestand, der früher fünfhundert Kühe am Tag gemolken hat. Das ist ein großer Laden. Er ist sechsundsechzig und hat die Farm gerade seinem Sohn übergeben. Ich glaube, er hat das Gefühl, dass das Leben ihm aus der Hand gleitet. Und jetzt komme ich und versuche, ihn zu zwingen, die Kontrolle über die Kirchengemeinde auch noch loszulassen!“

Der Seelsorger musste diesen Mechanismus erkennen, um die eigene Neigung zu autokratischem Verhalten wahrzunehmen. Er durfte diesem Mann aber auch nicht einfach nachgeben. Er musste seine Autorität als geistlicher Leiter der Gemeinde behaupten und das autokratische Verhalten des anderen stoppen. Aber die Erkenntnis des Schmerzes und der Angst des anderen kann es leichter machen, ihn zu lieben und zu verstehen.

Offenbarungen wie diese (und genau darum handelt es sich) verdienen es, geschätzt zu werden, weil sie das Geschenk sind, das uns unser Feind macht: *Seiten an uns selbst zu sehen, die wir anders nicht entdecken könnten.* Unsere Freunde sind in solchen Sachen keine zuverlässigen Informationsquellen; sie übersehen oder ignorieren häufig diese Aspekte. Der Feind ist also nicht nur ein Hindernis, das wir auf dem Weg zu Gott überspringen müssen. Der Feind *kann* ein Weg zu Gott sein. Wir können uns mit unserem Schatten nicht aussöhnen, außer durch unseren Feind; wir haben keinen besseren Zugang zu unseren inakzeptablen, der Erlösung bedürftigen Seiten als durch den Spiegel, den unser Feind uns hinhält. Das ist also ein weiterer, eher persönlicher Grund, unsere Feinde zu lieben: Wir brauchen sie für die eigene Individuation. Wir können ohne sie nicht zu ganzen Menschen werden.

Welch beschämende Ernüchterung: Nicht nur können wir eine Rolle bei der Verwandlung unserer Feinde spielen, unsere Feinde können auch eine Rolle dabei spielen, uns zu verwandeln!

Wenn wir uns unserer Projektionen auf unsere Feinde bewusst werden, sind wir von der Angst befreit, vielleicht auf mörderische Weise überzureagieren. Wir können einen objektiv legitimen Zorn auf die von ihnen verübten Ungerechtigkeiten entwickeln, sie aber zugleich weiterhin als Kinder Gottes sehen. Es kostet Kraft, den Hass zu pflegen; diese Kraft kann Gott nun gebrauchen, um dem Falschen zu begegnen oder Beziehungen zu verwandeln.

Durch Verständnis für die herrschenden Mächte wird es für uns noch leichter, unseren Feinden zu vergeben. Wenn unsere Unterdrücker „nicht wissen, was sie tun“ (Lk 23,34), wenn auch sie Opfer eines trügerischen Systems sind, dann kann das wirkliche Ziel unseres Hasses und unseres Zorns nur das System selbst sein anstelle der Personen, die seine Befehle ausführen. „Denn wir haben nicht gegen Menschen aus Fleisch und Blut zu kämpfen, sondern gegen die Fürsten und Gewalten, gegen die Beherrscher dieser finsteren Welt, gegen die bösen Geister des himmlischen Bereichs“ (Eph 6,12). Wir können in dem Wissen, dass selbst die unverbesserlichsten Gegner zu einer völligen Umkehr fähig sein können, einer Umkehr, die manche auch tatsächlich vollbracht haben, um die Verwandlung unserer Feinde beten.

Die Liebe verwandelt

Die Identifizierung der Feinde birgt allerdings das Risiko, sie in ihrer Rolle festzulegen und ihre Umkehr zu blockieren. Behandelt man Menschen als

Feinde, trägt man dazu bei, feindliche Reaktionen in ihnen zu erwecken. Ein zu deutliches Gewicht auf die Befreiung der Unterdrückten, ein zu großes Augenmerk auf Erfolg in gewaltfreien Kampagnen, eine allzu pragmatische Orientierung am gewaltfreien Kampf können dazu führen, den Gegner in unserem Denken und in unserem Handeln zu entmenschlichen.

Das Gebot der Feindesliebe erinnert uns daran, dass unsere erste Aufgabe Unterdrückern gegenüber eine seelsorgerliche ist: ihnen zu helfen, die eigene Menschlichkeit wiederzuerlangen. Möglicherweise haben der Kampf und die Unterdrückung, die den Kampf hervorgerufen hat, die Unterdrückten entmenschlicht und sie dazu gebracht, ihre Feinde zu dämonisieren. Es reicht nicht, politisch frei zu werden; wir müssen auch menschlich werden. Die Gewaltfreiheit gibt allen Parteien eine Chance, über ihre gegenwärtige Lage hinauszuwachsen und dem näher zu kommen, zu dem sie erschaffen wurden.

Eine solche Geschichte hat sich in Nebraska in der Stadt Lincoln ereignet. An einem Sonntagmorgen im Juni 1991 packten gerade der Kantor Michael Weisser und seine Frau Julie in ihrem neuen Heim Kartons aus, als das Telefon klingelte. „Es wird dir leid tun, jemals in der Randolphstraße eingezogen zu sein, Judenjunge“, sagte eine Stimme und hängte ein. Zwei Tage später erhielten die Weissers ein Päckchen mit der Post. „Der KKK [Ku Klux Klan] hat seine Augen auf euch, Abschaum“, stand auf dem Zettel. Innen waren Bilder von Adolf Hitler, Karikaturen von Juden mit Hakennasen und Schwarzen mit Gorillaköpfen sowie graphische Darstellungen von toten Schwarzen und toten Juden. „Der Holohoax (*hoax* = Schwindel) war nichts im Vergleich zu dem, was euch geschehen wird“, stand auf einem Zettel.

Die Weissers riefen die Polizei. Diese meinte, es sähe aus wie das Werk von Larry Trapp, der Bezirksleiter oder *Grand Dragon* des Ku Klux Klans war. Er führe als Sympathisant der Nazis einen Kader von Skinheads und Klanmitgliedern, die schwarze, asiatische und jüdische Familien in Nebraska und dem benachbarten Iowa terrorisierten. „Er ist gefährlich“, warnte die Polizei, „wir wissen, dass er Sprengkörper herstellt.“ Obwohl er aufgrund von schwerem Diabetes an einen Rollstuhl gefesselt war, wurde der 44-jährige Trapp verdächtigt, Brandbomben in mehrere afrikanisch-amerikanische Häuser um Lincoln herum geworfen zu haben und außerdem für die Brandstiftung im März 1991 am Hilfszentrum für indonesische Flüchtlinge in Omaha verantwortlich zu sein. (Diese Verbrechen gestand er später.) Trapp plante auch, die Synagoge, deren spiritueller Führer Weisser war, zu sprengen.

Trapp lebte allein in einer eintönigen Einzimmerwohnung. An einer Wand hing eine gigantische Nazifahne und ein Bild Hitlers in doppelter Lebensgröße. Daneben hing seine weiße Klan-Robe mit dem roten Gürtel und der Kapuze. Er hielt Gewehre, Pistolen und Schrotflinten in Reichweite, bereit für den Augenblick, in dem seine Feinde die Tür einbrechen könnten, um ihn zu töten. Im hinteren Teil der Wohnung war noch ein geheimer Bunker, den er für die kommenden Rassenkriege gebaut hatte.

Als Trapp auf einem öffentlich zugänglichen Fernsehkanal eine Fernsehserie zur Verherrlichung der weißen Vormacht lancierte, in der Männer und Frauen zu sehen waren, die vor einem brennenden Hakenkreuz salutierten und aus Maschinenpistolen schossen, war Michael Weisser aufgebracht. Er rief die KKK-Hotline von Trapp an und hinterließ eine Botschaft auf dem Anrufbeantworter. „Larry", sagte er, „wissen Sie eigentlich, dass eines der ersten Gesetze, die Hitlers Nazis erlassen haben, sich gegen Leute wie Sie richtete, Leute ohne Beine, mit körperlichen Missbildungen oder anderen Behinderungen? Ist Ihnen klar, dass Sie einer der ersten gewesen wären, die unter Hitler getötet worden wären? Warum lieben Sie die Nazis so?" Dann legte er auf.

Weisser setzte seine Anrufe fort. Eines Tages nahm Trapp den Hörer ab. „Was zum Teufel willst du denn?", brüllte er. „Ich will nur mit Ihnen reden", sagte Weisser. „Bist du schwarz?", fragte Trapp. „Jüdisch", antwortete Weisser. „Hör auf, mich zu belästigen", sagte Trapp und verlangte zu wissen, warum er anrief. Weisser dachte an einen Vorschlag seiner Frau. „Na ja, ich dachte halt, Sie könnten vielleicht irgendwelche Hilfe brauchen, und ich überlegte, ob ich was für Sie tun kann. Ich weiß, dass Sie im Rollstuhl sitzen, und vielleicht könnte ich Sie zum Einkaufen fahren oder so etwas."

Trapp verschlug es die Sprache. Dann räusperte er sich. „Schon in Ordnung", sagte er. „Ist nett von Ihnen, wird aber schon besorgt. Danke trotzdem. Aber rufen Sie diese Nummer nicht mehr an." „Ich melde mich", erwiderte Weisser. Bei einem späteren Anruf gestand Trapp, dass er dabei war, „ein paar Dinge neu zu durchdenken". Doch dann ging er wieder zum Rundfunk und spuckte die gleichen alten Hasstiraden aus. Wütend griff Weisser zum Telefon. „Offensichtlich denken Sie überhaupt nichts durch!" Er nannte Trapp einen Lügner und Heuchler und verlangte eine Erklärung.

Mit überraschend zittriger Stimme sagte Trapp: „Tut mir leid, dass ich das gesagt habe. Ich hab mein Leben lang so geredet … Ich kann nichts dafür … Ich werde mich entschuldigen!" An jenem Abend betete der Kantor mit seiner Gemeinde für den *Grand Dragon*.

Am nächsten Abend klingelte bei Weissers das Telefon. „Ich will aussteigen", sagte Trapp, „ich weiß aber nicht wie". Die Weissers boten an, Trapp am gleichen Abend zu besuchen und mit ihm „das Brot zu brechen". Trapp zögerte, willigte aber dann ein und sagte, er wohne in der Wohnung Nummer 3. Als die Weissers eintraten, brach er in Tränen aus und zog seine beiden Hakenkreuzringe ab. Bald weinten und lachten und umarmten sich alle drei.

Trapp trat von seiner rassistischen Organisation zurück und schrieb Entschuldigungen an die vielen Leute, die er bedroht oder beschimpft hatte. Als er wenige Monate später erfuhr, er habe nur noch weniger als ein Jahr zu leben, luden die Weissers ihn ein, bei ihnen einzuziehen, in ihr Häuschen mit seinen zwei Schlafräumen und drei Kindern. Als sein Zustand sich verschlechterte, gab Julie ihre Arbeit als Krankenschwester auf, um ihn zu pflegen – manchmal auch die Nacht durch. Sechs Monate später konvertierte er zum Judentum; drei Monate danach starb er.[88]

Die meisten gewalttätigen Menschen sind selbst Opfer von Gewalt gewesen. Es kann also nicht überraschen, dass Larry Trapp von seinem Vater brutal misshandelt worden und zudem schwer alkoholkrank war.

Unsere Feinde zu lieben, mag uns unmöglich vorkommen, es ist aber möglich. Zu keinem Zeitpunkt ist das Einströmen göttlicher Gnade so unmittelbar und konkret spürbar wie in dem Augenblick, in dem wir unseren Hass loslassen und uns von der göttlichen Liebe auffangen lassen. Kein Wunder ist so ehrfurchtgebietend, so notwendig und so häufig.

Gerade dann, wenn Vergebung unmöglich erscheint, kann sich die Macht Gottes in erstaunlicher und überraschender Weise zeigen. Viele der Schwarzen, die wir in Südafrika kennen gelernt haben, sind gefoltert worden. Sie haben ausnahmslos ihren Folterern vergeben. Nelson Mandela hat für ein ganzes Land ein Beispiel der Versöhnung gegeben, als er seine früheren Gefängniswärter zu seiner Einführung als Präsident eingeladen hatte.

Gottes vergebende Liebe kann sogar in der Nacht unserer Trauer und unseres Hasses hell auflodern und uns zur Liebe befreien. Es verbirgt sich ein subtiler Stolz darin, in unserem Hass zu verharren und ihn zu rechtfertigen, als wären unsere Feinde sogar außer Reichweite der Liebe und der Vergebung Gottes geraten; als hätte niemand in der gesamten Geschichte größeres Leid gekannt als wir; als wären Jesu Leiden ungenügend und kümmerlich im Vergleich zu dem, was wir zu ertragen haben.

Durch den Geist Gottes werden wir ermächtigt, unseren Feinden nicht nur zu vergeben, sondern uns auch für ihre Verwandlung einzusetzen.

Eines Abends, während der turbulenten Wochen, in denen die Stadt Selma in Alabama der Brennpunkt des Kampfes um Bürgerrechte im amerikanischen Süden war, stand eine große Menge schwarzer und weißer Aktivisten vor der Ebenezer Baptist Church und vertrieb sich die Zeit mit Gesang. Plötzlich ergriff ein Bestatter aus Montgomery das Mikrofon. Er berichtete, dass eine Gruppe schwarzer Studenten, die in der Nähe des Kapitols am Nachmittag demonstriert hatten, von der berittenen Polizei umringt worden war. Ohne dass eine Fluchtmöglichkeit bestand, wurden sie zynisch dazu aufgefordert, sich zu zerstreuen oder die Konsequenzen zu tragen. Dann ritten die Polizisten auf ihren Pferden in die Menge und schlugen nach Lust und Laune auf sie ein. Polizisten hinderten zwei Stunden lang die Krankenwagen daran, die Verletzten zu erreichen. Der Informant war Fahrer eines Krankenwagens und war direkt nach Selma gefahren, um uns davon zu berichten.

Die Menge vor der Kirche kochte vor Wut. Rufe ertönten: „Ziehen wir los!" Hinter uns, auf der anderen Straßenseite, standen mehrere Reihen der Polizei des Staates und die örtlichen Polizisten unter Sheriff Jim Clark. Die Situation drohte zu explodieren. Ein junger schwarzer Pfarrer ging ans Mikrofon und sagte: „Es wird Zeit, dass wir wieder etwas singen." Er begann mit der Zeile: „Liebt ihr Martin Luther King?" „Gewiss, o Herr!", antwortete die Menge. „Liebt ihr Martin King?" „Gewiss, o Herr!" „Liebt ihr Martin King?" „Jawohl, jawohl, gewiss, o Herr!" Dann nannte er die ganze Hierarchie der *Southern Christian Leadership Conference*; bei jedem Namen gab die Menge das Echo zurück: „Jawohl, jawohl, gewiss, o Herr!" Übergangslos sang er dann: „Liebt ihr Jim Clark?" Den Sheriff?! „Ge-gewiss, o Herr", kam die verblüffte, zögernde Antwort. „Liebt ihr Jim Clark?" „Gewiss, o Herr!" Diesmal kräftiger. „Liebt ihr Jim Clark?" Jetzt hatten sie es begriffen: „Jawohl, jawohl, gewiss, o Herr!"

Danach nahm der Reverend James Bevel das Mikrofon. Wir kämpfen nicht nur um unsere Rechte, erklärte er, sondern für das Wohl der ganzen Gesellschaft. „Ein Sieg über Jim Clark reicht nicht – hörst du mich, Jim? – wir wollen, dass Du umkehrst. Wir können nicht gewinnen, indem wir unsere Unterdrücker hassen. Wir müssen sie bis zur Veränderung lieben."

Und Jim Clark veränderte sich tatsächlich. Als die Kampagne zur Registrierung der schwarzen Wähler zu Ende war, erkannte Jim Clark, dass er ohne die schwarzen Stimmen nicht wiedergewählt werden konnte. Er fing an, die schwarzen Wähler zu umwerben. Später hat er sogar zugegeben, aufrichtig, wie ich glaube, dass er sich in seinem Vorurteil gegen Schwarze geirrt habe.

King machte es den Menschen, die ihm folgten, möglich, den weißen Rassisten auch als Opfer der herrschenden Mächte zu erkennen, das heißt in diesem Fall als Opfer der gesamten Lebenseinstellung der Südstaaten. Auch die Rassisten der Südstaaten bedurften einer grundlegenden Veränderung. Diese Einsicht bot den nötigen Raum und die Gnade für eine Verwandlung. Obwohl in Amerika noch viel mehr zu tun bleibt, als irgendeiner von uns glauben möchte, hat es bereits Veränderungen gegeben, die sich zurückführen lassen auf Ereignisse wie das beschriebene. Bei diesen wurde der Wucht rassistischer Raserei Einhalt geboten durch die Bereitschaft einiger weniger Leute, ihre Stoßkraft mit dem eigenen Leib aufzufangen und ihr so die Weiterverbreitung zu verwehren.

Manche geben bereitwillig zu, dass das Evangelium Gewaltfreiheit lehrt, argumentieren aber, dass diese nur gegen Regierungen eingesetzt werden kann oder gegen Gruppen, die ein minimales moralisches Niveau erreicht hätten. Gewaltfreiheit kann bei den freundlichen Briten in Indien funktionieren, nicht aber bei den gewaltsamen Verteidigern der Apartheid oder den brutalen Kommunisten. Dieses Argument ist durch die Ereignisse allerdings längst widerlegt worden. Gewaltfreiheit ist wirksam eingesetzt worden, sowohl gegen den Kommunismus als auch gegen das südafrikanische Apartheidsregime. Die Briten in Indien waren nicht freundlicher als die Römer in Palästina. Hätte Jesus gewartet, bis die Römer ein minimales moralisches Niveau erreicht hätten, seine Botschaft der Gewaltfreiheit hätte er niemals artikulieren können.

Es ist genau andersherum. Jesu Lehre setzt nicht ein gewisses Niveau von Anstand voraus, sondern stützt sich auf die Überzeugung, dass in jedem Menschen „etwas von Gott“[89] vorhanden ist. Es gibt niemanden – und schon gar nicht ein ganzes Volk – in dem das Ebenbild Gottes völlig erloschen ist. Glaube an Gott bedeutet Vertrauen darauf, dass *jeder,* ungeachtet seiner Vergangenheit, verwandelt werden kann. Ganze Menschengruppen als im Wesen rassistisch und gewaltsam abzuschreiben, heißt, die gleichen Argumente anzuwenden, die auch zur Unterstützung des Rassismus eingesetzt werden. Es gibt keinen grundlegenden Unterschied zwischen der Behauptung, Schwarze seien keine Menschen, eine völlig andere Spezies, und der Behauptung, Weiße seien vorurteilsbehaftet, gewaltsam, nicht reformierbar und zur Erlösung unfähig. Wie der indische Anhänger der Gewaltfreiheit Narayan Desai bemerkt: „Gewaltfreiheit setzt ein gewisses Maß an Menschlichkeit in jedem Menschen voraus, so gering es im Einzelfall auch sein mag.“[90]

Im Grunde bedeutet Feindesliebe ein Leben in der Erwartung von Wundern. Niemand hat den radikalen Richtungswechsel vorausgesehen, den Michail Gorbatschow in der Sowjetunion oder de Klerk in Südafrika eingeschlagen haben. Niemand hätte auch in seinen kühnsten Träumen voraussagen können, dass der Broederbund, der Geheimbund, der in Südafrika regiert hatte, seitdem die Apartheid zur offiziellen Doktrin wurde, sich der internationalen Ausgrenzung, Empörung und den Wirtschaftssanktionen beugen oder dass er stillschweigend den Abbau der Apartheid betreiben und sogar Verfahren entwickeln würde, um gewaltsame Reaktionen durch die Weißen einzuschränken. Menschen können sich verändern, und sie tun es auch, und solch eine Veränderung kann eine Situation grundlegend wandeln. Wir müssen für unsere Feinde beten, weil Gott bereits in der Tiefe ihrer Seelen am Werk ist und dort den Wunsch wachruft, gerecht zu sein.

Wenn Gott mir vergeben, mich erlösen und mich verwandeln kann, muss ich auch daran glauben, Gott könne solche Wunder in jedem Menschen bewirken. Feindesliebe bedeutet, Unterdrücker in der Perspektive der Herrschaft Gottes wahrzunehmen, nicht nur zu sehen, was sie gerade sind, sondern auch was sie werden können, wenn Gottes Macht sie verwandelt.

Kapitel 10

Das Gebet und die Gewalten

Jede wirksame neue Kraft zur Veränderung wird durch rigorose Übungen unterstützt. Die schlaffe Dekadenz des Kulturchristentums kann keine „Athleten des Geistes" hervorbringen. Die Träger der kommenden Veränderungen unterwerfen sich in der Regel einer Lebensweise, die andere vielleicht als Schinderei bezeichnen würden. Sie tun dies nicht, um sich zu kasteien oder sich etwa bei Gott beliebt zu machen. Sie tun einfach das Nötige, um spirituell lebendig zu bleiben, so wie sie essen und trinken, um körperlich lebendig zu bleiben. Eine solche Übung, vielleicht die wichtigste von allen, ist das Gebet.

Wir lassen uns nicht gerne auf das Beten reduzieren. Viele unter uns, die sich heute ans Beten herantasten, gleichen einer völlig ausgebrannten Stadt. Erschöpft, überlastet, ausgebrannt finden wir kaum die Zeit oder die Kraft zum Beten. Der Kampf gegen Ungerechtigkeit hat uns zu viel abverlangt. In einer Zeit ähnlicher Kämpfe schrieb der Philosoph und Schriftsteller Albert Camus: „Denn nicht geliebt zu werden ist nur misslicher Zufall, nicht zu lieben jedoch ist Unglück. Wir alle sterben heute an diesem Unglück. Blut und Hassen zerfleischen selbst das Herz; die lange Wiedervergeltung der Gerechtigkeit erschöpft die Liebe, die sie doch geboren hat. Im Geschrei, in dem wir leben, kann die Liebe nicht sein, und auch die Gerechtigkeit genügt nicht."[91]

Wir haben in unserem eigenen Erleben das Geheimnis des „Tieres aus dem Abgrund" (vgl. Offb 17,8) entdeckt: Es kann den Gerechten erlauben, es zu zerstören, weil es nahezu sicher sein kann, sie auf diese Weise in sein Ebenbild zu verwandeln.

Menschen, die beten, tun dies nicht, weil sie an bestimmte intellektuelle Thesen über den Wert des Gebets glauben, sondern weil der Kampf, menschlich zu bleiben im Angesicht übermenschlicher Mächte, es verlangt. Der Akt des Gebetes selbst ist ein unentbehrliches Mittel, mit dem wir die herrschenden Mächte stellen können. Das Gebet ist in Wirklichkeit die Auseinandersetzung auf der fundamentalsten Ebene: Hier wird der geheime, uns gefangen haltende Zauberbann gebrochen, und wir werden wieder in eine größere Freiheit gestellt, eine Freiheit, die von Geburt an unser Recht und unser Potential ist.

Das Gebet ist nie eine private, von der alltäglichen Wirklichkeit losgelöste innere Handlung. Es ist eher ein inneres Schlachtfeld, auf dem der entscheidende Sieg errungen wird, bevor ein Angriff in der äußeren Welt überhaupt möglich ist. Wenn wir nicht die innere Befreiung durchlebt haben, bei der die einzelnen Maschen des Netzes, in dem wir gefangen sind, eine nach der anderen zerschnitten werden, kann es sein, dass unser Aktivismus nur eine Gegenideologie irgendeiner Gegenmacht widerspiegelt. Wir könnten einfach im Bann einer neuen, kollektiven Leidenschaft gefangen sein und dadurch versäumen, die Möglichkeiten zu entdecken, zu denen Gott hier und jetzt drängt. Ohne Schutz durch das Gebet ist unser Aktivismus der Gefahr unterworfen, zu einem selbstgerechten „guten Werk“ zu werden. Während unsere inneren Ressourcen absterben, trocknen die Quellen der Liebe aus, und wir verwandeln uns langsam in die Gestalt des Tieres.

Das Gebet kann als regelmäßige Pflicht ausgeübt werden, es kann sakramentale Form annehmen, kontemplativ sein oder andere traditionelle religiöse Formen annehmen. In jedem Fall handelt es sich nicht um eine von außen auferlegte religiöse Praxis, sondern um einen existentiellen Kampf gegen das „Unmögliche“, gegen eine kollektive Atmosphäre der Unmenschlichkeit, gegen Wertvorstellungen, die das volle menschliche Leben hemmen und verkümmern lassen.

Das Gebet ist das Feldlazarett, in dem die spirituellen Erkrankungen, denen wir durch die Mächte anheimgefallen sind, erkannt und behandelt werden können.

Gebet und Weltbild

Probleme mit dem Beten sind meistens nicht das Ergebnis einer falschen Theologie, sondern eines verkehrten Weltbilds. Unglauben ist weniger das Ergebnis irrtümlicher Überzeugungen als falscher Grundannahmen. Blicken wir zurück auf die Diskussion der verschiedenen Weltbilder in Kapitel 1 und bedenken wir ihre Wirkung auf das Gebet.

Nach dem alten, traditionellen Weltbild wird das Beten auf der Erde vom Gebet der Engel im Himmel begleitet. Alles auf Erden hat sein himmlisches Gegenstück. Wenn also die Heiligen auf der Erde beten, werden ihre Gebete durch einen Engel im Himmel gesammelt, mit Weihrauch vermengt und Gott vorgelegt. Dann werfen die Engel den Weihrauch mit glühenden Kohlen vermischt auf die Erde, die von Donner, Blitz und Erdbeben erschüttert wird, und die sieben Engel machen sich bereit, die nächsten Ereignisse ins Dasein zu posaunen (vgl. Offb 8,1–6; 5,8).

Die tiefere Wahrheit dieses Weltbildes besteht darin, dass alles Sichtbare eine unsichtbare oder himmlische Dimension besitzt. Beim Gebet geht es in diesem Weltbild darum, den Fluss der vom Schicksal bestimmten Ereignisse aus der Höhe hinab auf die Erde zu lenken und einen neuen Fluss von der Erde zum Himmel hinauf zu initiieren, sodass Gottes Wille „wie auf Erden so im Himmel" geschieht. Das ununterbrochene Spiel von Ursache und Wirkung wird für einen Augenblick zum Stillstand gebracht. Das Schicksal wird aufgehalten, und Alternativen erscheinen realisierbar. Plötzlich werden neue Wege möglich, weil Menschen auf der Erde den Himmel, die Heimat des Möglichen, angerufen haben und erhört wurden. Was dann passiert, geschieht, weil Menschen gebetet haben.

Nach dem spiritualistischen oder gnostischen Weltbild ist die sichtbare Welt allerdings als kosmischer Irrtum zu verstehen. Man betet nicht um Heilung, gesellschaftliche Veränderung oder die Verwirklichung des Lebens in Fülle, sondern um das Entrinnen aus dem zum Überdruss gewordenen „Kleid des Fleisches" und um Wiedereinsetzung in die spirituelle jenseitige Welt. Die Bedeutung, die manche Christen dem Leben nach dem Tod als Ersatz für echtes Leben hier und jetzt geben, ist ebenso typisch für dieses Weltbild wie die Verwerfung der Sexualität, des Vergnügens und generell des positiven Werts materieller Dinge.

Im materialistischen Weltbild hat das Gebet natürlich absolut keinen Platz. Es misst Wirklichkeit nur den Dingen bei, die wir schmecken, ertasten, sehen, hören und riechen können, hinzu kommen noch Dinge, über die wir logisch nachdenken und die wir aus Prämissen folgern können. Ich bin überzeugt, dass die meisten Probleme mit dem Gebet daher rühren, dass wir diesen materialistischen Glauben verinnerlicht haben. Die moderne Wissenschaft hat sich leider dem materialistischen Credo verschrieben, es könne Wirkungen „auf Distanz", das heißt ohne tatsächliche, physische Intervention, nicht geben. Nach dieser Auffassung ist das Gebet Aberglaube, da das Gebet nicht über Distanz auf andere einwirken oder in Wechselwirkung mit streng physikalischen Prozessen (und andere gibt es nicht) stehen kann. Je tiefer man im Netz dieses Weltbildes gefangen ist, umso unmöglicher wird das Gebet.

Das theologische Weltbild hat versucht, zumindest Gott noch zu retten, indem ihm ein privilegierter Bereich zugewiesen wird, den der Materialismus niemals erreichen kann. Die physische Wirklichkeit wurde der Wissenschaft überantwortet, und die Religion behielt als ihr Reservat eine spirituelle Welt, die durch keine Wechselwirkung mit der alltäglichen Welt der Materie verbunden ist. Dem Gebet ging es hierbei kaum besser, da es keinerlei Wirkung auf die physische Welt ausüben kann. Bestenfalls ist es eine Form der Selbsthypnose, Selbstprüfung oder Selbstzentrierung. Es kann aber keinesfalls direkt auf die materielle Existenz einwirken. Nur wenige protestantische Theologen haben während ihres Studiums eine Veranstaltung über das Beten besucht. Warum sollten sie dies auch tun im Rahmen eines theologischen Weltbildes?

Im integrierten Weltbild rückt das Gebet allerdings wieder ins Zentrum. Das Spirituelle liegt im Kern aller Dinge und kann daher vom Gebet unendlich durchdrungen werden. Nach diesem Weltbild ist das ganze Universum ein einziges, geistig-materielles Ereignis: Das Selbst und das Universum sind koextensiv. Wir sind nicht wie im Materialismus so etwas wie einzelne Billardkugeln; wir sind von Anbeginn an mit allem verbunden. Jeder Tropfen Wasser in mir ist während der Milliarden Jahre, in denen die Erde existiert, bereits Teil jeder Quelle, jeden Baches, jeden Flusses, jedes Sees oder Meeres der Welt gewesen. Wir sind mit allen anderen Wesen des Universums verbunden. In einer solchen Welt kennen wir die Grenzen des Möglichen nicht. Deswegen beten wir um das, was wir für richtig halten, und überlassen Gott das Ergebnis. Wir leben in der Erwartung von Wundern, in einer durch das Staunen neu verzauberten Welt. Die Fürbitte ist eine völlig rationale Antwort auf eine solche Welt.

Die Macht der Fürbitter

Fürbitte ist der spirituelle Widerstand gegen das, was ist, im Namen dessen, was Gott verheißen hat. Fürbitte imaginiert eine alternative Zukunft, anders als die, welche vom Schicksal durch das Zusammenwirken gegenwärtiger Kräfte bestimmt zu sein scheint. Das Gebet lässt die Luft einer kommenden Zeit in die erstickende Atmosphäre der Gegenwart hereinwehen.

Die Geschichte gehört den Fürbittern, die durch ihren Glauben die Zukunft heraufführen. Das ist nicht nur eine religiöse Aussage. Sie gilt genauso für Kommunisten oder Kapitalisten oder Anarchisten. Die Zukunft gehört jedem, der die Vision einer neuen und erstrebenswerten Möglichkeit heraufbeschwören kann, einer Möglichkeit, die durch Glauben aufgegriffen und als unvermeidlich festgehalten wird.

Das ist die Politik der Hoffnung. Die Hoffnung nimmt ihren Zukunftsentwurf in den Blick und handelt dann, als wäre diese Zukunft unvermeidlich. Auf diese Weise hilft sie, die ersehnte Wirklichkeit zu erschaffen. Die Zukunft ist nicht abgeschlossen. Es gibt Kraftfelder, deren Interaktionsmöglichkeiten einigermaßen vorhersehbar sind. *Wie* sie aber tatsächlich interagieren werden, ist nicht vorhersehbar. Sogar eine kleine Anzahl Menschen, die sich verbindlich engagieren für eine neue Unabwendbarkeit, auf die sie ihre Vorstellungskraft gerichtet haben, kann die Gestalt der Zukunft entscheidend beeinflussen. Diese Gestaltgeber der Zukunft sind die Fürbitter, die die ersehnte neue Gegenwart aus der Zukunft hervorrufen. Im Neuen Testament sind der Name, die Beschaffenheit und die Aura dieser Zukunft die herrschaftsfreie Ordnung Gottes, die Königsherrschaft Gottes.

Zweifellos ändern unsere Fürbitten manchmal uns selbst, indem wir uns für neue, bisher ungeahnte Möglichkeiten öffnen. Zweifellos strahlen unsere Gebete zu Gott auf uns zurück, wie ein göttlicher Befehl, selbst eine Antwort auf das Gebet zu werden. Wenn wir aber das biblische Verständnis ernstnehmen, ist Fürbitte mehr als das. Fürbitte verändert die Welt, und sie verändert das, was Gott möglich ist. Sie schafft eine Insel relativer Freiheit in einer Welt, die sich im Griff unheiliger Notwendigkeiten befindet. Ein neues Kraftfeld entsteht, das bislang nur potentiell existierte. Als Ergebnis der Veränderung eines einzelnen Teils ändert sich das ganze Gefüge. Im Beter öffnet sich ein Raum, der es Gott ermöglicht, zu handeln, ohne die menschliche Freiheit zu verletzen. Die Veränderung in nur einer einzelnen Person verändert so das, was Gott durch sie in dieser Welt tun kann.

Alle Lehren Jesu über das Gebet weisen Imperative auf (vgl. Lk 11,9: „Bittet … sucht … klopft an“). Im Gebet *befehlen* wir Gott, uns seine Königsherrschaft nahezubringen. Es reicht nicht, zu flehen. Uns wird befohlen, zu befehlen. Gott verlangt von uns, mit Gott zu streiten – um der Kranken, der Besessenen, der Schwachen willen – und das eigene Leben mit unseren Fürbitten in Einklang zu bringen. Er ist ein Gott, der die Geschichte erfindet, in Wechselwirkung mit denen, „die hungern und dürsten nach der Gerechtigkeit“ (Mt 5,6). Wie sehr unterscheidet sich das von der statischen Gottesvorstellung der griechischen Philosophie, die so viele unter uns die ganzen Jahre hindurch zu einer Haltung bloßer Anbetung ohne Fürbitte verleitet hat!

Das Gebet ist ein Rütteln am Käfig Gottes, ein Weckruf und ein Freisetzen Gottes. Das Gebet bedeutet, diesem dürstenden Gott Wasser und diesem hungernden Gott Nahrung zu geben; es zerschneidet die Fesseln an Gottes Händen und Füßen, es wäscht den verkrusteten Schweiß aus Gottes Augen und schließlich sieht es zu, wie Gott sich mit Leben und Kraft und Energie füllt, und es folgt Gott nach, wo auch immer Gott hingeht.

Unser Gebet gleicht nicht dem Absenden eines Briefes an eine himmlische Regierungszentrale, die ihn auf einen Stapel anderer Briefe ablegt. Wir sind beim Beten eher mit eingebunden in einen gemeinsamen Schöpfungsakt, in dem ein kleines Segment des Universums sich erhebt und lichtdurchlässig, glühend wird, zu einem vibrierenden Kraftzentrum, das die Macht des Universums ausstrahlt.

Die Geschichte gehört den Fürbittern, die durch ihren Glauben die Zukunft heraufführen. Wenn das so ist, dann ist Fürbitte keine Flucht vor dem Handeln, sondern ein Mittel, sich auf das Handeln auszurichten und schöpferisch zu werden. Durch unsere Fürbitten werfen wir wahrhaft Feuer auf die Erde und posaunen die Zukunft ins Dasein.

Die Mächte und das Beten

Den meisten unter uns hat man wohl gesagt, ein unerfülltes Gebet sei entweder auf unser eigenes Versagen oder auf eine Weigerung Gottes zurückzuführen. Entweder fehlte uns der nötige Glaube (bzw. wir waren zu sündig, zu unrein, haben um das Falsche gebetet) oder aber, Gott hat aus irgendeinem unerforschlichen höheren Grund Nein gesagt.

Es mag tatsächlich Zeiten geben, in denen unser Glaube schwach ist. Jesus sagt aber ausdrücklich, dass es nicht darauf ankommt, wie groß unser Glaube ist, sondern darauf, dass wir einfach unsere Pflicht tun und den Glauben einsetzen, über den wir verfügen; eine winzige Menge, sagt er, reiche schon aus (vgl. Lk 17,5f). Die Frage ist schließlich nicht, ob wir spirituelle Riesen sind, sondern, ob Gott wirklich handeln kann. Der Glaube ist kein Gefühl oder eine Fähigkeit, die wir herbeizaubern, sondern das Vertrauen darauf, dass Gott entscheidend in der Welt handeln kann. Wenn also unser Glaube so groß wie ein Senfkorn ist, das heißt, wenn wir überhaupt etwas Glauben haben, sollten wir uns nicht selbst die Schuld geben, falls unsere Gebete unerfüllt bleiben.

Wir sollten auch nicht zu voreilig den mangelnden Erfolg unseres Gebets unseren Sünden und Unzulänglichkeiten zuschreiben. Morton Kelsey erzählt von der ersten wirklich dramatischen Heilung, mit der er zu tun bekam. Sie ereignete sich trotz seines Unmuts darüber, zu ungelegener Zeit ins Krankenhaus fahren zu müssen und jemanden seelsorglich zu betreuen, den er kaum kannte. Anscheinend hat Gott seine Haltung ignoriert und den Patienten trotzdem geheilt.[92]

Vielen von uns hat man in jungen Jahren beigebracht, die Erhörung unserer Gebete stehe in direktem Verhältnis zum Grad der Reinheit des Herzens oder der Sündlosigkeit, mit der wir ans Beten gehen. Aber kein Mensch ist „gut genug“, um zu beten. Der von Jesus offenbarte Gott hört gnädig alle Betenden an, vielleicht *besonders* diejenigen, die von anderen als Sünder betrachtet werden. Es war schließlich der korrupte Zöllner und nicht der moralisch aufrechte Pharisäer, der gerechtfertigt nach Hause ging (vgl. Lk 18,9–14). Zu glauben, unsere Unzulänglichkeiten und Sünden seien so wichtig, dass sie Gott beim Erhören unseres Gebets im Weg stehen könnten, ist wahrscheinlich nichts anderes als großer Dünkel.

Ebenso wenig ist es angemessen, die in Einzelfällen ausbleibende Antwort Gottes auf unser Gebet einem höheren Willen zuzuschreiben, der für den Augenblick ein Nein erfordert. Ohne Zweifel ist das, was uns zuweilen wie ein Übel vorkommt, genau die erforderliche Erschütterung, die uns wachrütteln und die Destruktivität unserer Gewohnheiten bewusst machen kann. Krankheit und Tragik sind manchmal leider die unverzichtbaren Boten, die uns zu unserer Lebensaufgabe zurückrufen. Manchmal beten wir tatsächlich um das Falsche oder können Gottes Antwort nicht erkennen, weil wir nach etwas anderem suchen. Es gibt aber Situationen, in denen Gottes Wille so klar und offensichtlich erscheint, dass die Behauptung, Gott würde dazu Nein sagen, Gott zum kosmischen Gangster macht. Ich kann auch nach dreißig Jahren immer noch nicht einsehen, inwiefern der Leukämietod eines sechsjährigen Knaben aus unserer Gemeinde eine Tat Gottes gewesen sein soll. Will denn irgendein Mensch behaupten, die aktuelle, weltweite Sterblichkeit durch Verhungern – etwa zweiundzwanzigtausend Kinder pro Tag, ungefähr acht Millionen im Jahr – sei Gottes Wille?

Was wir aus dieser Gleichung weggelassen haben, sind die Mächte und Gewalten. Das Beten geschieht nicht nur zwischen uns und Gott. Es schließt auch die großen sozialen und spirituellen Kräfte mit ein, die weite Teile der Wirklichkeit bestimmen. Ich meine damit sowohl die gewaltigen Institutionen, gesellschaftlichen Strukturen und Systeme, die unsere heutige Welt beherrschen, wie auch die spirituelle Realität in deren Zentrum. Wenn wir eine Ahnung von der Bedeutung dieser Mächte für das Beten wiedergewinnen wollen, können wir nichts Besseres tun, als uns dem Buch Daniel zuzuwenden. Das Buch Daniel ist der Punkt, in dem der Menschheit zum ersten Mal offenbar wurde, welche Rolle die herrschenden Mächte dabei spielen, die Erhörung unserer Gebete zu blockieren.

Daniel repräsentiert Israel in seinem Kampf gegen alle Versuche, es von seiner Treue zu Jahwe abzubringen. Daniel wird als ein Jude beschrieben, der eine hohe Position in der persischen Verwaltung in Babylon erlangt hatte. Drei Jahre früher hatte der Perserkönig Kyros die Juden aus der Gefangenschaft befreit und ihnen angeboten, ihren Tempel auf seine Kosten wieder aufzubauen. Doch sind nur wenige Juden wieder zurück in die Heimat gezogen. Am Anfang der Geschichte finden wir Daniel in solch tiefer Trauer um sein Volk versunken, dass er nicht essen kann. Nach einundzwanzig Tagen erscheint ein Engel: „Fürchte dich nicht, Daniel! Schon vom ersten Tag an, als du dich um Verständnis bemühtest und dich deswegen vor deinem Gott beugtest, wurden deine Worte gehört und wegen deiner Worte bin ich gekommen" (Dan 10,12).

Warum hat der Engel bis zu seiner Ankunft einundzwanzig Tage gebraucht, wenn Gott das Gebet bereits am allerersten Tag erhört hat? Weil, wie der Engel in Vers 13 erklärt, „der Engelfürst des Perserreiches … sich mir einundzwanzig Tage lang entgegengestellt" hat. Der Engel wäre überhaupt nicht zu Daniel gelangt, wäre nicht „Michael, einer der ersten unter den Engelfürsten" mir zu Hilfe gekommen, um mit dem Engel des Perserreiches zu kämpfen. Jetzt erst, während Michael den Engel von Persien ablenkt, konnte der Himmelsbote durchschlüpfen und Daniel eine Vision der Zukunft für das im Exil befindliche Volk Israel vermitteln. Sobald er diese Mission ausgeführt hat, muss er zurückkehren „und mit dem Engelfürsten von Persien kämpfen. Wenn ich mit ihm fertig bin, dann wird der Engelfürst von Jawan kommen … keiner hilft mir tatkräftig gegen sie außer eurem Engelfürsten Michael" (Dan 10,20f).[93]

Der Engel Persiens kann Gottes Botschafter daran hindern, Daniels Gebet zu erhören. Einundzwanzig Tage lang kämpft Daniel gegen unsichtbare spirituelle Mächte. Vielleicht muss er internalisierte Elemente persischer Spiritualität ablegen; er selbst trug einen Namen, der vom Namen eines babylonischen Gottes, Beltschazzar, abgeleitet war (vgl. Dan 4,8). Welche innere Veränderung auch immer nötig gewesen sein mag, der Engel wird nicht erst losgeschickt, *nachdem* Daniel sich gereinigt hat. Er wird *am allerersten Tag* erhört, sobald die Worte seine Lippen verlassen. Der Engel wird im gleichen Augenblick losgeschickt, in dem Daniel betet, nicht erst nach einundzwanzig Tagen der inneren Reinigung. Der wirkliche Kampf geschieht zwischen den Engeln der beiden Nationen. Der Engel Persiens will nicht, dass das von ihm beschützte Volk ein so begabtes Untertanenvolk verliert. Der Engel Persiens versucht aktiv, Gottes Willen zu durchkreuzen, und einundzwanzig Tage lang gelingt es ihm auch. Die Mächte und Gewalten können Jahwe in Schach halten!

Daniel betet und fastet weiterhin, der Engel Gottes ringt weiterhin darum, am Engel von Persien vorbeizukommen, und es sieht so aus, als geschehe gar nichts. Gott scheint das Gebet nicht erhört zu haben. Trotz dieser scheinbaren Gleichgültigkeit wird eine grimmige Schlacht zwischen zwei gegnerischen Mächten ausgefochten. Schließlich interveniert Michael, Israels eigener Schutzengel, und der Engel kommt durch.

Dies ist in mythischen Bildern eine treffende Beschreibung der tatsächlichen Erfahrung, die wir im Gebet machen. Wir beten nun seit Jahrzehnten, dass die Supermächte ihre Waffenlager reduzieren. Während eines großen Teils dieser Zeit sieht das wie ein müßiges Unterfangen aus. Der „Engel der Vereinigten Staaten" und der „Engel der Sowjetunion" waren in einem Todeskampf gefangen, in dem keiner bereit schien, seinen Zugriff zu lockern. Dann handelte – eine Ironie Gottes – der sich am lautesten antikommunistisch artikulierende Präsident in der amerikanischen Geschichte, Ronald Reagan, mit einem sowjetischen Führer, Michail Gorbatschow, einen Vertrag zur Reduktion von Atomwaffen aus; mit einem Führer, dessen neuer Kurs der Offenheit von keinem einzigen amerikanischen Sowjetspezialisten vorhergesehen worden war. Ohne Zweifel haben der wirtschaftliche Niedergang und der aufkeimende Nationalismus in der Sowjetunion eine wichtige Rolle gespielt. Warum haben dann aber die Experten die Veränderung nicht vorhergesehen? Wäre der kalte Krieg ohne die Demonstrationen und die jahrzehntelangen Gebete der Friedensbewegung in den Vereinigten Staaten, Europa und der Sowjetunion zu Ende gegangen? Wie auch immer es gewesen ist, Gott hatte eine Lücke gefunden und konnte die wunderbare Richtungsänderung herbeiführen.

Bemerkenswert ist, dass die Bibel nicht versucht, die Verzögerung von Gottes Antwort zu rechtfertigen. Es handelt sich einfach um eine Erfahrungstatsache. Wir wissen nicht, warum Gott es nicht „besser" machen kann, oder warum in dem genannten Beispiel Michael nicht früher dem Himmelsboten zu Hilfe geschickt wird. Das ist ein tiefes Geheimnis. Die Rede von einem Geheimnis soll aber nicht dazu dienen, ein intellektuelles Problem zu übertünchen; auch die Sowjetspezialisten stehen Geheimnissen gegenüber. Wir wissen einfach nicht, warum manche Dinge passieren und andere nicht.

Was besagt das nun über die Allmacht Gottes? Über Gottes Erlösungsmacht? Über Gottes Macht über die Geschichte? Den Mächten und Gewalten gelingt es, ihren Willen gegen den Willen Gottes durchzusetzen *und sich eine Zeit lang zu behaupten*. Das Erstaunliche ist also nicht, dass unsere Gebete manchmal unerhört bleiben, sondern dass einige überhaupt erhört werden. Es ist uns schon lange klar, dass Gott durch unsere Freiheit eingeschränkt wird. Die neue Einsicht im Buch Daniel ist, dass Gott durch die Freiheit von Institutionen und Systemen ebenso begrenzt wird. Wir sprechen normalerweise von Gottes freier Wahl, sich selbst zu begrenzen. Man kann wohl fragen, ob Gott wirklich eine Wahl hat. In jedem Fall – ob durch die eigene freie Wahl oder nicht – ist Gottes Fähigkeit, ungebeten zu intervenieren, sehr begrenzt, wie wir alle wohl beim Gebet bemerkt haben werden.

Kurz gesagt, das Gebet verwickelt nicht nur Gott und Mensch, sondern Gott, Mensch und die herrschenden Mächte. Was Gott in der Welt zu tun vermag, wird durch die Rebellion, den Widerstand und das Eigeninteresse der Mächte, die ihre Freiheit unter Gott wahrnehmen, in einem beträchtlichen Maß behindert.

Gott *hat* eine heilbringende Macht. Wenn aber Konzerne PCBs und Dioxine in unser Trinkwasser spülen oder radioaktives Gas in die Atmosphäre freisetzen oder darauf bestehen, unser Obst mit als karzinogen bekannten Substanzen zu besprühen, ist die heilende Macht Gottes stark geschwächt. Kinder (wie der Junge in meiner Gemeinde, der am Rande einer der größten petrochemischen Anlagen der Welt wohnte) sterben an Leukämie. Die Situation ist nicht anders als bei der normalen körperlichen Heilung. Ein sauberer Schnitt wird fast immer auf wundersame Weise heilen; wenn wir aber Entzündungskeime in die Wunde streuen, wird Gottes Heilkraft be- oder gar verhindert.

Gott will, dass jeder Mensch frei ist, all das zu werden, für das ihn Gott erschaffen hat. Wenn aber eine Gruppe von Menschen eine andere versklavt, um sie auf ihren Feldern einzusetzen oder in ihren Minen schuften zu lassen, wenn das Leben von Kindern durch sexuellen Missbrauch oder körperliche Brutalität verkümmert, wenn ganze Völker gezwungen sind, sich der Ausbeutung durch andere, mächtigere Staaten zu unterwerfen, was soll Gott dann tun? Wir können um Gerechtigkeit und Befreiung beten, und müssen es auch, und *Gott hört uns am allerersten Tag.* Aber Gottes Macht zur Intervention gegen die Freiheit dieser rebellischen Geschöpfe ist manchmal tragisch begrenzt, begrenzt auf eine Art, die zu verstehen wir uns nicht anmaßen können. Man braucht ein erhebliches Maß an spiritueller Reife, um in der Spannung zwischen diesen beiden Tatsachen zu leben: Gott *hat* unser Gebet erhört, und die herrschenden Mächte blockieren Gottes Antwort.

Nehmen wir den Fall von Somalia. Tag und Nacht haben die Medien die Welt mit herzzerreißenden Bildern von unterernährten und verhungernden Somaliern überschwemmt. Eine große Empörung erfasste alle. Geld wurde beschafft. Regierungen haben sich beteiligt. Schiffe voller Nahrungsmittel waren bald unterwegs. Als sie aber bei Mogadischu ankamen, wurde ihnen das Ausladen durch die sich bekämpfenden Warlords verboten, die für sich einen Vorteil darin sahen, ihre Feinde zu Tode hungern zu lassen. Die Gebete dieser verhungernden Menschen wurden auch am allerersten Tag gehört. Aber die herrschenden Mächte konnten eine Zeitlang Gottes Antwort blockieren.

Wenn die herrschenden Mächte in der Lage sind, Gott so wirksam zu behindern, können wir dann überhaupt von einer göttlichen Vorsehung in der

Welt sprechen? Wenn unsere Gebete so sporadisch oder mit so langer Verzögerung erhört werden, können wir Gott überhaupt voll vertrauen? Kann man sich auf Gott verlassen? Ist ein so begrenzter Gott überhaupt noch Gott?

Wir müssen uns diesen Fragen stellen, weil unsere Fähigkeit, zu beten, davon abhängt, dass wir eine wirkungsvolle Vorstellung haben von Gottes Fürsorge.

In den Todeslagern der Nazis zum Beispiel bestürmten die Betenden den Himmel mit ihrem Flehen um Befreiung. Warum gelang es Gott nicht, mehr Juden zu retten? Etty Hillesum, eine holländische Jüdin, betete, während sie auf ihre Deportation in ein „Arbeitslager" wartete, das sich als Todeskammer erweisen sollte:

„Ich will dir helfen, Gott, daß du mich nicht verläßt, aber ich kann mich von vornherein für nichts verbürgen. Nur dies eine wird mir immer deutlicher: daß du uns nicht helfen kannst, sondern daß wir dir helfen müssen, und dadurch helfen wir uns letzten Endes selbst. Es ist dass einzige, auf das es ankommt: ein Stück von dir in uns selbst zu retten, Gott. Und vielleicht auch in den anderen. Ja, mein Gott, an den Umständen scheinst auch du nicht viel ändern zu können. Ich fordere keine Rechenschaft von dir. Du kannst uns nicht helfen, sondern wir müssen dir helfen und deinen Wohnsitz in unserem Inneren bis zum Letzten verteidigen."[94]

Man braucht sich für die Theologie dieser Aussage nicht zu verbürgen, um die darin ausgesprochene Erfahrung anzuerkennen. Die herrschenden Mächte hielten Gott in Schach. Es sah aus, als würde Gott nichts tun. Zugleich gab es, unsichtbar, Krieg im Himmel. Wenn die Menschen sich nicht nur dem Bösen beugen, sondern es auch noch aktiv bejahen, werden böswillige Mächte entfesselt, auf die wir durch das Alltagsleben nicht vorbereitet sind. Der „Engel Deutschlands" wurde als Götze angebetet und als höchstes Wesen proklamiert. Aus dem Himmel verdrängt, streifte Gott Tag und Nacht durch alle Straßen und konnte nur wenige finden, die ihm halfen.

In einer solchen Zeit kann Gott machtlos erscheinen. Vielleicht ist er es. Gott mag vielleicht außerstande sein, direkt zu intervenieren, und überschüttet dennoch die Erde mit „zufälligen" Möglichkeiten, die nur die Bereitschaft eines Menschen brauchen, um zu Wundern zu werden. Wenn das Wunder geschieht, haben wir den Eindruck, Gott habe auf eine besondere Art interveniert. Doch interveniert Gott nicht nur gelegentlich. Gott ist die ständige Möglichkeit zur Verwandlung, die *jeder* Gelegenheit anhaftet, auch solchen, die wegen der ausbleibenden Bereitschaft eines Menschen verloren gehen.

Gott lässt sich nicht verspotten. Die Räder der Gerechtigkeit mögen sich langsam drehen, aber sie sind nicht aufzuhalten. Schauen wir noch einmal die Geschichte Daniels an. Nach fünfzig Jahren Gefangenschaft hatte Gott endlich Kyros an die Macht gebracht, um die Juden aus Babylon zu befreien. Gottes Volk zog es aber vor, im Exil zu bleiben! Daniel öffnet durch sein Fasten und Beten für Gott einen neuen Zugang. Durch diesen neuen Zugang kann Gott die Vision eines neuen Lebens in einem wiederhergestellten Heiligen Land schenken, ein Anreiz, um Juda heimzulocken.

Die ernüchternde Botschaft, dass die herrschenden Mächte Gottes Plan entgegenwirken können, wird mehr als aufgewogen durch das Wissen, dass unsere Gebete sich schließlich durchsetzen werden. Ob wir einundzwanzig Tage oder einundzwanzig Jahre oder einundzwanzig Jahrhunderte warten müssen, ändert für den Glauben nichts. Er weiß, wie gewaltig und starr die Mächte und ihr Herrschaftssystem sind. Wir dürfen nicht nachlassen, zu beten um das, was recht ist, nur weil unsere Gebete scheinbar unerhört bleiben. Wir wissen, dass die Gebete bereits am allerersten Tag erhört werden. Und wir beten weiter, denn auch nur einen einzigen Tag länger auf Gerechtigkeit zu warten, wäre zu lang.

Das ist der Grund, weshalb die Verzögerung der Königsherrschaft Gottes für den christlichen Glauben im ersten Jahrhundert nicht tödlich gewesen ist, als Jesus entgegen den Erwartungen nicht wiedergekommen war. Denn die Kirche konnte nun das Herrschaftssystem als das erkennen, was es war, und hat sich ihm nie wieder ganz unterworfen. Weil die Kirche Gottes herrschaftsfreie Ordnung einmal flüchtig erblickt hatte, konnte sie nie wieder aufhören, sich nach seinem Kommen zu sehnen.

Daniel musste einundzwanzig Tage warten, um seine Vision der Rückkehr der Juden nach Palästina zu erhalten; es sollte dann aber zwei Jahrhunderte dauern, bis eine bedeutsame Anzahl tatsächlich zurückkehrte. Gandhi kämpfte sechsundzwanzig Jahre lang mit dem „Engel des British Empire“; die Aquino-Revolution auf den Philippinen hat Marcos in nur wenigen Tag abgesetzt. Egal, ob das Wasser Tropfen für Tropfen oder durch eine Überschwemmung ansteigt, der Druck sprengt schließlich den Damm der Unterdrückung, und die herrschenden Mächte werden weggespült. Sie sind nur sterbliche Geschöpfe und umso boshafter, weil sie wissen, dass ihre Zeit kurz ist (vgl. Offb 12,12). Viele unschuldige Menschen mögen sterben und die Unbesiegbarkeit der Mächte scheint mit jedem Tod zuzunehmen. Doch dies ist nur eine Illusion. Gerade die verzweifelte Brutalität ist ein Anzeichen dafür, dass ihre Legitimität schnell schwindet. Ihre Gewaltandrohung ist ein Eingeständnis, dass sie nicht länger über freiwillige Zustimmung verfügen. Immer dann, wenn eine genügend große Anzahl Menschen ihre Zustimmung entziehen, müssen die Mächte zwangsläufig fallen.

In Erwartung von Wundern leben

Zu verstehen, wie die herrschenden Mächte unsere Gebete behindern, kann die Art, wie wir beten, revolutionieren. Wir werden energischer und aggressiver. Wir werden Gott ehren, indem wir die volle Bandbreite unserer Gefühle zulassen, von Frustration über Empörung bis zur Freude und alles, was dazwischen liegt. Wir werden erkennen, dass auch Gott umzingelt ist von Kräften, die sich nicht einfach beherrschen lassen. Wir werden wissen, dass Gott am Ende siegen wird, wenn auch nicht unbedingt auf eine für uns verständliche Weise, es sei denn es geschieht durch das Kreuz.

Das Gebet im Angesicht der herrschenden Mächte ist ein „spiritueller Abnutzungskrieg“. Wenn wir versäumen, zu beten, sind Gott tatsächlich die Hände gebunden. Das unterstreicht die Dringlichkeit unseres Gebetes.

Ein Gebet, das die herrschenden Mächte ignoriert, endet damit, Gott die Schuld an dem von den Mächten verursachten Unheil zu geben. Aber ein Gebet in Anerkennung der Mächte wird zu einem unverzichtbaren Aspekt gesellschaftlichen Handelns. Wir dürfen nicht nur die äußeren, politischen Erscheinungsformen der herrschenden Mächte wahrnehmen, sondern müssen auch ihren inneren Geist erkennen. Wir müssen beides vor Gott bringen, damit es verwandelt wird. Sonst ändern wir nur die äußere Hülle und lassen den Geist unberührt.

Ähnelt mein Verständnis des Gebets der „geistigen Kriegsführung“, die von manchen Evangelikalen und Charismatikern praktiziert wird? Ja, insofern, als ich darin übereinstimme, dass das Gebet zudringlich und aggressiv sein sollte. Wir sollten daran arbeiten, den Geist von Familien, Konzernen und Nationen zu ändern. Wir sollten beten für die kranke Atmosphäre, die zurzeit in Amerika herrscht. Wir müssen „unsere Städte für Gott wiedergewinnen“, wie es ein Autor ausdrückt.

Ich unterscheide mich jedoch von den oben genannten Gruppen in meinem Verständnis des Dämonischen. Ich glaube nicht, dass böse Engel sich menschlicher Institutionen bemächtigen und sie pervertieren. Für mich ist das Dämonische etwas, das einer Institution selbst entspringt, wenn sie ihre göttliche Berufung um eines selbstsüchtigen, geringeren Zieles willen aufgibt. Ich würde deswegen zum Beispiel nicht versuchen, den Geist einer Stadt auszutreiben, sondern eher Gott anrufen, ihn zu verwandeln, ihn zu seiner göttlichen Berufung zurückzurufen. Mein geistliches Gespräch führe ich mit Gott, nicht mit Dämonen.

Im Angesicht solch gigantischer Kräfte ist es sinnlos, sich an kleine Hoffnungen zu klammern. Wir werden ermutigt, Gott um etwas Größeres zu bitten. Es ist ein und derselbe Glaube, der mit klarem Blick die Unermesslichkeit der gegen Gott gerichteten Kräfte wahrnimmt und Gottes wunderwirkende Macht bejaht. Das Vertrauen auf Wunder ist tatsächlich die einzig rationale Haltung in einer Welt, die auf unendlich unterschiedliche Weise auf Gottes unablässige Verlockungen antworten kann. Wir sind bevollmächtigt, um Wunder zu beten, weil nichts anderes ausreicht. Wir beten zu Gott, nicht weil wir diese Geheimnisse verstehen, sondern weil wir aus unserer Überlieferung und aus Erfahrung gelernt haben, dass Gott uns in der Tat *genügt,* was auch immer die herrschenden Mächte tun mögen.

Nachwort

Mein Freund Jack Nelson-Pallmeyer war einst auf den Straßen von Kalkutta unterwegs und so erzürnt über die Armut, dass er Gott anschreien wollte: „Wie kannst du solches Leiden zulassen?“ Dann kam ihm eine schmerzliche Einsicht: „Im Leiden der Armen schrie Gott mich an, uns alle, und unsere Institutionen und Sozialsysteme, die den Hunger, die Armut und die Ungleichheit verursachen und erhalten.“[95] Am Ende klingt uns dieser göttliche Schrei in den Ohren und ruft uns auf, diese gewaltigen Mächte in der Kraft des heiligen Geistes zu stellen, damit das Leben der Menschen menschlicher werde.

Darum geht es: nicht nur von den herrschenden Mächten frei zu werden, sondern diese selbst zu befreien. Jesus ist nicht nur gekommen, um die Menschen mit Gott trotz der herrschenden Mächte zu versöhnen, sondern um die Mächte selbst mit Gott zu versöhnen (vgl. Kol 1,20). Wir streben nicht nur danach, den götzendienerischen Bann zu brechen, durch den die Mächte uns Menschen verzaubert haben. Wir streben auch danach, die Fähigkeit der Mächte selbst zu brechen, uns durch Götzen zu verzaubern. „Der Sohn Gottes aber ist erschienen, um die Werke des Teufels zu zerstören“ (1 Joh 3,8). Dem Götzendienst müssen wir entkommen, nicht diesem Planeten. Wir streben die Befreiung aus Systemen und Strukturen nicht an, um ein individualistisches Paradies auf Erden oder ein himmlisches Leben nach dem Tod zu erreichen. Wir wollen vielmehr, diese Systeme zu dem Einen in Beziehung bringen, in und durch und für den sie existieren, und in dem alle Dinge zusammenfinden (vgl. Kol 1,16f).

Die Leidenschaft, die die frühen Christen zu missionarischem Eifer trieb, wurde nicht nur genährt von dem Wunsch, die Zahl der Kirchenmitglieder zu erhöhen oder die Menschen sicher in einen Himmel nach dem Tod zu führen, der alles irdische Elend ausgleicht. Ihre Leidenschaft wurde vor allem angefacht durch das Gefühl der Befreiung von allen Verblendungen, in die die herrschenden Mächte sie eingesponnen hatten. Darum waren sie entschlossen, auch andere zu befreien. Im Grunde ist das Evangelium keine Botschaft der Flucht in eine andere Welt, sondern es verkündet die Rettung aus den Verführungen „dieser Welt“ (des Herrschaftssystems) und die endgültige Verwandlung dieser Welt, „wenn alle Völker kommen und Gott anbeten“ (Offb 15,4). Das ewige Leben ist nicht gedacht für die Zukunft in einer anderen Wirklichkeit, sondern es beginnt jetzt, in dem Augenblick, in dem wir zu leben beginnen für Gott und für den, der uns Gott offenbart (vgl. Joh 17,3).

In einer pluralistischen Welt, in der wir das Privileg haben, von allen religiösen und philosophischen Traditionen zu lernen, haben Christen den Völkern noch immer eine Geschichte zu erzählen. Wer weiß, vielleicht tut dieses Erzählen niemandem so gut wie uns selbst. Und während wir diese Geschichte erzählen und sie leben, nehmen wir wahr, dass wir selbst – und vielleicht sogar die Welt – schon ein klein wenig verwandelt sind.

Anmerkungen

1 Heinrich Schlier, Mächte und Gewalten nach dem Neuen Testament. In: Geist und Leben 31 (3/1958) 173–183. 173; s.a. den Habilitationsvortrag von Schlier, Mächte und Gewalten im Neuen Testament. In: Theologische Blätter 9 (1930) 289–297 und die Monografie Mächte und Gewalten im Neuen Testament, Quaestiones disputatae 3, Freiburg 1958, Neuauflage Einsiedeln 2007.

2 Naming the Powers. The Language of Power in the New Testament, Philadelphia 1984; Unmasking the Powers. The Invisible Forces that Determine Human Existence, Philadelphia 1986 und Engaging the Powers. Discernment and Resistance in a World of Domination, Philadelphia 1992.

3 Heinrich Schlier, Mächte und Gewalten nach dem Neuen Testament. In: Geist und Leben 31 (3/1958) 173–183. 173.

4 Vgl. die Rezensionen zur Trilogie von Wink; ferner Walter E. Pilgrim, Uneasy Neighbors. Church and State in the New Testament, Minneapolis 1999; Clinton E. Arnold, Ephesians: Power and Magic. The concept of power in Ephesians in light of its historical setting, Cambridge 1989; D. Seiple/Frederick W. Weidman (Hg.), Enigmas and Powers. Engaging the Work of Walter Wink for Classroom, Church, and World, Eugene 2008.

5 John the Baptist in the Gospel Tradition, Society for New Testament Studies. Monographs Series 7, Cambridge 1968.

6 Philadelphia 1973.

7 München 1988. Dieses Buch ist aktuell nur digital zugänglich auf der Literatur-CD „Handbibliothek Christlicher Friedenstheologie“ unter www.friedenstheologie.de.

8 Interview mit Walter Wink. In: Julia Lehnen, Interaktionale Bibelauslegung im Religionsunterricht, Stuttgart 2006, 320–333. 321.

9 Vgl. die knappe biografische Skizze bei Reinhard von Bendemann, Heinrich Schlier. Eine kritische Analyse seiner Interpretation paulinischer Theologie, Gütersloh 1995, 32–52.

10 So Walter Wink, The Powers That Be. Theology for a New Millenium, New York 1998, 203; Wink verweist hier auf William Stringfellow, Free in Obedience, New York 1964, Neuauflage Eugene 2006 und An Ethic for Christians and Other Aliens in a Strange Land, Waco 1973; vgl. Thomas Ruster, Von Menschen, Mächten und Gewalten. Eine Himmelslehre, Mainz 2005.

11 Matt Dowling, Walter Wink: 1935 – 2012, www.jesusradicals.com/walter-wink-1935-2012 [Zugriff: 29.11.2013]. Zum Wortspiel „flight or fight“ vgl. auch den englischen Text von The Powers That Be, 100.

12 Vgl. das Interview mit Walter Wink. In: Julia Lehnen, Interaktionale Bibelauslegung im Religionsunterricht, Stuttgart 2006, 320–333; 322 führt Wink in Bezug auf das Verhältnis zur Befreiungstheologie aus: „I think I am trying to do here, what they were trying to do in South-America … but I am willing to let them have the title“.

13 Vgl. das Interview mit Walter Wink. In: Julia Lehnen, Interaktionale Bibelauslegung im Religionsunterricht, Stuttgart 2006, 320–333. 321.

14 Interview mit Walter Wink. In: Julia Lehnen, Interaktionale Bibelauslegung im Religionsunterricht, Stuttgart 2006, 320–333. 321.

15 Walter Wink, Bibelauslegung als Interaktion. Über die Grenzen historisch-kritischer Methode, Stuttgart 1976, 60.

16 Walter Wink, Bibelauslegung als Interaktion. Über die Grenzen historisch-kritischer Methode, Stuttgart 1976, 60.

17 Heinrich Schlier, Der Römerbrief. Herders Theologischer Kommentar zum Neuen Testament Bd. VI, Freiburg 1977, VII.

18 Vgl. Jürgen Moltmann, Theologie der Hoffnung. Untersuchungen zur Begründung und zu den Konsequenzen einer christlichen Eschatologie, München 1964; Johann Baptist Metz, Glaube in Geschichte und Gesellschaft. Studien zu einer praktischen Fundamentaltheologie, Mainz 1977, 149–158, neu in: Johann Baptist Metz, Gesammelte Schriften: Im dialektischen Prozess der Aufklärung. Bd. 3/1 Glaube in Geschichte und Gesellschaft. Studien zu einer praktischen Fundamentaltheologie, Freiburg 2016.

19 Henry Mottu, Walter Wink and Theology. In: D. Seiple/Frederick W. Weidman (Hg.), Enigmas and Powers. Engaging the Work of Walter Wink for Classroom, Church, and World, Eugene 2008, 28–32. 30.

20 Walter Wink, Bibelauslegung als Interaktion. Über die Grenzen historisch-kritischer Methode, Stuttgart 1976, 59 (Hervorhebung im Original).

21 Eine ausführliche Rezeption von Wink's Arbeiten über „Mächte und Gewalten“ findet sich nur bei Thomas Zeilinger; vgl. darüber

hinaus die knappen Rekurse bei Peter Scherle, „Denn wir kämpfen nicht gegen Fleisch und Blut …“. Eine praktische Theologie der Mächte und Gewalten. In: Peter Scherle (Hg.), Fromm und Frei, Münster, Berlin 2008, 191–225; Martin Hailer, Gott und die Götzen. Über Gottes Macht angesichts der lebensbestimmenden Mächte. Forschungen zur Systematischen und Ökumenischen Theologie, Göttingen 2005, und Martin Hailer, Götzen, Mächte und Gewalten, Biblisch-theologische Schwerpunkte, Göttingen 2008. Reinhard Feldmeier, Macht – Dienst – Demut. Ein neutestamentlicher Beitrag zur Ethik, Tübingen 2012 nimmt erstaunlicherweise weder auf Walter Wink noch auf Heinrich Schlier Bezug.

22 Thomas Zeilinger, Zwischen-Räume. Theologie der Mächte und Gewalten, Stuttgart 1999, 367.

23 Thomas Zeilinger, Zwischen-Räume. Theologie der Mächte und Gewalten, Stuttgart 1999, 366.

24 Bruce Chilton, Walter Wink and Biblical Scholarship. In: D. Seiple/Frederick W. Weidman (Hg.), Enigmas and Powers. Engaging the Work of Walter Wink for Classroom, Church, and World, Eugene 2008, 15–21. 21.

25 Walter Wink, Bibelauslegung als Interaktion. Über die Grenzen historisch-kritischer Methode, Stuttgart 1976, 58 (Hervorhebung im Original).

26 Vgl. dazu nur den Überblick bei Manfred Berg, Der 11. September 2001 – eine historische Zäsur? www.zeithistorische-forschungen.de/site/40209189/default.aspx [Zugriff: 9.11.2013].

27 An Warnungen vor diesem Weg der Gewalt hat es damals nicht gefehlt, vgl. nur Robert Bowman, Weil wir gehasst werden (www.versoehnungsbund.de/2001-bowman [Zugriff: 9.11.2013]), auch nicht an positiven Vorschlägen, die in der damaligen Situation ob ihrer Naivität belächelt wurden, heute angesichts der Situation in Afghanistan aber sehr nachdenklich stimmen, vgl. nur das Flugblatt „bombardiert sie mit Butter, füttert sie mit Hoffnung“ (in Auszügen zu finden unter www.cenjur.de/europa/usa_butterbomb.htm [Zugriff: 9.11.2013]). Zum ermutigenden Widerspruch christlicher Kirchen bzgl. des Irakkrieges vgl. die Übersicht bei Thomas Nauerth, In the Name of the Prince of Peace – Christliche Kirchen als friedliche Stimme der Vernunft. = Dossier Nr. 43. Wissenschaft und Frieden 2003. Was den christlichen Kirchen damals wie heute gefehlt hat, waren Kenntnisse über jenen dritten Weg Jesu, den Wink in seinen Büchern so überzeugend entwickelt.

28 Charles Taylor, Ein säkulares Zeitalter, Frankfurt 2009, 1107.

29 Charles Taylor, Ein säkulares Zeitalter, Frankfurt 2009, 1115.

30 Zum christlichen Beitrag zur „Transformationsperspektive“ vgl. Thomas Ruster, Jesus und die Transformation der Gewalt. In: Geist und Leben 89 (2016) 46–56 und Thomas Ruster, Das Kreuz Jesu und die Transformation der Gewalt. In: Jochen Flebbe/Görge K. Hasselhoff (Hg.), Ich bin nicht gekommen, Frieden zu bringen, sondern das Schwert. Aspekte des Verhältnisses von Religion und Gewalt, Göttingen 2017, 93–107.

31 Vgl. Botschaft des Heiligen Vaters, Papst Franziskus; Zur Feier des Weltfriedenstages, 1. Januar 2017: Gewaltfreiheit: Stil einer Politik für den Frieden, http://w2.vatican.va/content/francesco/de/messages/peace/documents/papa-francesco_20161208_messaggio-l-giornata-mondiale-pace-2017.html.

32 Ein Essayfilm zu Texten dieses Buches wurde 2017 produziert: Johanna Tschautscher, Vom Mythos der erlösenden Gewalt, Essayfilm mit Th. Nauerth, G. Steins u.a., Österreich 2017, 95 min (www.johanna-tschautscher.eu).

33 James Forbes, The System Belongs to God, ein sechsteiliges Video von Ecufilm, 810 Twelfth Ave. South, Nashville, Tenn. 37203.

34 Wink spielt hier mit den Titeln seines dreibändigen theologischen Hauptwerkes: *Naming the Powers*, *Unmasking the Powers* und *Engaging the Powers* (Anm. der Herausgeber).

35 In *Engaging the Powers* habe ich argumentiert, dass Gesellschaften vor dem Aufkommen von Eroberungsstaaten keine Kriege geführt haben. Riane Eisler, deren Ausführungen ich gefolgt bin, nuanciert neuerdings diese Position, insofern manche Gesellschaften kriegerisch und andere friedlich waren und es eine große Bandbreite des Verhaltens dazwischen gab (Sacred Pleasure, San Francisco 1995). Eine härtere Linie wird von Lawrence H. Keeley (in War Before Civilisation, New York 1996) verfolgt, der gegen den allgemeinen Konsens auf diesem Gebiet darauf besteht, dass nur etwa fünf Prozent der prähistorischen Gesellschaften friedlich waren. Für unsere Zwecke können wir mit dem Aufkommen des Eroberungsstaates, wofür es genügend Belege gibt, beginnen.

36 Text in Jerrold Cooper, Reconstructing History from ancient Inscriptions. The Lagash-Umma Border Conflict, Malibu 1983, 51.

37 Andrew Bard Schmookler, The Parable of the Tribes. The Problem of Power in Social Evolution, Berkeley 1984, 21 (Hervorhebung Wink).

38 Text in deutscher Übersetzung: Otto Kaiser (Hg.), Texte aus der Umwelt des Alten Testaments Bd. III, Gütersloh 1997/2005 auf CD-ROM (Anm. der Herausgeber).

39 Vgl. Paul Ricœur, The Symbolism of Evil, New York 1967, 175–210; dt. Ausgabe: Symbolik des Bösen. Phänomenologie der Schuld II, Freiburg 2. Auflage 2002.

40 Willis Elliott, „Thinksheet“, No. 2196, November 8, 1987 (Hervorhebung Wink).

41 Vgl. Robert Jewett, The Captain America Complex, rev. ed., Santa Fe 1984, 94–95.

42 „Jaws“ bedeutet als zoologischer Begriff für Raubtiere „Maul“, „Rachen“, vgl. die folgenden von Wink herausgestellten Anspielungen zum antiken Mythos, der deutsche Filmtitel war *Der weiße Hai* (Anm. der Herausgeber).

43 Zitiert nach José Comblin, The Church and the National Security State, New York 1984, 78.

44 James B. Jordan, Pacifism in the Old Testament, in: Gary North (Hg.). The Theology of Christian Resistance, Tyler, Tex. 1983, 90 u. 92.

45 Wink spielt auf den Brauch an, in den USA das Kircheninnere mit der Nationalfahne zu schmücken (Anm. der Herausgeber).

46 Minneapolis Star Tribune, February 25, 1991 (Hervorhebung durch Wink), zitiert von Jack Nelson-Pallmeyer, Brave New World Order, New York 1992, VIII.

47 Im Folgenden wird konsequent von „Königsherrschaft Gottes“ gesprochen und die Formulierung „Reich Gottes“ vermieden, um den Aspekt der Herrschaft zu betonen (Anm. der Herausgeber).

48 *Sarx* steht hier als Bezeichnung für die von Gott abgewandte Welt (Anm. der Herausgeber).

49 Vgl. dazu nur Ulrich Wilckens, Das Evangelium nach Johannes, Das Neue Testament Deutsch 4, Göttingen 1998, 61: „Jesus flicht nun aus Stricken (mit denen die Tiere angebunden warten und die auf dem Boden herumliegen) eine Art Peitsche und treibt damit alle Tiere hinaus, die Schafe zusammen mit den Rindern. (Daß er die Verkäufer selbst zusammen mit den Tieren hinausgepeitscht habe, ist ein häufiges Mißverständnis des Textes)“ (Anm. der Herausgeber).

50 Vgl. Marcus Borg, Conflict, Holiness, and Politics in the Teachings of Jesus, 1984, 51–200.

51 Vgl. Elizabeth Schüssler-Fiorenza, In Memory of Her. A Feminist Theological Reconstruction of Christian Origins, New York 1983, 151; dt. Ausgabe: Zu ihrem Gedächtnis … Eine feminstisch-theologische Rekonstruktion der christlichen Ursprünge.

52 Dies könnte man auf den ersten Blick als Auflistung antijüdischer Klischees verstehen; die Bedeutung erschließt sich erst aus dem Zusammenhang mit den folgenden Abschnitten (Anm. der Herausgeber).

53 Wink bezieht sich auf die drei großen Studien von René Girard: Das Heilige und die Gewalt (1972), Frankfurt 1994, Neuausgabe Düsseldorf 2012; Das Ende der Gewalt. Analyse des Menschheitsverhängnisses. Erkundungen zu Mimesis und Gewalt (1978), Freiburg 2009; Der Sündenbock (1982), Zürich 1988 (Anm. der Herausgeber).

54 Vgl. Raymund Schwager, Brauchen wir einen Sündenbock? Gewalt und Erlösung in den biblischen Schriften, München 1978 (Anm. der Herausgeber).

55 Vgl. J. Denny Weaver, Atonement for the Non-Constantinian Church, Modern Theology 6 (1990) 307–323.

56 Raymund Schwager, Brauchen wir einen Sündenbock? Gewalt und Erlösung in den biblischen Schriften, München 1978, 213 (Klammer = Zusatz Wink).

57 Carl Gustav Jung, Transformation Symbolism in the Maa, Psychology and Religion. West and East, CW 11 (1977) 256.

58 Vgl. Ira Progoff, Jung's Psychology and Its Social Meaning, Garden City 1973, 151.

59 Zur detaillierten exegetischen Begründung der folgenden Überlegungen und zur Diskussion der Position von Walter Wink vgl. Willard M. Swartley (Hg.), The Love of Enemy and Nonretaliation in the New Testament, Louisville 1992; darin die Beiträge Walter Wink, Neither Passivity nor Violence. Jesus' Third Way (Matt 5,38–42par), 102–125; Richard A. Horsley, Response to Walter Wink, “Neither Passivity nor Violence. Jesus' Third Way”, 126–132; Walter Wink, Counterresponse to Richard Horsley, 133–136 (Anm. der Herausgeber).

60 Bei diesem Beispiel Jesu bevorzugt Wink im Folgenden die lukanische Fassung in Lk 6,29, weil „die jüdische Praxis, den ‚Mantel‘ als Pfand zu geben“, hier deutlicher zu erkennen sei (so Walter Wink, Angesichts

des Feindes. Der dritte Weg Jesu in Südafrika und anderswo, München 1988, Anm. 12, 135). Die Argumentation Winks insgesamt ist jedoch von diesen Unterschieden nicht berührt (Anm. der Herausgeber).

61 Vgl. Richard A. Horsley, Jesus and the Spiral of Violence, San Francisco 1987, 318–326.

62 Vgl. David Dellinger, The Future of Nonviolence, in: Angie O'Gorman (Hg.), The Universe Bends Toward Justice, Philadelphia 1990, 190.

63 Vgl. John Swomley, Where the Disarmament Movement Is Today, Fellowship 56 (1990).

64 Alle Zitate bei Joan V. Bondurant, Conquest of Violence, Princetown 1958, 28f. 139.

65 Friedrich Nietzsche, Jenseits von Gut und Böse. Vorspiel einer Philosophie der Zukunft. Spruch 146, Werke in drei Bänden. 2. Band, München 8. Aufl. 1977, 636.

66 Ohne Nachweis bei Wink.

67 Ohne Nachweis bei Wink.

68 Martin Luther King, Jr., Where do We Go from Here. Chaos or Community, New York 1967, 62.

69 Bis heute als Referenzwerk in Bezug auf die kirchliche Lehre über Krieg und Frieden international anerkannt ist die Darstellung bei Franziskus Maria Stratmann OP, Weltkirche und Weltfriede, Augsburg 1924, 75f. (auf dem deutschen Buchmarkt aktuell nur digital zugänglich auf der LiteraturCD „Handbibliothek Christlicher Friedenstheologie"; erhältlich unter www.friedenstheologie.de); vgl. ferner aus der neueren philosophischen Debatte Reinhold Schmücker, Gibt es einen gerechten Krieg?, in: Deutsche Zeitschrift für Philosophie 48 (2000) 319–340 (Anm. der Herausgeber).

70 Paul Ramsey (with Stanley Hauerwas), Speak Up for Just War or Pacifism, University Park 1988, 53.

71 Paul Ramsey (with Stanley Hauerwas), Speak Up for Just War or Pacifism, University Park 1988, 102.

72 Der Falkland-/Malwinen-Krieg war der einzige im 20. Jh., in dem der Schutz der Zivilbevölkerung beachtet wurde; es gab 1000 getötete Soldaten, keine Zivilisten; lässt man die beiden Weltkriege außer Acht, war dies der einzige Krieg mit weniger als 50 Prozent zivilen Toten.

73 Gemeint ist das 20. Jahrhundert (Anm. der Herausgeber).

74 Vgl. Richard B. Gregg, The Power of Nonviolence, Nyack 1959, 50f.

75 Angie O'Gorman (Hg.), The Universe Bends Toward Justice. A Reader on Christian Nonviolence in the U.S., Philadelphia 1990.

76 Angie O'Gorman, Defense Through Disarmament. Nonviolence and Personal Assault. In: Dies. (Hg.), The Universe Bends Toward Justice, Philadelphia 1990, 242–246.

77 Das Beispiel stammt von Dorothy Samuel, Safe Passage on City Streets, Nashville 1975.

78 Niall O'Brien, Revolution from the Heart, New York 1987, 210. O'Brien arbeitet seit mehr als dreißig Jahren als Arbeiterpriester auf den Philippinen.

79 Jo Becker, Lithuania's Nonviolent Struggle, Fellowship 1990, 20f.

80 Ron Sider/Richard K. Taylor, International Aggression and Nonmilitary Defense. In: Christian Century 100 (1983) 643–647.

81 Vgl. Emmanual Charles McCarthy, Christian Nonviolence. The Great Failure, the Only Hope, Abschrift einer Audio- und Video-Reihe, April 1986, 30f.

82 Die Geschichte ist der Videoserie The System Belongs to God entnommen. (EcuFilm, 810 Twelfth Ave. South, Nashville, Tenn. 37203).

83 Miguel d'Escoto, An Unfinished Canvas, in: Sojourners 12 (3/1983) 17.

84 Wie in der Einleitung vermerkt, ist dieses Buch 1998 geschrieben, was sich besonders an den Beispielen zeigt. Um der Sache und des Argumentes von Wink willen sei aber an dieser Stelle angemerkt, dass Gewaltfreiheit inzwischen gerade auch in Burma/Myanmar zu erstaunlichen politischen Veränderungen geführt hat („Safranrevolution"), auch wenn es jüngst zu ethnisch bzw. religiös motivierter Gewalt gegenüber der islamischen Minderheit gekommen ist (Anm. der Herausgeber).

85 Zitiert in einer undatierten Mitteilung der „People for the American Way" – im Übrigen eine vorzügliche Quelle anders nicht zugänglicher Informationen.

86 Vgl. James A. Sanders, Hermeneutic in True and False Prophecy, in: Ders., From Sacred Story to Sacred Text, Philadelphia 1987, 103.

87 „I Will Still Speak Out", Interview mit Leah Rabin. In: Newsweek, June 10, 1996, 38.

88 Vgl. Kathryn Watterson, Not by the Sword, New York 1995. Dort findet sich die hier kurz zusammengefasste Geschichte ausführlich erzählt.

89 Wink spielt hier auf die Grundüberzeugung der Quäker an, wonach „die Wirklichkeit des Göttlichen für alle Menschen und in allen Menschen direkt zugänglich ist" (vgl. www.rgdf.de) (Anm. der Herausgeber).

90 Bei Wink ohne Nachweis.
91 Albert Camus, Heimkehr nach Tipasa, in: Albert Camus, Hochzeit des Lichts, Zürich 2013, 145.
92 Bei Wink ohne Nachweis.
93 Manche Übersetzungen schreiben „der Fürst des persischen Königreichs", ohne anzugeben, dass es sich um den *Schutzengel* Persiens handelt, obwohl alle Exegeten sich einig sind, dass ein Engel impliziert ist.
94 Etty Hillesum, An Interrupted Life, New York 1983, 186–187.
95 Jack Nelson-Pallmeyer, Hunger for Justice, New York 1980, VII.

Dank

Als Herausgeber haben wir vielen zu danken:

Unser Kollege Egon Spiegel hat Walter Wink auf seiner USA-Reise im Frühjahr 2003 kennengelernt und dessen Zustimmung zu einer deutschen Übertragung mitgebracht. Anka Schneider vom Deutschen Zweig des Internationalen Versöhnungsbundes haben wir für eine erste Arbeitsübersetzung zu danken. Mit Anja Mehrmann vom Institut für Katholische Theologie konnten wir eine sorgfältige Überarbeiterin dieser Übersetzung gewinnen, so dass wir darauf sehr gut aufbauen konnten. Unseren Mitarbeiterinnen Elisabeth Uebber, Sonja Hillebrand und Christine Möller danken wir für das gründliche Korrekturlesen, die Erstellung der Grafiken und vielfältige Anregungen. Frau Suzanne de Roche von der Liepman AG Literary Agency danken wir für die Gewährung der Rechte einer deutschen Ausgabe. Dem Lektor Rudolf Zwank sagen wir Dank für das Interesse an diesem Publikationsvorhaben, die Geduld angesichts des langwierigen Übersetzungsprozesses und die sehr angenehme Zusammenarbeit auch in der Vorbereitung der 2. Auflage.

Zuletzt gilt unser Dank dem Verfasser dieses Buches. Die intensive Beschäftigung mit dem Text von Walter Wink war herausfordernd und ungemein anregend. Wir hätten ihn gerne persönlich kennengelernt …

Thomas Nauerth
Georg Steins

Autor und Herausgeber

Walter Wink

Dr. theol. (1935–2012), war Professor für Biblische Exegese am Auburn Theological Seminary in New York City. Von 1989 bis 1990 war er Peace Fellow am United States Institute of Peace, einer unabhängigen staatlichen Institution zur Erforschung und Verhinderung gewaltsamer Konflikte in der Welt.

Sein dreibändiges Werk, in dem er die Strukturen von Macht und Gewalt analysiert und eine christliche Sicht gewaltfreier Verwandlung der Mächte entwickelt, wurde mehrfach ausgezeichnet, unter anderem von Pax Christi.

Thomas Nauerth

Dr. theol., ist apl. Professor an der Universität Osnabrück und lehrt Religionspädagogik mit einem Schwerpunkt in Friedenspädagogik.

Georg Steins

Dr. theol., ist Professor an der Universität Osnabrück und lehrt Biblische Theologie / Altes Testament.